화두 話頭
융합과 초점 融合 焦點

上

이수경 居士 지음

경서원
2004

머 리 말
---화두융합(話頭融合) 이론과 화두초점(話頭焦點) 이론과 <화두의 부메랑 이론>을 세상에 내놓으면서---

§ <부메랑 이론>은 화두선문(話頭禪門)의 통설(通說)이 될 것임을 예언한다

논지(論旨)를 분명히 하기 위하여 겸손어법을 생략하니 독자 여러분의 깊고도 깊은 이해를 충심으로 바란다.

감히 밝히건데 내가 이 책에서 다루는 화두선법(話頭禪法)으로서의 화두융합론(話頭融合論)과 화두초점론(話頭焦點論) 및 <화두의 부메랑>이론은 전혀 새로운 이론이다. 내가 바라보는 이러한 관점과 각도에서 화두선법(話頭禪法)을 바라본 사람은 기나긴 화두선의 역사를 통털어 아무도 없었음을 공언한다. 아무도 없었던 정도가 아니다. 화두선법을 이론화해서 성공한 사람은 아무도 없었으니, 적어도 화두선법의 이론화(理論化)라는 영역은 황무지로 방치되어 1000년 이상을 떠내려온 셈이다.

그런데 기이한 점은 어째서 천년이 넘는 세월을 지나오면서도 '융합(融合)'이라는 용어가 화두선문(話頭禪門)에 나타나지도 않았는가 하는 사실이다. 이것은 내가 이 책의 서문(序文)을 쓰고 있는 이 순간까지도 풀리지 않는 수수께끼로 남아있다. 내가 무슨 이론을 위한 이론으로 '융합이론'과 '초점이론'

그리고 '부메랑 이론'을 내세우는 것이 아니요, 화두선을 하는 사람이라면 누구나 반드시 거치게 되어있는 필수적인 과정으로서의 '융합이론' '부메랑 이론'이 이 책을 통해서 오늘날에야 세상에 나와 빛을 본다니 그것이 불가사의가 아니면 무엇인가 하는 뜻이다. 참고로, 여기에 등장하는 융합과 초점과 부메랑은 표현은 달라도 의미는 동일하다.

즉 <화두융합이론 = 화두초점이론 = 화두의 부메랑 이론>이 된다.

그래서 나는 이 책이 승속(僧俗)을 불문하고 화두선에 뜻을 둔 불자들의 손에 들어가서 핵심적인 내용이 불자들의 입에서 입으로 회자되면서 화두선법(話頭禪法)의 통설(通說)로서 자리잡아야 마땅하다고 공언한다. 미완(未完)의 상태에서 책을 출판하게 된 관계로 그 이론이 논리정연하지 못하고 부족한 점도 많을 것이다. 그러나 중국에서 송나라와 당나라를 거치는 동안 화두선이 절정기를 이루고 우리나라와 일본으로 전파되었는 바, 천년이 넘는 화두선의 시대가 이어지는 과정에서 분명히 아무도 착안하지 못했던 내용이다.

화두선법의 핵심(核心)을 추려낸 융합이론을 뛰어넘거나 융합이론을 무너뜨릴 다른 이론은 앞으로 나오지 아니할 것임도 또한 공언한다. 융합이론에서 화두선법의 중요한 부분을 거의 모두 다루었기 때문이다. 따라서 나는 다음과 같이 주장한다.

§ 8개 항목의 선언

(1). <화두융합 이론 = 화두초점 이론 = 화두의 부메랑 이론>은 화두선(話頭禪) 1000년 역사에서 완전히 독창적이고

유일한 이론이다.
(2). 독창적이고 유일할뿐만 아니라 또한 화두선법(話頭禪法)의 골수(骨髓)를 뽑아내었다.
(3). 골수를 뽑아내었으므로 아무도 이러한 이론을 무너뜨리지 못한다.
(4). 앞으로 이러한 이론을 더욱 세밀하게 발전시키는 사람은 나올 수 있다.
(5). 그러므로, 아무런 이론적인 근거를 대지 못했던 화두선문(話頭禪門)에서는 화두선법의 통설(通說)로서 융합론과 초점론과 <부메랑 이론>을 인정해야 한다.
(6). 우리나라 뿐만 아니라 중국과 일본의 화두선 수행자들도 당연히 <화두의 부메랑 이론>을 인정하고 화두선에 이용해서 도움을 받아야 한다.
(7). 만일 <화두의 부메랑 이론>에 이의를 제기하는 사람이 있다면 질서정연한 이론을 세워서 자기의 입장표명에 나서야 한다.
(8). 그러나 (7)과 같은 일은 없을 것임을 공언한다.

§ 새로운 선어(禪語)의 창조

핵심이론(核心理論)을 엮어냄에 따라서 나는 전혀 새로운 용어(用語)를 창조하지 않을 수 없었다. 그 새로운 용어로서 이런 것들이 등장한다.

<화두의 붕괴(崩壞), 화두의 함몰, 화두의 융합, 화두의 융멸(融滅), 붕괴화두, 함몰화두, 융합화두, 융멸화두, 화두의 변신(變身), 화두의 잠행(潛行), 잠행화두(潛行話頭), 화두의 밀행

(密行), 화두초점, 화두초점 잡기, 화두의 허상(虛像), 화두의 부메랑화(化), 부메랑 화두, 화두선의 순관(順觀)과 역관(逆觀), 역회전(逆回轉) 공안, 몽환점(夢幻點), 자기부정형 공안, 자기봉쇄형 공안--->

이러한 용어들은 이론구성의 필요에 의하여 필연적으로 창조되었음을 밝히는 바이다.

§ 화두선의 의정 = 융합화두 = 화두의 부메랑화(化)

화두선에 있어서 의정(의심)이란 것은 사실 융합화두(融合話頭)에 지나지 않는 것이라고 나는 이 책에서 밝혔다. 보통 화두를 잡고 의심을 일어키라고 하지만, 진실을 말하자면 화두 따로 있고 의정 따로 있는 것이 아니란 말이다. 재미있는 화두는 화두가 스스로 붕괴되면서 녹고 뭉쳐서 의정을 이루는데 이러한 화두붕괴의 현상을 나는 <화두의 붕괴---함몰---융합---융멸 = 화두의 부메랑화(化)>라는 4단계로 분석하면서 융합이론을 세웠다.

§ 우(遇)

본격적으로 화두에 매달린 시간만 해도 20년을 넘는다.

처음에 무문관, 벽암록 등의 불교서적을 통하여 여러 가지 공안을 접하면서 특히 이것이다 싶은 공안이 눈에 많이 띄었는데 몹시 좋았다는 기억이 생생하다. 하지만 구자무불성화(狗子無佛性話)는 의심도 없었고 재미도 없었다. 문제는 여기에 있었다. 의심도 재미도 없는 구자불성화를 잡고 화두선을 시작하는 우(遇)를 저지르고 말았던 것이다.

불교문중에서 '무자화두(無字話頭)' 즉 '구자불성화'를 많이 칭찬해놓았고 참선에 뜻을 둔 사람이라면 반드시 뚫어야 할 제1관문(關門)으로 세워놓았기 때문이다. 학인(學人)으로 하여금 어떻게든 '무자'관문을 뚫게 하려는 불교문중의 자상한 배려에서 나온 의도임을 모르는 바는 아니다.

그래서 잡고 시작한다는 화두가 나로서는 아무런 맛도 영양가도 없는 구자불성화가 되고 말았다. 구자불성화를 처음 대했을 때 별다른 의심이 없이 그저 덤덤하기만 했다는 말이다. 실로 실수치고는 참으로 어이없는 실수였다.

사람마다 지어가는 업(業)이 한결같지 않으므로 참구(參究)해야 할 화두도 사람마다 다를 수 있고 또 다르게 마련이다. 모든 사람에게 일률적으로 똑같은 화두를 적용하는 식의 화두선은 난감하기도 하려니와 황당무계하고 무모한 시도에 다름 아니다. 요점을 말하자면 정신적인 체질에 따라서 잡아야 할 화두도 따로 있으므로 자기의 정신적인 호흡에 맞는 화두를 잡으라는 뜻이다. 화두선은 의심이 없으면 성공을 보장 못한다. 반드시 저절로 의심이 일어나는 화두를 선택하라.

§ 화두를 바꾸었다

이렇게 해서 화두에 뜻을 두고 보낸 세월이 햇수로 따져 20개 성상(星霜)을 넘었다. 그사이 화두를 바꾸어보지 않았던 것은 아니지만 초지일관했다고 할 수 있다. 구자불성화에서 소득이 없었던 것은 아니다. 그러나 그따위 몇푼어치 소득이 도대체 무슨 의미가 있었겠는가. 닦아 얻음 있으면 더욱 멀어진다 하지 않았던가. 나는 까마득한 벼랑 위에서 몸과 마음을 내던지듯 결판을 짓고 싶었다.
　반성한 바 있어 화두를 바꾸었다. 화두는 기분 내키는대로 바꾸고 어쩌고 하는 법이 아니지만 나는 바꾸었다. 화두를 바꾸어 잡은 이후로 곧 화두의 이치가 열렸다. 하지만 역설적인 것은 이십년이 넘도록 겪은 천신만고의 화두공부 공덕으로 수행에 힘을 얻고 있다는 느낌만은 지울 수가 없다는 점이다. 바꾸어잡은 화두는 새로운 화두가 아니다. 내가 이삼십년 전부터 구자불성화와 같이 보아왔던 화두다. 같이 보아왔다 하여 두 개의 화두를 동시에 잡았다는 의미는 물론 아니다.
　그간의 나의 보잘것없는 사정이야 어찌 되었건 그렇다 치고 정작 내가 밝히고 싶은 사실은 그런 것이 아니다.

§ 공안선 방법론이 필요하다

　간화선(看話禪)은 인류정신문화의 꽃이요 극치이며 정점이다. 그런데도 불구하고 정신문화의 최고봉인 간화선법(看話禪法)에 대한 과학적이고 체계적이며 일관성 있는 논리화 작업에 우리는 너무나 인색하고 허술했다. 벽암록(碧巖錄)이나 무문관(無門關)처럼 공안(公案)을 결집(結集)한 불교서적이라면 아쉽지만 그런대로 구해볼 수는 있다. 하지만 공안선(公案禪)하는 방법론(方法論)에 관한 서적을 서점가에서 구해보기란 쉽지 않다.
　공안선의 방법론에 관해서는 뚜렸하고도 볼만한 불교서적 하나 없는 오늘날의 불교문화의 현실은 어떻게 설명되고 이해되어야 하는가. 간화선의 방법론을 다루는 이 필요불가결한 작업이 그토록 두려움의 대상이 되어야 할 이유는 도대체 무엇인가. 지금 이 시간에도 화두선 한다고 헤매는 사람들이 적잖을 것인데 말이다.

  나는 지혜가 작고 덕이 부족한 사람이다. 그렇기는하나, 현실이 이래서야 되겠는가 싶기도 하고 아는데까지는 알려보자는 어리석은 의도에서 졸렬하기 짝이없는 글이나마 쓰게 되었다. 내용이 대부분 단편적이고 세밀하지 않다. 나의 깊지 못하고 넓지 못한 안목에서 나온 이 글이 불교문중에 폐나 끼치지 않기를 간절히 바랄뿐이다.

  2001년 5월
      경주 토함산 석굴암에서 토함산인(吐舍山人)
                       이 수 경 씀

차 례

머리말 5

1. 짚신화두 19
2. 보타낙가산 20
3. 청화원과 저승차사 21
4. 화두는 필경공(畢竟空)이다 24
5. 제9진여식에 꽂히는 화두초점(話頭焦點) 31
6. 자기부정형 공안과 자기봉쇄형 공안 41
7. 융합화두의 심심해저행(深深海底行)과 마음의 봉쇄와 비밀장(秘密藏) 48
8. 화두는 북두성(北斗星) 속으로 들어간다 60
9. 환성지안선사와 화엄신장 64
10. 남십자성(南十字星) 화두 3개 65
11. 화두선의 역관(逆觀) = 오매일여 72
12. 대적광삼매(大寂光三昧)가 던진 부메랑 74
13. <걷잡을 수 없이> 광대무변한 '살바야의 바다' 85
14. 화두와 무기공(無記空) 89
15. 화두의 <부메랑 이론 + 회오리 원리> 91
16. 공안이 가지는 <소용돌이 팔>의 숫자 94
17. 언어관성(言語慣性)의 단절에서 <소용돌이 팔>이 탄생한다 97
18. 공안의 맹렬하되 극미세(極微細)한 소용돌이 101

19. 무문관과 벽암록의 무한한 가치 ·· 104
20. 부메랑이라는 <새까만 황금빛> 새 ·· 107
21. 화두는 눈(眼)이요 수능엄이다 ·· 110
22. 태고보우의 금까마귀 ··· 112
23. 역회전(逆回轉) 공안 ·· 115
24. 화두초점 = 화두낙처 = 필경공 ··· 120
25. 아이들이 장난으로 지팡이 머리에 새긴 형상이 누추한 지장보살 129
26. 목숨뿌리 뽑기와 자기종교(宗敎) ··· 131
27. 화두선의 의정 = 화두의 붕괴 + 함몰 + 융합 + 융멸 ············ 135
28. 상투머리 속에 모신 지장보살존상 ·· 138
29. 붉은 태양은 찬란히 찬란히 빛난다 ·· 140
30. 괴로운 '왜 마삼근고?' ·· 143
31. 화두의 안내를 받아 마음은 적멸해간다 ··································· 149
32. 원효대사와 제9식(第九識) ··· 154
33. 남방화주(南方化主) 대원본존(大願本尊) 지장보살(地藏菩薩) ·· 158
34. 대사면령은 내려도 놓아주지 않는다 ·· 163
35. 금사탄의 관세음보살 ·· 168
36. '호유화'라는 사람을 아시는가? ··· 170
37. 함장식의 바다 ··· 173
38. 은행나무 바리때와 제경행상 ··· 181
39. 구름 위의 지공화상 ··· 184
40. 극히 미세한 융합화두가 극히 미세한 목숨뿌리를 끊는다 ······ 186
41. 카르마의 중력과 수면 ·· 194

42. 과연 의심이 불덩이처럼 일어나는가? ·· 202
43. 원왕생(願往生) 원왕생(願往生) ·· 206
44. '화두타파'라는 표현의 허구성을 논한다 ···································· 221
45. 짙은 산국화 향기 속에서(나는 숨기지 않노라) ························· 225
46. 코뼈 속에 새까맣게 뭉친 백장의 무의식 ·································· 228
47. 화두는 방편설(方便說)인가? ·· 233
48. 개울가 꽃 날리며 산새가 운다 ·· 236
49. 차 한잔의 공덕 ··· 238
50. 화두초점은 잡히는 찰나 우주를 확 꿰뚫는다 ·························· 243
51. 불매화두(不昧話頭)라는 환절기 ·· 251
52. 백설미인과 제바종의 섬광(閃光) ··· 256
53. 극미세한 화두와 극미세한 마음이 만나는 곳이 화두초점이다 264
54. 구중궁궐(九重宮闕)에서 보내오신 효봉(曉峰)스님의 편지 ······· 269
55. 신라 둔륜법사의 유가론기 ·· 277
56. 오그라지는 자물쇠 ··· 279
57. 그대는 유주사람, 길이 유주를 잊지말고 기도해주어라 ·········· 285
58. 서가여래도 미륵보살도 이 사람의 노예다 ······························· 288
59. 눈으로 듣고 귀로서 봄이여! ··· 292
60. '귓속의 귀'는 소리가 없을 때도 듣는다 ·································· 298
61. 현겁(賢劫)의 마지막에 오시는 누지여래 설화 ························ 302
62. 까마득한 벼랑 너머 어디로 돌아가는고? ································ 308
63. 천하의 노화상(老和尙)을 백조각으로 부수리라 ······················· 313
64. 화두는 목숨뿌리와 일치한다 ·· 317

65. 화두는 무한속도로서 빛덩어리이다(위산영우의 불씨화두) ······ 321
66. 운문대사(雲門大師)는 선반 위에 얹힌 인형이었네 ················ 330
67. 방거사와 호설편편(好雪片片)--눈은 하나도 딴데는 안떨어진다 333
68. 보화존자(普化尊者) ··· 337
69. 그대는 한떨기 꽃을 꿈결처럼 보는구나 ··························· 341
70. 티베트 밀교의 중음천도밀법(中陰薦度密法)과 집단무의식 ····· 345
71. 문수보살과 문희화상 ·· 352
72. '지장보살'이라는 거룩한 '음향(音響)' ····························· 355
73. 비취새가 연잎에 담긴 빗물을 밟아 엎지르네 ····················· 363
74. 문수보살과 오대산 ··· 367
75. 이가놈이 마셨는데 김가놈이 대취하여 고꾸라진다 ·············· 370
76. 태양(필경공)이 제조하는 무량무수한 영혼 ······················ 376
77. 마굿간의 기화(奇話) ··· 383
78. 산신(山神)이 모기를 다스리다 ····································· 385
79. 방광(放光)을 한 장처사의 지팡이 ································· 394
80. 죽성화두(竹聲話頭) ·· 395
81. 아미타불과 일타스님의 외증조 할머니 ···························· 402
82. 연기(緣起)의 세계는 무너지지 않는다 ···························· 407
83. 별똥별 ··· 411
84. 혜사선사와 환생(還生) ·· 414
85. 성철스님과 오매일여 ·· 418

화 두
융합과 초점

1. 짚신화두

통일 신라 말의 일이다. 당시 중국으로부터 동방대보살(東方大菩薩)로 추앙받던 무염(無染)선사의 제자에 구정(九鼎)이라는 스님이 있었다. 구정은 원래 글을 알지 못했는데 어느날 무염선사를 찾아가 물었다.

"어떤 것이 부처입니까?"

"즉심이 불이니라(즉심시불卽心是佛)."

즉심시불. 즉 '마음이 부처이다'는 뜻이다. 그런데 워낙 무식한 구정이라 '즉심이 부처'라는 말을 '짚신이 부처'라는 말로 잘못 알아듣고 말았다. 짚신이 부처라고? 짚신이 부처라고? 조금은 이상하다는 느낌이 들었으나 스승을 지극히 존경하였기에 구정은 그대로 받아들였다. 우리 스승님은 부처님 같은 분인데 허튼 말씀 했을 리가 없다. 부처를 물었는데 어째서 짚신이라고 하셨을꼬? 어째서 짚신이 부처인고?

그날부터 구정은 가나 오나 앉으나 서나, 짚신이 어째서 부처인고? 하는 생각을 놓을 줄 몰랐다. 하루는 부엌에서 불을 때면서,

"짚신이 부처다?"

"짚신이부처다?"

"짚신이부처?"

"짚신이부처?"

"?"

"?"

하다가 <짚신이부처?>라는 5개의 말이 융합(融合)하면서 <융합화두=의정>이 되어 그만 깊고 깊은 심층심리로 뚫고들어가고 말았다. 시간 가는 줄도 모르고 앉았는지 서 있는지도 몰랐다. 그러다가 홀연히 짚신의 끈이 '툭' 끊어지는 순간 활연대오하였으니 이분이 구정조사(九鼎祖師)이시다.

2. 보타낙가산(寶陀洛迦山)

대성자모(大聖慈母) 관세음보살이 세상사람들에게 나타나신 사례는 아주 흔하며 그 중에서도 관음보살이 가장 많이 나타나신 곳은 보타낙가산이다. 보타낙가산의 '보타'는 '희다'는 뜻이고 '낙가'는 '꽃'이란 뜻이니 보타낙가는 흰꽃이다. 보타낙가산에 조음동(潮音洞)이 있다. 조음동에서 누구든지 지극정성으로 기도하면 수시로 관음보살이 나타나신다.

그래서 중국에는 성지(聖地)와 명소가 많지만 돈이 많이 생기는 곳은 보타낙가산이다. 온 천하의 불교신도들이 관음보살을 친견하기 위하여 많이 찾기 때문이다.

수백 수천 명의 사람들이 모여 향을 사루고 정성껏 기도를 하면 관음보살이 나타나시어 때로는 설법도 하고 여러 불가사의한 모습을 보이시기도 한다. 이러하신 관음보살의 모습을 보면 저절로 믿음이 솟아나서 신도들이 돈을 아까운 줄 모르고 쏟아놓고 간다.

그래서 중국이 공산화 되기 전까지만 해도 보타낙가산에 있는 불교사찰에서 4천명이 넘는 스님들이 생활하기도 했다 한다. 관음보살을 친견한 불교신도들이 쏟아놓는 돈으로 그 많은 스님들이 의식주를 해결하면서 수행하는 일이 가능했었던 것이다.

그런데 큰 문제는 신도들의 사신공양(捨身供養)이었다. 관음보살 친견에 너무나 감격한 나머지 자기의 몸을 관음보살께 바치겠다고 높은 절벽 위에서 아래로 자기의 몸을 날려 관음보살님에게 공양하는 것이다. 관음보살을 친견한 그 감동이 얼마나 지극하였기에 까마득한 벼랑 위에서 자기의 몸을 마치 한 개의 꽃잎인양 거침없이 내던졌을꼬?

그래서 사신공양을 못하게끔 관음보살이 자주 나타나는 주변에는 방책을 쳐서 사람이 죽지 못하도록 조치를 취했지만 그래도 가끔씩 사신공양 사건이 일어났다고 한다. 이것이 유명한 보타낙가산의 관음보살 현신(現身)이다.

3. 청화원(靑畵員)과 저승차사

청화원은 단청기술이 뛰어나 단청을 해주고 돈이 생길 때마다 고기 안주에 한잔 술을 즐겨 마셨고, 여자가 있는 술집에도 자주 출입을 하였다. 그러던 어느날 저승차사가 찾아와 갑자기 죽음을 맞아야 하는 급박한 상황에 내몰렸다.

"이제 가야할 때가 되었다."

저승차사의 말에 청화원은 하늘이 노오랗게 변했다. 그 와중에서도 그는 저승차사에게 사정을 했다는 것이다.

"7일만 여유를 다오."

애걸하는 청화원의 부탁에 2명의 저승차사들이 의논했다.

"우리는 또 데리고 가야할 사람이 있으니, 그곳에 갔다가 돌아오면 7일 정도는 걸리겠지. 그때까지만 봐준다."

이리하여 청화원의 목숨은 7일 연장되었다. 7일이라? 고민하던 청화원은 몇해전 선방(禪房) 옆을 지나다가 우연히 듣게 된 조실스님의 법문이 문득 떠올랐다.

중국 제일의 거사인 방거사(龐居士)가 망연히 앉았다가, 이미 도를 얻은 딸 영조(靈照)에게 넌지시 한마디 던졌다.

영조야, 한 수행자가 어떤 선사(禪師)를 찾아가 물었다.

"어떤 것이 불법입니까?"

그 선사가 대답했다.

"밝고 밝은 백가지 풀 끝에 밝고 밝은 조사의 뜻이로다."

<명명백초두(明明百草頭) 명명조사의(明明祖師意)>

이 선사의 대답을 너는 어떻게 생각하느냐?"

영조는 아버지의 말씀이 끝나기가 바쁘게 대뜸 한다는 소리가,

"머리는 허옇고 이빨은 누렇게 된 늙은이의 소견이 아직도 저 정도 밖에 안되다니!"

"그럼 너는 불법의 대의에 대하여 어떻게 대답하겠느냐?"

"밝고 밝은 백가지 풀 끝에 밝고 밝은 조사의 뜻입니다."

이 대답에 방거사는 머리를 끄덕이며 긍정했다.

3. 청화원(靑畵員)과 저승차사

　수좌들이여, '명명백초두 명명조사의'라는 말의 뜻을 알면 염라대왕이 합장하고 무릎을 꿇을 것이다.

　청화원은 조실스님의 법문 중에서 염라대왕이 합장하고 무릎을 꿇는다는 말이 무엇보다 좋았다. 그 순간부터 청화원은 <밝고 밝은 백가지 풀 끝에 밝고 밝은 조사의 뜻이 있다>는 말의 뜻을 알아내고자 전력을 다했다.
"밝고 밝은 백가지 풀 끝에 밝고 밝은 조사의 뜻이로다?"
"밝고밝은백가지풀끝에밝고밝은조사의뜻이로다?"
"밝고밝은백가지풀끝에밝고밝은조사의뜻이로다?"
"밝고밝은---뜻이로다?"
"밝고---로다?"
"?"
　이렇게 목숨 내던지고 7일간 달라붙는 바람에 청화원은 화두삼매에 들어갔다. <밝고밝은백가지풀끝에밝고밝은조사의뜻이로다>의 21개의 말이 녹아 뭉치면서 <의정>을 형성하며 청화원의 심층심리로 뚫고들어갔던 것이다. 7일 후에 저승차사들이 다시 찾아왔다.
"청화원아, 나오너라 염라대왕을 뵈러 가자."
　그러나 저승차사들은 청화원을 찾지 못했다. 청화원의 공(空)해진 영혼을 찾지 못하게 되었던 것이다.

4. 화두는 필경공(畢竟空)이다

§ **화두는 필경공이다.**

언어(말)로서의 화두가 필경공임을 체험함으로서 언어(말)의 영향권에서 영원히 벗어난다. 언어의 영향권에서 벗어남으로서 일체에서 벗어난다. 일체에서 벗어남으로서 해탈한다. 이것이 화두선이다.

6의식이 잡고있는 화두는 엄밀한 의미에서는 화두가 아니다. 그 화두가 붕괴되고 적멸해가면서 6의식의 세계에서 모습을 감출 때 도리어 화두는 또렸해진다. 반드시 그렇고 또한 반드시 그렇게 되어야 한다. 그렇지 않고 화두를 이해하거나 해석하는 선(線)에서 그치면 마음이 깊어질 때, 예컨데 잠이 든다든가 할 경우에는 6의식이 잡고있는 화두는 즉시 없어지고 만다.

의식의 세계에서 화두가 붕괴되고 녹아서 심층의식을 파고들 때 국건더기 건지듯이 화두의 건더기 따위나 흔적 따위를 잡으려 하면 안된다. 화두는 필경공이다. 화두는 잡고말고 할 그런 성질의 물건이 아니다. 죽어서 누워있는 화두를 들면 화두는 녹아 뭉치면서 의식의 시야에서 사라지고 심층의식으로 파고든다고 생각해야 한다. 그러나 엄밀히 말해서 화두가 녹고 녹아 뭉치면서 심층의식을 파고드는 따위의 일도 없다. 화두는 어디까지나 이치일 뿐이며 처음부터 필경공이기 때문이다.

그렇기는 하지만 <화두의 붕괴---화두의 변신---화두의 밀행

(잠행)---화두의 귀결>이라는 과정으로 이해를 해가면 도움이 될 것이다.

§ 필경공 획득을 위하여 화두가 존재한다.

필경공(畢竟空) 즉 진공(眞空)이 화두가 되지 못하면 화두는 풀리지 않는다. 화두는 필경공이 될 수 밖에 없다는 필연성(必然性)과 당위성(當爲性)의 획득에 성공해야 마침내 필경공의 획득에 성공하고 조사의 뜻을 본다, 보게되어 있다. 필경공 획득을 위하여 화두가 존재한다. 그러나 여기에서의 획득이란 소유(所有)가 아님은 물론이다. 소유의 주체인 자아의식의 뿌리가 녹아 없어지고서야 필경공의 현전(現前)이기 때문이다. 다시 말한다. 화두가 필경공이라는, 필경공이 화두라는 사실에 끝까지 눈 밝아야, 조금도 눈 어둡지 않아야 화두가 풀린다. 이론으로는 안된다.

§ <필경공=화두>에 대한 순관과 역관

화두가 스스로 안으로 문을 걸어잠그고 붕괴하여 필경공으로 돌아감에 전혀 의심이 없음을 순관(順觀)이라 하고, 거꾸로 필경공이 화두라는 사실에 전혀 의심이 없음을 역관(逆觀)이라 한다. 화두가 필경공이라는 관계를 순관과 역관에 의하여 관찰하여 추호의 의심도 남지 않게 되면 화두는 풀린 것이요 해결된 것이다. 이것이 화두선의 골수(骨髓)다.

만일 화두가 필경공이고 필경공이 화두라는 사실에 조금이라도 의심이 있다면 그 의심이 해소되지 않는 동안은 화두는 안 풀리도록 되어있다.

§ 필경공이 화두가 되는 필연성과 당위성

지금부터 그 이유를 간략하게 설명하겠다. 오매일여(寤寐一如)란 무엇인가. 오매일여란 깨어있을 때는 물론이고 잠이 깊이 들어서도 화두가 있음을 뜻하는 말이다. 잠이 깊이 들어서도 화두가 있다니? 이 무슨 해괴한 말인가. 잠이 깊이 들어서도 화두이든 뭣이든 있다니?

잠이 들면, 잠이 깊이 들면 천하(天下)에 다시 없는 것도 흔적 없이 사라지게 마련이다. 잠이 들어 무엇이 남아있던가. 잠이 들면 우선 '나'라는 자의식(自意識)부터 소멸한다. 자의식이 떨어져나가고 우주가 무너지는 상황에 무슨 물건이 떨어져 나가지 않고 붙어 있겠는가.

하지만 자의식이 소멸하고 우주가 소멸하고 일체가 소멸할 때, 마침내 소멸하지 않고 도리어 분명해지는 도리가 있다. 삼라만상이 소멸할 때 도리어 분명해지는 물건이 있는데 그것이 바로 필경공이며, 마침내 분명해지는 이 필경공이 화두라는 말이다.

화두공부가 올바른 과정을 밟을 때 필연적으로 체득하는 <화두=필경공>이라는 이치는 또한 화두선의 순관(順觀)과 역관(逆觀)에 의하여 무리가 없어 너무나 당연한 이치라는 결론에 이른다. 이것이 <화두=필경공>이라는 관계의 필연성과 당위성이다. 화두선에서 필연성이란 화두는 반드시 필경공을 향하여 나아간다는, 화두의 필경공 지향성을 의미한다.

4. 화두는 필경공(畢竟空)이다

§ 융멸화두는 진정한 자기의 종교이다

　모든 것이 소멸한 다음에 나타나는 필경공이요, 목숨뿌리가 뽑힌 다음에 나타나는 필경공인데, 이 필경공이 화두이므로 화두가 <붕괴---함몰---융합---융멸>의 과정에서 보이는 융멸화두는 곧 누구나 돌아가야 하고 돌아가게 마련인 진정한 종교가 되는 것이다. 화두선이라는 정밀을 극하는 정신과학이 목숨뿌리가 빠지고 모습을 나타내는 필경공의 문제가 대두되면서 이것은 종교라고 외쳐도 부정할 수 없는 종교성향을 드러낸다. 이 종교문제는 다른 단락에서 조금 더 다룬다.

§ 수면도 녹는다

　잠이 의식의 문(門)을 두드리며 찾아들고 우주가 무너지는 조짐을 보이며 소멸하기 시작할 때에도 잠을 자지 않는 물건(?)이 있으니 그것이 공(空)이다. 그러므로 또렸한 화두가 그 방향을 정확하게 진공(眞空)쪽으로 잡고 있으면 진공을 향하여 맹렬하게 나아가는 융합화두의 위력에 의하여 잠은 녹기 시작하며, 융합화두가 더욱 강력해지다가 필경공으로 돌아가면 마침내 잠은 녹아 없어진다.
　화두가 역역분명하면 잠을 자는 듯이 보여도 사실은 역역분명한 화두 즉 필경공만 있지 잠은 없다. 필경공이 드러나면 목숨의 뿌리가 빠져서 나가떨어지는 판인데 잠의 뿌리 따위가 빠지지 않고 붙어있을 듯한가. 수면이라는 정보(情報)도 깨끗이 떨어져나간다.

§ 화두를 잡지 않으면 무의식의 존재를 알 수 없다

여기에는 그러나 한가지 전제조건(前提條件)이 있다. 전제조건이라는 것은 이렇다.

만일 화두를 잡고 화두의 낙처(落處)를 끝까지 추적해가지 않으면 99%는 필경공의 획득에 실패하고 제8식에 떨어진다는 이야기다. 혼자서는 뼈가 닳도록 수행해도 안된다는 이야기가 있는데 바로 이런 뜻이기도 하다. 화두 이외의 다른 방법에 의지하면 제8무의식을 필경공으로 잘못 알게되기 때문이다. 제8함장식은 그 행상(行相)이 너무나 미세하고 미약하기 때문에 알아보기 어려워서 이 제8식을 적멸의 세계로 잘못 알고, 이 제8식을 구경(究竟 : 마음이 갈 때까지 가서 끝나는 것)으로 잘못 알게 된다는 것이다.

§ 화두는 무의식을 넘어간다

메마른 적멸에 묶이고 적멸에 시달린다는 말은 바로 이러한 8식을 구경각(究竟覺)으로 알고 8식에 걸려 넘어져 있음을 뜻하는데, 본래 8함장식은 무량한 시간에 걸친 무량한 정보(情報)가 저장되어 있는 정보의 덩어리요 윤회의 창고로서 마계(魔界)라고 불리는 존재다. 이 마계(魔界)인 8식을 구경각(究竟覺)으로 인식함은 도적을 친자식으로 잘못 아는 것과 흡사하다고 조사스님들은 누누히 말하고 있다.

유정(有情 : 마음 있는 생물 : 사람 짐승 물고기 곤충 등)이 하나의 생(生)을 끝마칠 때 제6의식과 제7말나식은 소멸하여도 제8함장식은 소멸하지 않고 남아있다가 다음의 생을 받는 주체가 되니 윤회의 근본인데, 이 윤회의 원인인 8식을 산산조각으로 깨뜨리지는 못하고 오히려 해탈의 세계로 잘못 알아

거기에 속아넘어가 박히고 만다면 얼마나 어리석은 일이겠는가. 유식철학에 의하면 8식은 갈 때는(목숨이 다할 때) 제일 나중에 가고, 올 때는(태어날 때) 제일 먼저 와서 생(生)을 받는다고 한다. 이 8식을 넘지 못하고 8식에 걸려 주저앉게 되면 화두의 낙처는 모르며 따라서 절대로 깨달았다는 느낌은 들지 않는다.

이와같이 여러 가지 수행방법 중에서 화두선이 단연코 뛰어나다고 평하는 이유는, 화두의 낙처를 끝까지 추적하면 반드시 8식을 넘어가도록 되어있기 때문이다.

§ 필경공에서 삼천대천세계가 나온다

법구경(法句經)에서 이르시기를,

필경공중(畢竟空中) 치연건립(熾然建立) 시선지식야(是善知識也)

필경공 가운데에서 불꽃 일어나듯 건립함이 선지식이라는 말씀이다. 필경공에서 어떻게 삼천대천세계가 나오는가.

대답은 이렇다. 필경공이기 때문에 여기에서 삼천대천세계(三千大天世界)가 나온다고. 일체가 마침내 필경공으로 돌아가는 것이라면, 이번에는 거꾸로 필경공이기 때문에 전지전능(全知全能)하여 삼라만상을 창조해내는 일이 가능하다는 말이 성립한다. 필경공은 전지전능하며 필경공만이 전지전능하다. 역(逆)으로, 필경공 이외에는 그 어떤 것도 전지전능할 수가 없다. 필경공이기 때문에 전지전능하다는 이야기를 허구(虛構)라고 말하는 사람이 있다면 그는 진정한 수행을 해본적이 없는 사람이요 진리에 조금도 접근해본 적이 없는 사람이다.

우주가 허공(虛空) 가운데 건립되어 있다는 웃지도 못할 이 기막히는 현실에 착안한다면 조금이나마 이해가 가리라. 우주는 거짓말처럼 허공 가운데 형성되어 있다.

그런데 이 필경공 가운데에서 불꽃 일어나듯 건립한다(세운다)는 말씀에서, 단지 삼라만상을 불꽃인 듯 세울뿐이지 필경공이 불꽃이라는 뜻은 아니다. 불꽃도 필경공에서 나온다. 필경공 가운데에서 일어나는 일이므로 삼라만상도 기필코 환화의 불꽃임을 보아야 하며 끝내는 필경공 그 자체임을 깨달아야 한다.

§ 태양(太陽)과 성자(聖者)의 몸을 감싸는 후광(後光)

밀교(密敎)에서는 이 필경공을 대일여래(大日如來) 즉 '태양여래'라고 한다. 쉽게 말해서 필경공을 큰 태양이라고 하는데 새겨볼 일이다.

내친김에 몇마디 덧붙이자면, 불교뿐만 아니라 어느 종교의 성자(聖者)이든간에 성자의 상(像)이나 그림에는 성자의 머리 둘레 또는 몸 둘레에 둥근 후광(後光)이 그려져 있는데 이 후광은 필경공의 성취 혹은 획득을 의미하며, 이는 그 종교가 비록 유일신(唯一神)을 표방하고 있다 하더라도 그 성자가 획득한 것은 유일신이 아니라 필경공이라는 속일 수 없는 증거라는 사실이다. 후광은 둥근 빛이요 화염(火焰)인데, 둥근 빛이요 화염은 반드시 필경공에서 나오기 때문이다.

그리고 후광 이야기에서도 짐작할 수 있는 일이지만 불교가 아닌 다른 종교로 들어간다 해도 해탈을 성취할 수 있다는 이야기도 성립된다. 하지만 우리가 여기에서 다시 한번 되새겨야 할 점은 수행방법으로서의 화두선을 능가하는 수행법은 없으리란 확신이다.

어쨋든 삼라만상, 삼라만상이라고 해봤자 결국에는 마음(심의식)에 불과하지만, 이 마음은 화두의 안내를 받아야 안심입명하고 필경공으로 돌아갈 수 있음을 강조한다.

5. 제9진여식(眞如識)에 꽂히는 화두초점(話頭焦點)

§ 재미없는 공안은 안된다

이치를 생각해보라. 벽암록도 있고 무문관도 있고 전등록 등 많이 있으니 여러 가지 공안을 두루두루 뒤져보고 그중에서 의심이 제일 강하게 일어나는 공안을 골라서 시작하면 되는 것이 아닌가. 무슨 연유로, 의심이 일어나서 될만한 공안은 덮어두고 하필이면 아무런 의심도 없는 공안을 골라서 "어째서---?" 혹은 "왜---?"라는 문구(文句)로 자신을 채찍질하여 억지로 의심을 일으키려 하는가.

재미있는 공안은 어디에 두고 재미없는 공안을 잡고 고생하느냔 말이다. 재미없는 일등(?) 공안을 잡고 실패하느니, 차라리 그보다 못한(?) 공안이라 할지라도 재미있는 공안을 잡고 공부에 성공하는 것이 천배 만배 나을 것이다.

하물며 공안에는 본래 더 좋고 더 못함이 없는 사실임에랴.

공안에 무슨 뛰어난 공안 따로 있고 열등한 공안 따로 있는 있는 줄 아는가. 그러니 어떤 공안이라도 자기에게 맞는 공안이면 그것이 일등 공안이다. 자기에게 맞는 공안을 참구하여 확실하게 깨닫기만 하면 된다.

공연히 주위에서 어떤 공안이 좋다고 추천하는 바람에 휩쓸려 자기에게 적합한가 아닌가 하는 아무런 검토 없이 잡고 밀어붙이다가는 공안은 풀리지 않고 그야말로 평생을 혼자서 뼈만 녹이는 난처한 지경에 이르기 쉽다. 옆에서 추천하고 권하는 '바람'에 넘어가지 말라는 말이다. 화두선한다고 하다가 진퇴양난(進退兩難)에 빠져 이러지도 저러지도 못하는 딱한 형편에 처해있는 사람들은 실제로 허다하다.

§ 무자화두는 과연 불교의 골수(骨髓)인가?

특히 무자화두(無字話頭) 하는 사람들 중에서 곤경에 처한 사람들이 많을 것이다. 불교문중에서 무자화두야말로 제1관문이라고 칭찬해 놓았을 뿐만 아니라 걸핏하면 참선한다는 사람들의 입방아에 오르는 것이 이 무자화두이기 때문이다.

무문혜개의 무문관의 영향인지는 모르겠으나, 아마도 무문관의 영향이 지대했겠지만, 승속(僧俗)을 불문하고 그후로 많은 사람들이 이 무자화두를 어지간히 칭찬해놓고 말았다. 무자화두야 말로 불교의 골수(骨髓)라는 칭찬까지 아끼지 않았다. 불교의 골수라는 말에 현혹되어 재미도 없는 무자화두를 잡은 사람이 한 둘이었겠나. 이 얼마나 어리석고 무모한 짓거리들이란 말인가.

도대체 구자불성화 즉 무자화두가 선문 제1관문이 되어야 할 이유가 어디에 있다는 말인가. 무자화두가 제1관문이라고 보았다면 그 이유를 만천하에 명쾌하게 밝혔어야 한다.

그래서, 도무지 아무런 의심도 일어나지 않는 '무자화두'를 1등 화두인 줄 오해하고 한입에 덥썩 물어 소중한 평생을 날린 사람도 많았을 것이며, 지금도 불교의 골수(?)인 이 무자화두를 잡고 억지로 의심을 일으키느라 뼈를 깎는 사람이 적지 않을 것이다. 의심이 일어날만한 다른 화두도 분명히 있었을 텐데 그것들 모두 다 마다하고 의심없는 1등 화두인 무자화두를 선택하고 말았을터이니 그 괴로운 일은 또 어떻게 설명하려는가.

세상 불교인들에게 고한다. 화두선에 뜻을 둔 사람이라면 마땅히 자기 마음에 드는 화두를 잡을 일이지, 마음에도 없는 구자불성화를 선문에서 많이 칭송해 놓았다고 해서 무작정 선택하지는 말라. 무자화두를 제1관문으로 추켜세운 선문(禪門)의 실수를 어떻게 해야 사과할 수 있을까 하는 것이 나의 솔직한 심정이다. 이런 현실이 심각한 문제가 아니라면 무엇이 심각한 문제이겠는가.

§ 의심없는 화두는 달걀의 무수정란과 같다

무자화두로 시작하는 사람들은 대부분 이 화두에 대한 의심이 있는지 없는지도 모르는채 화두공부를 시작하는 경우가 많을 것이다. 이래서는 안된다. 이런 방식의 화두선이라면 그 성공은 장담 못한다. 일말(一抹)의 의심도 없는 화두는 곤란하다.

처음 대했을 때 의심이 일어나지 않는 화두는 무수정란과도 같다. 무수정란은 부화시킬 수 없다. 의심이 없으면 안된다는 말이다. 바꾸어야 한다. 아무리 애를 써도 의심이 일어나지 않는 화두가 있기 마련인데 그 사람의 정신적 호흡방식과 맞지 않기 때문이다.

§ 심사숙고하여 자기자신이 직접 화두를 고르는 것이 좋다

 불교공부를 하는 사람으로 근대 한국의 고승인 경허선사(鏡虛禪師)를 모르는 사람은 없을 것이다. 경허선사 자신도 스스로 화두를 선택했는데 보통사람들은 들어보기 힘든 아주 특이한 화두였음을 밝혀둔다. 경허선사가 잡은 화두는 우두거(牛頭去) 마두회(馬頭回)였다. 번역하면 '소머리가 빠지고 말머리가 돌아옴이로다' 쯤이 되겠다.

 그와같이 자기의 화두는 원칙적으로 자기가 고르는 법이다. 다른 사람이 골라 주어서도 안되고 골라 줄 수도 없는 법이다. 화두를 고르는 과정에서 모르는 것이 있으면 조실스님에게 묻거나 여러 가지 서적을 참고하되 어디까지나 화두 고르는 방법에 국한하는 것이 좋다. 다른 사람의 마음속을 들여다 볼 수는 없기에 하는 말이다.

§ 이치가 열리지 않는 화두는 바꾸라

 처음에 멋도 모르고 잡은 것이 그만 재미없는 화두라는 사실이 밝혀진 경우라면, 그것도 상당한 기간을 매달린 화두라면 어떻게 해야 하는가?

 오랜 세월을 잡고있는 화두라도 전혀 의심이 일어나지 않고,

만일 의심이 저절로 일어나는 화두가 달리 있다면 당연히 그 화두로 바꾸어 잡아야 한다는 것이 나의 생각이다. 이마를 번쩍 들어올리고 새롭게 도전하는 용기가 필요하고 결단력이 필요한 이유가 여기에 있다. 대장부여!

다른 학문이라면 재미가 없어도 꾹 참고 하면 나중에 학자도 되고 하지만, 화두공부만은 재미가 있어야 하는데 재미가 없다면 헛수고하고 있다는 증거이니 어찌하랴. 화두공부에서 '재미'는 생명이다.

§ 한번 잡은 화두는 바꾸기도 쉽지 않다

그리고 한번 잡은 화두는 바꾸기도 쉽지 않다. 비록 전존재로서 일어나는 의심은 없어도 그 화두를 끊임없이 밀어붙이고자 하는 관성(慣性)이 형성되기 때문이다.

이 관성의 힘에 끌리고, 화두는 함부로 바꾸는 법이 아니라는 관습에 얽매이고, 초지일관 하겠다는 맹목적인 의지에 묻혀서, 자기의 정신적인 색깔에 맞는 '되는 화두' 찾아내는 더없이 중요한 일에 착수를 못하면 금싸라기 같은 세월을 낭비할 가능성이 높아진다.

천번 만번 잡아봐도 아무런 재미도 맛도 영양가도 없다는 결론에 도달하면, 일단 잡고있는 화두를 놓아버리고 가벼운 마음으로 출발선으로 되돌아가라. 출발선으로 되돌아가서 진짜 화두를 찾으라.

§ 초점이 맺혀오는 듯한 화두가 있다

선문염송이나 벽암록이나 무문관에 나오는 공안을 다시 섭렵하되 여유를 가지고 물끄러미 검토해보는 것이다. 차근차근 살펴보라는 말이 아니다. 차근차근 뜯어본들 별 경험도 없다. 물끄러미 바라보듯이 검토하는 태도가 요구된다. 화두의 초점이 의식과 무의식을 지나가야 하기 때문이다. 물끄러미 여러 가지 화두를 열람해보면, 6의식과 8무의식을 지나 심층심리 어딘가에 초점이 맺혀오는 듯한 화두가 하나 또는 몇 개가 있으리라. 그 가운데에서 가장 강력한 초점을 맺는 화두를 잡으면 된다. 물론 심사숙고가 필요하며 어느 정도의 시간이 경과하기를 기다리는 것이 현명하다. 처음에는 제일 마음에 들었던 화두보다 못하다는 느낌이 들던 화두가 나중에는 자기에게 가장 적합하다는 결론에 이를 수 있는 것이 화두다.

이와같이 심층의식 어딘가에 초점이 맺히는 듯한 화두는 전해오는 느낌이 다른 화두와는 뚜렷이 구별된다. 초점이 맺혀오는 듯한 화두는 그렇지 못하여 흐리멍텅하게만 느껴지는 화두와는 하늘과 땅만큼 다르다.

자신의 심층심리에 가장 강렬한 초점을 맺어오는 화두를 선택하라. 가장 강렬한 초점을 맺는 화두가 가장 강렬한 의정을 불러일으키는 화두다.

§ 화두 따로, 의심 따로 일으켜야 하는 화두는 안된다

<화두초점 = 화두의 낙처(落處) = 제9진여식 = 필경공 = 조사의 뜻>이기는 하다. 그러나 화두의 완전한 초점이 제9식에 떨어지기 전까지의 미완성의 화두초점은 이것이 곧 화두가 녹아서 하나로 뭉친 융합화두(融合話頭)요 의심(의정)이 된다.

즉, <맺히는 과정에 있는 미완성의 화두초점 = 융합화두 = 의정(의심)>이라는 등식이 엄연히 성립한다.

화두를 하면서 의심이 뚜렸히 잡힌다는 말의 의미는 이와같이 화두가 화두자신의 초점을 맹렬하게 잡아가고 있는 상황을 의미한다. 그런데 화두 따로 보고 의심 따로 일으킬려고 애쓰고 있다면 그것은 자기자신의 공부가 정확하지 못하다는 증거이므로 반드시 출발선으로 되돌아가서 자신의 화두공부를 재검토하기 바란다. 화두선택을 잘못한 것이다.

처음부터 의정이 일어나지 않는 화두를 선택하므로서 의정이 없는 화두에는 초점이 잡히지 않고 잡히지 않는 초점을 억지로 잡으려고 애쓰고 있는 것이다. 이치를 생각하면 될듯도 하지만 의정이 없는 화두는 겉보기에는 똑같은 달걀이라 하더라도 무수정란과 같아서 안되도록 되어있다. 처음에 의정이 있나 없나 하는 문제는 이렇게 중요하다. 어떤 화두를 대하는 처음에 의정이 없으면 그 화두는 대체로 안되는 화두라고 보고 다른 화두를 찾기 바란다.

화두 따로 보고 의심 따로 일으켜야 하는 그런 화두는 선택하지 말 일이며, 선택하여 밀어붙이고 있다 하더라도 어지간하면 내던지고 더 늦기 전에 의심이 저절로 일어나는 화두로 바꿔잡는 것이 백번 현명한 판단이다. 저절로 화두초점이 맺히는듯한 수정란을 찾으라.

§ 의식은 물러서고 무의식은 뚫려야 한다

의식의 활동이 왕성하면 화두는 먼저 두터운 의식층에 걸려 꼼짝 못한다. 화두를 해석하려는 사람들의 경우가 이에 해당한다. 이렇게 되면 화두가 무의식을 지나서 초점 맺는 일을 의식이 철저히 방해하는 꼴이 되고만다.

화두가 의식층을 지나가지 못하면 무의식층을 지나지 못하는 것은 너무나 뻔한 일이다. 그렇지 않아도 깊이 잠겨있고 깊이 숨어있는 무의식이다. 무의식을 지나야 맺는 화두의 초점이므로 무의식을 지나지 못하면 화두의 초점이 맺힐 곳을 못 찾는 것은 뻔한 이치가 아닌가.

의식은 무의식에서 피어오르는 안개와 같아서 흐리고 덧없는 존재인데, 반면에 무의식은 불멸(不滅)의 존재다. 그래서 무몰식(無沒識)이기도 하다. 화두의 목표는 이 불멸의 무의식층의 통과이다. 무의식층을 통과하면 화두초점이 맺히는데 그것이 진여식이다.

화두는 논리의 사다리를 끊어면서 스스로 융합(融合)하는데 이때 6의식층을 대번에 통과하여 8무의식층에 박혀서 파고든다. 의식은 절대로 화두의 이야기를 알아듣지 못한다. 화두는 무의식과도 이야기하지 않는다. 화두는 9진여식과 이야기한다. 화두의 초점은 9식에 맺힌다.

즉 앞에서 나온대로, <화두의 초점 = 9진여식>이다. 그래서 화두를 선택할 때는 제6의식의 활동을 최대한 차단해서 의식의 장난을 제지할 필요가 있다.

§ 맺히는 화두초점을 따라서 마음이 적멸해가면 그곳이 진여식이다

자기부정형(自己否定形) 화두를 대하면 대체로 화두촛점이

6의식에는 맺히지 않는다는 것쯤은 느끼게 마련이다. 신령(神靈)한 9식이 암암리에 보내는 메시지로 알면 된다. '되겠다 싶은'에서 그 '싶은'은 '느낌 즉 감(感)'을 말하는데 이것이야말로 전적으로 9진여식의 목소리로 들어도 무방하다. 화두 자체가 곧 진여식으로 사람이 화두를 대하고 이것이다 싶을 때는 이미 진여식과 화두는 서로 통하고 있기 때문이다.

6의식과 8무의식은 방해꾼에 불과하다. 화두를 대하고 이것이다 싶을 때는 희미하게나마 화두초점이 진여식에 맺히는 경우요, 화두를 대하고도 깜깜하기만 하다면 의식과 무의식의 짙은 방해로 화두초점이 의식층과 무의식층을 뚫지 못하고 따라서 진여식까지 화두초점이 뚫고 들어가지 못했다는 뜻이다.

화두초점이 진여식에 맺히면 의식과 무의식은 진여식에 맺힌 화두초점의 안내를 받아서 안심입명하고 적멸해간다. 어디에서도 화두를 찾을 수 없는데, 무언가 간절해지면 그것은 맺히는 과정의 화두초점인 것이다. 그렇게 알아야 한다. 화두초점이 의식층과 무의식층을 통과하지 못해서 진여식을 찾지 못하면 당연히 의식과 무의식은 안심입명하고 귀의할 수 있는 귀의처(歸依處)가 없으므로 적멸하지 않는다.

§ 화두초점에서 불보살님이 일어나셨다

의식층과 무의식층은 업장(業障)이기도 하다. 화두초점이 의식과 무의식을 통과하지 못한다는 의미는 업장이 그만큼 두텁다는 뜻이니, 화두선을 하면서 시간이 있을 때마다 반드시 염불(念佛)을 병행하면 여러면에서 대단히 유익하여 화두선의 성공 가능성이 그만큼 높아진다. 아미타불 관음보살 지장보살 문수보살께서 일어나신 곳이 바로 <화두의 초점이 맺히는 화두의 낙처>이기 때문이다.

　불보살(佛菩薩)님의 명호(名號)를 간절히 끊임없이 부르면, 불보살님의 명호를 부른다는 그 자체가 한량없는 축복을 받고 있음을 알아야 한다. 사실 어지간한 복덕을 구비하고 있지 않고서는 불보살님의 명호를 간절히 끊임없이 부를 수 있는 인연을 맺기도 어렵다.

　아미타불 관음보살 지장보살 문수보살 그리고 시방의 여래(如來)들께서 일어나신 곳이 바로 <화두의 초점이 맺히는 제9 진여식>이다. 그러니 화두초점을 추적하는 일은 목숨을 들어 아미타여래 관음보살 지장보살 문수보살 그리고 시방의 여래(如來)에게 돌아감을 의미한다.

　현실적으로 단번에 '되는' 화두를 골라내는 일에 성공하기는 어렵다. 대부분의 경우는 무수한 시행착오를 거치며 뼈를 깎는 탐구 끝에 요령을 체득한다. 그래서 말하기를 범부(凡夫)를 단련하여 성인(聖人) 만드는 일만큼 어려운 일이 없다 한다. 이글은 그러한 시행착오를 조금이나마 줄여보자는 의도에서 쓰는 것이다.

6. 자기부정형(自己否定形) 공안과 자기봉쇄형(自己封鎖形) 공안

§ 공안은 밖으로 탈출하여 언어로서 성립하지 못한다.

자기부정형(自己否定形) 공안은 자기모순 혹은 자기부정의 구조로 인하여 자신을 무너뜨려 스스로 뭉침으로서 공안이 밖으로 탈출하여 언어로서 성립하지 못하고 필연적으로 이어지는 자기함몰 과정으로 돌입한다.

자기봉쇄형(自己封鎖形)공안은 공안 자체의 자기봉쇄성(自己封鎖性)으로 인하여 자신을 무너뜨려 스스로 뭉침으로서 공안이 밖으로 탈출하여 언어로서 성립하지 못하고 필연적으로 이어지는 자기함몰 과정으로 돌입한다.

자기부정형이든 자기봉쇄형이든 마음 속에 걸려들면 공안 스스로 함몰하면서 마음을 파고드는 성질은 똑같다. 부정형은 공안의 특이한 자기부정(自己否定)의 구조를 인식함으로서 공안의 자기함몰(自己陷沒)을 유도한다. 봉쇄형은 공안의 자기봉쇄(自己封鎖)의 이치를 인식함으로서 공안의 자기함몰(自己陷沒)을 유도한다.

화두붕괴의 원인이 부정형은 자기부정의 인식에서 나오는데 반하여, 봉쇄형은 자기봉쇄의 인식에서 나온다. 그러니까 봉쇄형(封鎖形)은 자기봉쇄의 이치를 인식한 후에야 자기함몰의 과정으로 돌입하고, 부정형(否定形)은 자기부정의 구조를 인식한 후에 자기함몰의 과정으로 돌입한다는 차이가 있을뿐이다.

§ 자기봉쇄형 공안에는 이런 것이 있다

뜰앞의잣나무 공안만 하더라도 뜰앞의잣나무 뿐으로서 아무 것도 없다. 뜰앞의잣나무만 앙상하게 남아있다. 뜰앞의잣나무 조주정대초혜 삼서근 마른똥막대기 같은 공안을 자기봉쇄형(自己封鎖形)으로 분류한다.

이러한 자기봉쇄형 공안도 반드시 자기부정형 화두와 같이 자기함몰의 과정을 밟아 융합화두(融合話頭)로 변신하지 않으면 안된다는 것이다. 자기부정형이든 자기봉쇄형이든 모든 화두가 융합화두로 바뀌는 이치는 한결같다.

§ 자기봉쇄형 화두가 어떻게 함몰하는가

예컨데 '뜰앞의잣나무'는 어떤 승이 조사서래의를 물어온데 대한 조주의 답이다.

이런 종류의 대답은 전혀 이치가 통하지 않고 그야말로 앞과 뒤가 꽉 막혀서 탈출구라고는 없는 셈이다. 어떻게 해야 이치가 끊어진 '뜰앞의잣나무'가 탈출구 없이 사방팔방으로 완전하게 꽉 막힌 구멍 없는 철추와 같아서 '자기봉쇄의 현신(現身)'임을 알아차릴 것인가. 이런 종류의 공안은 도무지 어떻게 손을 써볼 도리가 전혀 없는 고슴도치 같기도 하고, 구멍 없는 철추 같기도 하고, 블랙홀 같기도 하다.

블랙홀은 스스로 무너져서 오그라든다지. 봉쇄형이 그와 똑같아서 그 이치만 터득하면 봉쇄형 화두는 스스로 안으로 오그라들고 만다. 밖으로 트여있는 숨구멍이 하나도 없는 쇠뭉치 같은 자기봉쇄형 화두가 블랙홀처럼 안으로 안으로 쪼그라들지 않으면 세상에 그 무엇이 쪼그라들겠는가. 단지 자기봉쇄형 화두의 그 자기봉쇄(自己封鎖)의 의미와 이치를 터득해야 한다는 전제조건이 선행한다.

따라서 부정형화두의 일생은 <자기부정의 인식---붕괴---함몰---융합---융멸>의 5단계를 밟지만, 봉쇄형화두의 일생은 <자기봉쇄의 인식---붕괴---함몰---융합---융멸>의 5단계를 밟으면서 끝난다.

§ 콧구멍 없는 소

'뜰앞의잣나무'라는 이 6개의 말은 <콧구멍 없는 소>처럼 탈출구나 숨구멍이 전혀 없는 쇠뭉치 같은 자기봉쇄형이므로, 이 사실을 눈치채어 체험하게 되면 그때는 '뜰앞의잣나무'라는 6개의 말이 스스로 <자기봉쇄의 자각---붕괴---함몰---융합---융멸>의 과정을 겪게 된다는 뜻이다. 즉 '뜰앞의잣나무'라는 6개의 말 그 자체가 스스로 함몰하고 녹아 뭉치면서 마음을 꿰뚫는다. 마음을 꿰뚫기 위해서는 6개의 말 그 자체가 반드시 녹아 뭉쳐야 하고, 6개의 말 그 자체가 녹아 뭉치면 반드시 마음을 꿰뚫는다.

'뜰앞의잣나무'가 융멸하는 과정을 따라가면 '뜰앞의잣나무'라고 말한 조주의 뜻을 만나게 됨은 피할 수 없는 일이 되겠지. '뜰앞의잣나무' 그 자체가 되라는 의미는 바로 이러한 것이야.

§ 자기봉쇄의 이치를 생각하라

 자기봉쇄형 화두는 이치의 길이 끊어진 쇠뭉치와 같다는 사실을 자각하면 바로 화두가 스스로 붕괴되고 융합한다. 봉쇄형 화두를 잡는 사람은 화두의 이러한 자기봉쇄의 이치에 눈뜨지 않으면 안된다. 탈출구가 없다는 데에서 연유하는 자기봉쇄(自己封鎖)와 자기함몰(自己陷沒)의 이치를, 봉쇄형 화두에서 알아내지 못하고 찾아내지 못하는 동안은 화두가 기름화두가 되어 도무지 잡혀들어오지 않을 것이기 때문이다.

§ "어째서---라고 했을까?"는 공안선의 필수품이 아니다

 자기봉쇄형 공안은 그 '자기봉쇄'의 인식이 쉽지 않으므로 처음에 이런 공안을 잡는 사람들에게 "어째서---라고 했을까?" 혹은 "왜---라고 했을까?" 로서 공부를 시작하게 하는데, 예컨데 "어째서 뜰앞의잣나무라고 했을까?"와 같은 의문문을 끊임없이 자기자신에게 제기하게 한다.

 그러나 반복되는 이러한 과정의 결과로서 마침내 공안의 그 '자기봉쇄'의 이치를 깨닫지 않으면 안된다. 공안의 자기봉쇄의 이치를 터득함으로서 "어째서---라고 했을까?" 따위의 의문형 언어틀로서 억지로 의문을 일어키는 수작에서 벗어나야 한다. "어째서---라고 했을까?" 라는 의문형 언어틀을 버리지 못하고 있는 동안에는 공안선의 올바른 궤도를 찾지 못하여 헤매고 있는데 불과한 것이다.

 "어째서 ---했을까?"가 떨어져나가고 '뜰앞의잣나무' 이 6개의 말이 스스로 오그라들어 뭉치기 시작해야 비로소 이 봉쇄형 공안의 그 자기봉쇄의 의미를 체득하기 시작했다고 인정할 수 있다. 즉 '뜰앞의잣나무'라는 말 그 자체가 스스로 함몰하면서 녹아들어 하나로 뭉치면서 마음을 뚫어야 한다는 말이다.

봉쇄형이든 부정형이든 "어째서---라고 했을까?"로서 공부를 짓고 있다면 그때까지는 공안선의 진정한 의미는 까맣게 모르고 있다는 뜻이기도 하다. "어째서---라고 했을까?" 하는 언어틀의 사용은 절대로 공안선의 필수품이 아니라는 사실을 명심하라.

사람마다 천성이 다르고 기질이 다 달라서 봉쇄형 공안이 체질적으로 맞는 사람이 있을 것이다.

§ 자기부정형 공안에는 이런 것이 있다

구조가 기묘한 자기부정형 공안이다. 예컨데, 우과창령(牛過窓櫺) 호자무수(胡子無鬚) 종성칠조(鍾聲七條) 대역량인(大力量人) 수산죽비(首山竹篦) 파초주장(芭蕉拄杖) 구자불성(狗子佛性) 동산수상행(東山水上行) 같은 공안이다. 이런류의 노골적인 자기함몰형(自己陷沒形) 자기붕괴형(自己崩壞形) 자기융멸형(自己融滅形) 화두는 머리와 꼬리를 완전하게 구비하고 있다.

성립된 시기로부터 오늘날까지 조금도 식지않고 따끈따끈한 김이 모락모락 피어오르는 음식처럼 식탁 위에 그대로 차려져 있어 누구든지 원하기만 하면 즉시 숟갈 들고 뜨먹기만 하면 된다.

물론 사람에 따라서는 이런 종류의 공안이 미지근하게 느껴지기도 하는데 그런 사람들은 앞에서 말한 뜰앞의잣나무 조주정대초혜(趙州頂戴草鞋) 삼서근 마른똥막대기 같이 단일(單

一)하여 정신을 분산(分散)시키지 않는 자기봉쇄형 공안이 체질에 맞을 수도 있다. 그런 사람은 그런 공안을 잡아야 한다.

§ 자기부정형 공안은 "어째서---?"로 시작하지 말라

그것은 그렇다치고, 어쨋던 이런 공안은 봉쇄형 공안과는 달리 자기봉쇄의 인식에서 출발하지 않고, 그대신에 자기부정의 인식에서 출발하여 함몰과정으로 진입하기 때문에 "어째서---라고 했을까?" 혹은 "왜---라고 했을까?" 등으로 화두선을 시작해서도 안되고 또 그렇게 시작할 이유도 없다. 이런 종류의 화두에 마음이 쏠리는 사람은 반드시(?) 이런 화두를 잡을 일이지 절대로 "어째서---?"나 "왜---?"로 시작해야 하는 화두를 잡아서는 안된다.

부정형 공안은 "어째서---라고 했을까?" 로서 공부를 시작해서는 안되는 이유를 분명히 밝혀보자.

봉쇄형 공안은 그 자기봉쇄의 이치를 터득하기 어렵기 때문에 보통 "어째서---라고 했을까?"라는 의문형 언어틀을 이용하여 공부를 시작하게 하지만, 봉쇄형 공안이라 하여도 "어째서---했을까?"가 필수적인 것은 아니고 사실은 불필요한 혹과도 같은 것이다.

그런데 부정형 공안은 이 "어째서 ---라고 했을까?" 로서 공부를 시작해야 할 이유가 더욱 없다. 이유가 없는 정도가 아니다. 만일 부정형 공안을 "어째서---라고 했을까?"로 시작할 작정이라면 차라리 봉쇄형 공안을 선택해야 한다.

6. 자기부정형(自己否定形) 공안과 자기봉쇄형(自己封鎖形) 공안   47

§ 부정형 공안을 "어째서---?"로 시작하면 안되는 이유

　"어째서---했을까?" 라는 의문형 언어틀은 봉쇄형 공안의 공부를 시작할 경우에 어느 정도 도움을 줄 수는 있을지 모르겠다. 하지만 부정형 공안을 선택한다면 절대로 "어째서---했을까?"를 이용하여 공부를 하면 안된다. 무엇보다도 부정형 공안이 정신적인 체질에 맞다고 느껴지면 이미 그때 부정형 공안은 희미하게나마 함몰(陷沒)을 시작하기 때문이다.

　그런데도 불구하고 "어째서---했을까?" 라는 의문형 언어틀을 이용하여 다시 의심을 일으키려고 시도한다면, 저절로 일어나는 희미한 의심에 쏟아야 마땅한 관심이 단순히 의심을 일으키기 위한 수단에 불과한 "어째서 ---했을까?" 그 자체로 옮겨가는 결과가 됨이니, 저절로 일어나던 의심마져 꺼버리는 것이 아니면 무엇이겠는가. 부정형 공안은 "어째서---했을까?"로서 공부를 시작하면 일어나는 의심도 꺼버리는 결과가 되고 만다는 사실을 알아야 한다.

　부정형 공안이 자기자신에게 맞겠다고 느껴지는 순간에 부정형 공안은 아주 미약하게나마 붕괴와 함몰현상을 일으키며 융합화두(融合話頭)가 되어 마음을 뚫기 시작하는 것이니 자연적으로 일어나는 의심에 마음을 맡길 것이요, 절대로 "어째서---했을까?" 로서 공부를 시작해서는 안된다. 부정형 공안에는 절대로 "어째서---했을까?"를 사용하지 말라.

　이와같이 부정형 공안은 저절로 의정이 일어나든가 말든가 둘 중의 하나가 되겠다. 만일 부정형 공안에서 의정이 저절로 일어난다면 그 공안을 잡아야 한다.

7. 융합화두의 심심해저행(深深海底行)과 마음의 봉쇄(封鎖)와 비밀장(秘密藏)

§ 녹는다는 뜻의 '융(融)'과 화두초점

그렇다면 자기의 정신적 체질에 맞는 화두를 접하고 느끼는 불가사의의 실체는 무엇인가. 불가사의의 실체는 화두의 초점이 맺히기 시작하는 화두의 융합(融合)현상이다. 의심 혹은 의정이란 화두의 융합현상으로서 다른 것이 아니다. 화두를 깨치고 말하기를 의심이 눈녹듯이 사라졌다고 하는 이유가 녹는다는 뜻의 융(融)에 있다.

화두를 알았다는 의미는 융합화두가 융멸(融滅)의 과정을 끝냄으로서 언어로서의 화두의 영향권에서 완전히 벗어남을 의미한다. 언어로서의 화두의 근원에 돌아감으로서 언어의 영향권에서 영원히 벗어나 화두를 해결하고 해탈한다.

화두가 녹아서 뭉치면 이것이 융합화두다. 융합화두는 화두가 초점을 잡아가는 현상인데, 화두의 이 초점잡기의 완성이 화두의 융멸에 해당한다. 화두의 초점잡기 과정을 화두가 녹아서 뭉치는 융합과정으로 느낄 수 있다.

§ 화두가 녹는 것이지, 의심이 녹는 것은 아니다

이렇든 저렇든, 모두들 말은 의심이 눈녹듯이 사라진다고 하지만 사실은 의심이 눈녹듯이 사라진 것이 아니고 화두가 눈녹듯이 사라진 것임을 알아야 한다. 화두가 녹아서 뭉쳐가는 것이 의심이요 화두의 초점이 맺혀가는 것이 의심으로서, 화두가 뭉치다가 녹아 없어지는 것이요 화두의 초점이 잡히면서 화두가 눈녹듯이 여겨지는 것이다. 분명히 알아야 한다. 의심의 실체는 화두라는 사실을!

화두가 눈 녹듯이 사라지는 것이지, 화두에서 파생하여 화두와는 독립한 의심이라는 새로운 물건이 녹아 없어지는 것이 아니다. 화두 따로 있고 의심 따로 있는 것이 아님을 분명히 밝힌다. 만일 화두 따로 보고 의심 따로 일으킨다면, 그런식의 공부가 가능한 것도 아니지만, 동대문 가려는 사람이 서대문으로 가고 있음과 별로 다르지 않다는 사실을 명심하라.

화두를 의심하라는 말은 화두의 융합과정을 살피라, 화두를 융멸시키라는 뜻으로 분명히 알아야 한다. 화두를 의심하라는 말은 화두가 초점 맺는 과정을 살피라, 화두의 초점을 잡으라는 뜻으로 분명히 알아야 한다.

§ 함몰의 기미를 보이는 화두를 선택하라

여기에서 인연있는 화두를 만나야 함을 다시 강조한다. 대하는 화두마다 모두 융멸하는 것은 아니기 때문이다. 여러 가지 화두를 섭렵해보아도 이것이다 싶을 정도로 눈이 번쩍 열리는 화두를 만나기는 어렵다.

하지만 어렵게 생각할 일도 아니다. 선문염송이나 무문관이나 벽암록 정도면 충분하다. 눈 밝은 조사스님들이 이미 다 알고 뽑아놓았기 때문이다. 물론 예외도 있겠으나 어지간한 사람이라면 선문염송에서 마음에 드는 화두를 찾아내도록 되어 있다.

충분한 시간을 두고 자세히 살피면 틀림없이 융멸을 시작하면서 눈안으로 들어오는 화두가 있을 것이다. 반드시 융멸 즉 녹아 없어지려는 그 화두를 잡고 시작해야지, 누가 추천해주는 화두라고해서 무작정 잡고 시작하는 것은 금물이다. 그러니까 의심없는 화두를 잡고 허송세월하지 말고 어떻게든 자기에게 맞는 화두, 함몰의 기미를 보이는 재미있는 화두를 반드시 찾아내야지, 그렇지 못하고 아무 재미도 없는 화두를 들고 까맣게 모르는채로 앉아 있으면 안된다. 예컨데 종성칠조와 정전백수자가 어떻게 함몰하여 융합의 과정으로 진입하는지 살펴보자.

§ 종성칠조(鐘聲七條)의 자기부정(역회전)

'진리의 몸을 꿰뚫는 한 말씀'을 밤하늘의 북두성(北斗星) 속에다 집어넣어버린 북두장신(北斗藏身)으로 천하에 유명한 운문문언이 말한다.

"세계가 이렇게 광활(廣闊)한데, 종소리를 따라서 칠조가사는 왜 입는고?"

"세계가---"에서 시작하여 "---왜 입는고?" 하는 대목에 와서 화두는 뭉친다. 이것을 여러번 반복하면 앞에 나온 말 위에 다음에 나오는 말이 포개지고 겹쳐지듯이 녹아서 뭉친다.

이 화두는 하나를 말하고 뒤이어 하나를 부정(否定)하는 자기부정의 구조를 가지고 있는 자기부정형(自己不定形) 화두로서 사람이 화두를 들면 스스로 붕괴되어 하나로 뭉치고 뭉쳐서 녹는다. 무문관 16칙의 종성칠조(鐘聲七條)는 이 자기부정의 융멸구조로 인하여 필연적으로 붕괴되어 녹고만다. 자기부정이란 자기를 부정함으로서 스스로 붕괴하여 사라지고 말겠다는 뜻이 아닌가. 그러한 이치로서 자기부정형 화두는 무너져서 뭉칠 수 밖에 없는 것이다.

§ 안에서 문을 잠그고 열어주지 않는 '뜰앞의잣나무'

그러나, 예컨데 '뜰앞의잣나무' 화두는 성질이 좀 다르다.

'뜰앞의잣나무'는 이 화두를 볼 수 있는 이치의 길이 끊겼기 때문에 탈출구가 없는 자기봉쇄형(自己封鎖形) 화두에 속한다. 화두 스스로 안으로 문을 철저히 걸어 잠그고 들어앉아버린 관계로 밖에서 아무리 애타게 문을 두드려대도 절대로 안열리게 되어 있다. 별별궁리를 다 하고 수단방법을 다 짜내봐도 쇳덩이 같은 화두가 안에서 문을 열어주지 않기 때문이다. 이것이 밖에서 볼 때는 쇳덩어리처럼 느껴지게 하는 봉쇄형 화두의 자기봉쇄(自己封鎖)다. 이 '탈출구 없음'의 이유가 '뜰앞의잣나무'로 하여금 <자기봉쇄의 인식---자기붕괴---자기함몰---자기융합---자기융멸>의 과정에 돌입하도록 유도한다.

이 어떻게든 해석해볼 수 없는, '뜰앞의잣나무'라는 6개의 말이 홀연히 무너져 녹아서 뭉치면서 부사의한 융합화두로 돌변한다 하였다. 보통 <'뜰앞의잣나무'라는 말 그 자체가 되라>고 할 때의 의미는 이러한 것이다.

§ 자기봉쇄=쇠뭉치

또 한 가지, '뜰앞의잣나무' 그 자체가 된다 하더라도 자기봉쇄의 이유를 모르면 '뜰앞의잣나무' 그 자체가 되기도 어렵거니와, 설혹 정체불명의 '뜰앞의잣나무'가 되어봐도 별수 없을 가능성이 아주 높다. 무엇보다도 '뜰앞의잣나무'가 되어야 할 필연적인 당위성을 느끼지 못하면 '뜰앞의잣나무'가 붕괴하지 않고 붕괴하지 않으면 융합하지 않는다. 화두가 융합하지 못함으로서 <융합화두 즉 진정한 의정>으로 변신하지 못하는데 어찌 별 수 있겠는가.

화두선의 메카니즘에 모름지기 눈 밝지 못하면 화두공부는 어렵다. 무작정 밀어붙이면 어느 선(線)까지는 밀려가겠지만 그 선부터는 잘 안되게끔 되어있다. 이치나 이유도 깨닫지 못하고 무작정 밀어붙였으므로 자기의 공부가 어디에 와있는지 점검해볼 '안목'이 결여되어 있기 때문이다.

만약 '뜰앞의잣나무'가 붕괴를 시작하면 그것은 이 화두가 비로소 의정으로 그 몸을 바꾸기 시작했다고 알아야 한다.

§ 언어의 근원을 뽑는다

화두 하나를 정확하고 철저하게 봄으로서 말을 하고 생각을 하고 행동을 해도 항상 그러한 말과 생각과 행동의 속박에서 벗어나 있으므로 자유자재하다. 말의 틀, 관념의 틀에 사로잡히지 않고 벗어나는 가장 빠르고 확실한 방법이 화두선이다. 화두가 마침내 일체의 생각과 일체의 언어와 일체의 행동의 근원인 마음을 끊어버리면 일체의 생각과 일체의 언어와 행동은 낱낱이 해탈하기 때문이다.

하나의 죽은 문장으로 인쇄되어 있는 화두를 잡으면 화두는 마치 살아있기라도 하는 듯이 문득 안으로 문을 걸어 잠그고 붕괴되면서 융멸한다. 녹아 없어지고 만다. 화두의 구조, 화두의 메카니즘이 그렇게 되어있다.

§ 화두함몰과 사라지는 마음의 문

그런데 화두의 융멸 그 자체로서 모든 일이 끝나는가. 그렇지 않다.

화두를 들면, 절대로 그곳을 알 수는 없지만 화두가 자리를 잡는 그곳이 마음이 작용하는 곳으로 마음의 문(門)이요 마음의 출구(出口)인 셈인데, 그러다가 화두가 함몰(陷沒)을 시작하면 화두가 차지하고 있었다고 할 수 있는 마음의 그곳이 즉시 마음으로 채워지면서 마음의 문 혹은 출구가 지워지는 결과가 된다.

함몰화두(陷沒話頭)는 함몰을 계속함에 따라 추적하기가 더욱 어려워지고 이 현상은 함몰화두가 더욱 깊이 마음속으로 파고드는 것으로도 여겨지게 만드는데, 이렇게 되면 마음의 문 혹은 출구는 더더욱 완벽하게 닫히고 지워지고 마는 것이다. 화두를 들되 그 가는 곳을 알아보기 어려운 이유가 여기에 있다.

말하자면, 화두함몰로서 봉인(封印)의 흔적을 남기지 않고 마음을 봉쇄(封鎖) 하므로 마음에는 봉쇄의 흔적이 남지 않는다. 봉쇄의 흔적이 없으므로 마음이 봉쇄를 당해도 봉쇄를 당하기 이전과 조금도 다른점이 없다. 세상에 이런 미증유(未曾有)의 신비는 없다. 어찌 화두의 불가사의가 아니겠는가.

§ 융합화두의 심심해저행(深深海底行)과 무중력

함몰화두로서는 본의는 아니지만 마음이 어디로든 달아날 방법이 없게끔 봉쇄를 단행하면서 마음속으로 뚫고 들어가는 결과가 되니, 마음의 봉쇄는 어디까지나 함몰화두의 심심해저행(深深海底行)의 부산물(副産物)에 불과하다는 사실을 알아야 한다.

화두선이 바르게 되면 몸과 마음이 더없이 경쾌해지는 이유가 여기에 있다. 즉 마음이 깊고 깊은 곳에서 끊어짐으로서 마음이 봉쇄를 당하고 봉쇄를 당한 결과 마음이 한덩어리가 되어 뽑혀나오는데, 마음이 한덩어리가 되어 뽑혀나오면 이번에는 우주 전체가 중력(重力)이 사라지면서 한덩어리로 작용하기 시작한다. '나'와 우주전체가 한덩어리가 되어 전체작용을 한다는 뜻이다. '나'와 우주가 한덩이가 되어 나가떨어지면서 중력이 소멸한다는 뜻이다. 이것은 융합화두가 8식을 끊어버리는 데에서 오는 부산물인 마음의 봉쇄작용이요 전체작용이다.

§ 무루심=비밀장=법계

심심해저행(深深海底行)이란 화두가 <융합화두 즉 의정>으로 변신하여 마음속 깊이 잠겨들어감을 의미한다. 말하자면 화두의 잠행이다.

<화두의 붕괴(崩壞)---화두의 변신(變身)---화두의 잠행(潛行)---화두의 귀결(歸結)>

이것이 화두의 일생이다.

화두를 들면 화두가 이러한 일생을 겪으면서 마음의 봉쇄현상도 따라서 나타나고 화두가 융멸하면 마음의 문도 영원히 지워지고 만다. 문 또는 출구가 지워진 결과 영원히 새나가는 일이 없어진 마음이 무루심(無漏心)이요 비밀장(秘密藏)이요 법계다.

출구(出口)로서 작용하던 화두가 융멸하면 출구의 융멸이 된다. 탈출구(脫出口)가 깜쪽같이 지워져서 사라지는데 마음이 어디로 새나가겠는가. 마음은 꼼짝 못하고 통째로 잡혀들어온다. 통째로 잡혀들어와 마침내 한덩어리를 이루니 이것이 비밀장이다.

마음은 실오라기만큼도 새나갈 수 없어져 꽉 차게 되니, 꽉 찬 마음이 비로소 법계(法界)를 이루고, 법계를 이루니 사방팔방을 둘러봐도 법(法) 아닌 것이 없어진다. 흔히 말하는 법계(法界)란 무루심의 다른 이름이라는 사실도 알아야 한다.

그러나 이러한 현상은 어디까지나 화두가 심심해저행(深深海底行)을 하여 마음을 가장 깊은 곳에서 끊어버리기 때문에 나타나는 현상임을 알아야 한다. 무루심(無漏心) 즉 마음이 새나가지 못함은 화두가 마음뿌리를 끊어버리는데에서 오는 결과다.

§ 태고의 잠

다시 종성칠조를 보자. "세계가 이렇게 광활한데 종소리를 따라서 칠조가사는 왜 입는고?" "세계가--"에서 시작하여 "---왜 입는고?"에 도달하는 순간 공안은 눈 녹듯이 사라진다. 눈 녹듯이 시야에서 사라지면서 마음속에 꽂혀 마음을 파먹기 시작한다.

불교사원에서 승려들은 종 북 죽비 등의 신호를 듣고 움직이도록 되어있다. 그리고, 부처님 시대로부터 지금까지 전해내려오는 불교승려의 옷에 5조 7조 9조가 있는데 평상시는 물론 잘때도 5조와 7조는 걸치고 자며 외출시는 5조와 7조 위에 9조를 걸치는 것이 예의로 되어있다. 7조(七條)란 가사(袈裟)를 말한다.

　종성칠조의 경우에도 어떤 종소리가 나면 칠조가사를 입게 되어 있으므로, 종소리 울리는 속에서 당연히 가사를 입고 있다. 그런데 옆에서 운문대사는,

　"종소리 난다고 가사는 왜 입는고?"

　하고, 마음을 거꾸로 반으로 접어 학인의 숨통을 탁 틀어막으려 시도한다. 종소리를 따라서 가사를 입기로 되어있어 가사를 입는데 종소리를 따라서 가사를 왜 입느냐고 하니, 하나를 말하고 뒤이어 하나를 부정하는 공안의 절대로 조화될 수 없는 심각한 자기모순은, 공안이 필연적으로 스스로를 붕괴시키고 뭉치게 하는 결과를 초래한다. 이러한 화두의 <붕괴구조+융합구조>로 인하여 융합화두는 심의식 속으로 파고들고, 그 결과 심의식이 절대로 탈출할 수 없게끔 심의식에서 탈출구를 지워버리는 봉쇄작용이 더불어 일어나는 것이다.

　화두가 심의식에 봉인(封印)을 찍되 화두는 융멸하여 봉인의 흔적이 남지 않고, 따라서 심의식은 봉쇄(封鎖)를 당해도 봉쇄의 흔적이 남지 않는다. 이렇게 되면, 하늘의 태양은 태고(太古)시절의 태양으로 찬란히 빛나기 시작하며 태고의 이 우주는 결코 태고의 잠에서 깨날 수 없게 되는 것이다.

§ 전존재로서의 자기자신의 인식

　그리고, "세계가 이렇게 광활(廣闊)한데---" 하는 구절이 남아있다.

　여기에 나오는 '이렇게 광활한 세계'야 말로 철저하게 봉쇄 당하여 한덩어리가 된 운문문언 자신의 광활한 우주를 말씀하

신 것으로, 순간순간 말에 얽매이고 종소리에 얽매이는 제자들의 개안(開眼깨달음의 눈을 여는 것)을 돕기위해 선수(先手)를 친 것이다.

필요충분조건으로 분석하면 '세계가 이렇게 광활한데'는 필요조건이고 '종소리를 따라서 칠조가사는 왜 입는고?'는 충분조건이다. 동쪽을 울리고 서쪽을 친다는 성동격서(聲東擊西)로 보면 '세계가 이렇게 광활한데'는 동쪽을 울림이요 '종소리를 따라서 칠조가사는 왜 입는고?'는 서쪽을 침이다.

"세계가 이렇게 광활한데---" 라는 문구로 제자들의 심리를 순간적으로 확 풀어서 최대한의 확대(擴大)와 해방을 꾀한 다음에, "종소리를 따라서 칠조가사는 왜 입는고?" 하고 아무런 근거도 뿌리도 없이 맹목적인 관념으로 굳어져 사람을 얽어매는 기존의 관습과 거기에 속수무책으로 순응하고 있는 전존재(全存在)로서의 자기자신을 순간적으로 철저하게 인식하게 하려는 의도를 내비치는 운문문언이다.

§ 견해는 아집이다

말하자면 철저하게 객관적인 입장에서 자기자신을 되돌아보게 함으로서, 그 철저하게 객관적인 입장 또는 철저하게 객관적인 견해의 획득에 도달케 하려 했던 것이다. 철저하게 객관적인 견해의 획득이 곧 해탈이다. 이 철저하게 객관적인 견해는 이미 견해가 아니기 때문이다. 견해는 아집(我執)이다. 결국 철저하게 객관적인 견해의 획득은 철저하게 견해에서 벗어남이요 아집에서 벗어남이니 그러므로 해탈이 되는 것이다.

'세계가 이렇게 광활한데'를 갖다붙인 운문대사의 솜씨는 가히 번개와 같아서 '종소리를 따라서 칠조가사는 왜 입는고?' 하는 공안의 자기붕괴에 가속도(加速度)를 붙인다.

만일 종성칠조 공안에서 '세계가 이렇게 광활한데' 하는 어귀가 빠지고 등장하지 못했다면 눈덮인 산맥인 듯 솟아오른 이 공안의 웅위한 자태(姿態)는 사라지고 따라서 공안으로서의 위력도 형편없이 줄어들었을 터이다.

§ 화두삼매는 화두초점이 정확하게 잡히지 않았음을 의미한다

이치는 이러하다. 비록 이러한 이치는 깨달았다 해도 대도(大道)의 문을 열고 못열고는 이러한 이치에 끝까지 밝아 남김이 있느냐 없느냐에 달려있다. 사람에 따라서 깨달음의 깊고 옅은 차이가 존재하는 이유가 여기에 있다.

화두공부가 숙면일여(熟眠一如)에 이르러도 화두의 귀결처(歸結處 돌아가는 곳), 화두의 낙처(落處 떨어지는 곳)는 모른다는 말이 있다. 숙면일여란 깊이 잠들어도 화두가 있다는 뜻이다.

잠이 깊이 들어도 풀리지 않는 그 봉쇄마져도 봉쇄의 완성이 아니라는 뜻이기도 하다. 화두가 최후로 떨어지는 곳을 보지 못했기 때문이다.

이러한 상태에서도 화두융멸은 완료되지 않았고 따라서 봉쇄도 완성되지 않았다하니 화두 융합의 이치는 알겠으나 화두소멸의 이치에 통하기는 쉽지 아니함을 암시하는 말이다. 이것이 화두삼매이다. 화두삼매(話頭三昧)가 무엇인가. 화두융합의 이치에는 통했으나 화두융멸의 이치에는 끝까지 통하지 못하여 화두초점(話頭焦點)이 정확하게 잡히지 않고 있는 상태가 화두삼매이다.

화두를 듣거나 보고 깨치는 경우는 화두초점이 즉시 잡힘으로서 화두가 찰나에 남김없이 융멸하기 때문이며, 화두의 융합은 시작되었으나 융멸에까지 이르지 못하면 몇날 혹은 몇달 혹은 몇 년이나 지속되는 화두융멸의 과정을 거친다. 이것이 화두삼매이다.

화두가 녹아 없어진 듯 해도 철저히 녹지 않아서 항상 화두의 초점이 잡히지 않는 상태가 지속되는 것이다. 이렇게 되면 화두를 잡지도 못하고 놓지도 못하며, 삼키지도 못하고 토하지도 못한다. 이것이 화두삼매이다.

§ 화두초점(話頭焦點)이 잡히면 화두삼매는 끝난다

화두융멸이 완료되면 화두의 초점이 잡히고, 화두초점이 잡히면 화두는 융멸하면서 마음은 끊어진다. 마음씀에 지극히 미세(微細)해야 하는데, 이일은 모름지기 심세(審細)하라는 조사스님들의 가르침이 그것이다. 보제존자의 불매화두(不昧話頭) 즉 화두에 어둡지 않다는 말씀의 의미도 이렇게 이해되어야 한다.

화두융멸이 완료되면 화두삼매는 끝나고 화두삼매에서 일어나니 마음의 봉쇄가 완성되어 마음은 환화(幻化)로 돌아간다.

8. 화두는 북두성(北斗星) 속으로 들어간다

§ 융합화두는 북두성 속으로 들어간다

운문문언에게 어느 승이 묻는다.
"어떤 것이 진리의 몸을 뚫는 말씀입니까?"
"북두성(北斗星) 속에 몸을 감추었다."

북두장신(北斗藏身)이란 북두성 속에 몸을 감춘다! 진리의 몸을 꿰뚫는 한 말씀이 북두성 속에 그 몸을 숨긴다는 별처럼 눈푸른 이야기다.

어느 승이 진리의 몸을 뚫는 말씀을 베풀어 주기를 청하자, 운문은 진리의 말씀을 일러주기는커녕 벌떡 일어나더니 팔을 쭉 뻗어서 '진리의 몸을 꿰뚫는 그 말씀'을 저 까마득한 밤하늘에 박힌 북두성(北斗星) 속에다가 집어넣고 말았다. 아무리 세상 인심이 박하다 해도 이렇게 심술궂은 놀부를 보았나. 운문은 아무도 꺼내지 못하도록 하기 위하여, 그놈의 진리 꿰뚫는 말씀을 팔을 쭉 뻗어 저 까마득한 북두성 속에 집어넣었다는 것이야. 그리고는 돌아서서 시침이를 떼면서 운문은 말한다. 진리의 몸을 뚫는 혜성(彗星) 같은 말씀은 북두성 속으로 들어가고 말았다고.

세상 사람들아, 진리를 뚫는 말씀을 듣고자 하는가. 진리를 뚫는 말씀인 융합화두는 북두성 속으로 들어가고 말았으니 무슨 재주로 꺼내올 것인가.

§ 운문문언=문성(文星)+주성(酒星)

운문문언의 이 말씀이 신록의 향기를 실어나르는 5월의 훈풍을 타고 오조법연의 귀에까지 흘러들어갔다. 방장실의 방문을 활짝 열어놓고 밀려드는 남풍(南風) 속에 앉아 있던 오조법연이 무릎을 치면서 탄식하였다.

"오호라! 하늘은 어찌하여 운문에게 문성(文星)과 주성(酒星)을 한꺼번에 나누어 주었는고."

거나하게 술 취한 대선비라도 이만한 시 한 수를 뱉어내지는 못한다는 뜻으로 운문문언의 참으로 탁월한 식견을 두고두고 칭찬하는 말이다.

운문문언의 북두장신과 같은 말씀은 불교역사에서 두 번 다시 나오지 않으리라, 나는 그렇게 생각한다. 불교역사에 등장하는 이 인물 운문문언, 운문문언의 북두장신(北斗藏身)이여!

화두는 녹아서 어디로 가는가. 화두는 녹아서 북두성(北斗星) 속으로 들어간다. 융합화두는 녹아서 반드시 운문문언의 북두성 속으로 들어가고 만다.

사람에 따라서 '되는' 화두는 반드시 스스로 붕괴되고 녹아서 북두성 속으로 들어가 몸을 숨기니 도무지 찾을 방법이 묘연하다.

사람에 따라서 그 사람의 기질에 척 들어맞는 화두가 있을 수 있는데, 그 자신의 정신적 색깔에 척 들어맞는 화두를 대하면 벌써 첫눈에 화두는 자기붕괴 자기융멸의 조짐을 선뜻 내비치는 것이다. 녹아서 사라지며 북두성 속으로 몸을 숨기는 화두를 따라잡는 재미는 참으로 지극하여 세상 일반의 다른 재미와는 근본적으로 다르다.

§ 머리를 굴리지 말라

운문문언의 말씀처럼 화두선은 정녕 저 까마득한 밤하늘에 박힌 북두성을 따먹는 일이야. 어떻게 따는 거냐구? 방법은 앞에서 내가 언급하지 않았던가.

머리는 이 지구에 그대로 놓아둬야지 별 수 있나. 머리는 그야말로 새까만 머리에 불과하니까 아예 새까만 머리를 어떻게 사용하여 북두성을 따보려는 수작은 걷어치우는 게 좋겠어.

세상의 재미는 한번 즐기고나면 그만으로 자신의 복(福)이나 그만큼 깎아먹을 뿐만 아니라 허망하고 씁쓸한 여운을 남기지만, 화두공부는 그 재미를 어디에도 비교할 수 없고 또한 성공하면 북두성을 따서 호주머니에 집어넣게되니 이것이 보통 일인가. 운문의 이 북두장신이라는 노래는 시원하기 짝이 없다.

§ 살아 있는 것은 필경공 뿐이다

불감(佛鑑)은 운문의 이 말씀을 찬미하기를,

"북두를 떠나서는 생명이 없다. 몸 감춘 것을 알면 본래의 몸을 보리라." 하였다.

너 나 할 것 없이 우리들의 생명이 저 북두성에 들어가 있다는 것이야. 그러나 잘 알아야 한다. 우리들의 생명이 저 북두성 속에 들어가 박혀 있다는 말씀에는 솜털만큼의 거짓도 없음을! 운문문언이 밝은 대낮에 술취하여 헛소리 내뱉은 줄 알면 죄짓는 게야. 우리는 생명이 자신의 몸 속에 깃들어 있는 줄 알고있지. 굳이 말하자면 우리들의 머리는 그만큼 나쁘다는 뜻이야. 생명이 죽어있는 육체 속에 깃들어 있다고 여길만큼 우리들의 머리는 구제불능으로 새까만 것이 사실이야.

듣지 못하였는가. 육체는 항상 죽어 있다는 말을. 우리들의 육체는 살아있지 못하며 이 우주에서 살아있는 것이 있다면 오직 하나 진공(眞空) 뿐이야. 인간세계와 우주를 통틀어서 생명이 있어 살아있는 것을 말하라면 그것은 오로지 필경공 뿐이라고 말해야 하는 게야. 우리들의 육체에는 본래 생명이 없었고, 마음은 필경공(畢竟空)에서 피어오르는 사막의 신기루 같은 것이야. 그런데 그 생명의 필경공이 북두성 속으로 들어가고 말았어.

§ 북두성 속에서 잠궈진 자물쇠

삼계(三界)는 필경공 이외에 아무것도 아니란 말이지. 필경공 몹시 좋아한다고 실실 웃겠지. 그러나 사실이 그런 것을 난들 어떻게 하겠나. 그렇다면 그놈의 필경공인가 뭔가 하는 물건은 어디 있는 게야? 보아라 보고 또 보아라, 필경공은 저 새까만 밤하늘로 까맣게 물러나 박혀있는 저 북두성 속에 들어가 몸을 숨기고 있다지 않았던가.

북두성에 가려면 광속(光速)으로도 아마 몇백년이 걸린다지? 아 글쎄, 운문문언이라는 사람이 필경공을 저 까맣게 물러난 북두성 속에다 집어넣었지 나야 뭘 아는게 있나. 북두성 속으로 들어간 화두를 찾든 못찾던 이미 화두라는 자물쇠는 손닿지 않는 그곳 북두성 속에서 잠궈졌고, 화두를 찾는다 해도 그곳에서 영원히 끊기고 종적을 감추었으니 볼일은 이미 아득한 옛날에 끝난 줄을 알아야 한다.

그러나 볼일이 이미 아득한 옛날에 끝났다고는 하지만, 역시 화두가 가는 곳을 세밀하게만 살피면 알아낼 도리 없는 화두가 또한 모를 도리 없는 화두가 되니, 아무리 화두가 북두성 속으로 몸을 숨긴다 해도 눈 밝은 사람은 속이지 못하는 법이다.

9. 환성지안(煥惺志安)선사와 화엄신장(華嚴神將)

조선 중기에 환성지안이라는 큰 스님이 계셨다. 이 스님이 석왕사(釋王寺)의 대법당에서 설법을 하고 있는데, 어떤 사람이 문을 썩 열고 들여다 보는 것이었다.

그런데 이 사람이 그냥 보통 사람이 아니었다 한다. 키는 9척 장신이었고 화등잔처럼 커다란 두 눈에서는 빛이 줄줄이 쏟아져 나오며, 코는 주먹만큼 큰 굉장한 거인이었다. 그 거인이 설법하는 환성지안 스님을 쓰윽 쳐다보더니 한마디 툭 내뱉었다.

"난또 누구라고. 잣벌레 어르신네가 아닌가. 대단하시네. 잣벌레 어르신네가 대단하시구먼."

그리고는 문을 닫고 사라지는 것이었다.

대중들이 의아하여 스님에게 여쭈었다.

"웬 사람인데 스님을 잣벌레라고 합니까?"

이에 환성지안선사께서 말씀하셨다.

"아까 그 사람은 부처님 당시의 영산회상(靈山會上)에서 화엄신장(華嚴神將)을 했던 분이니라. 나는 그때 잣벌레였는데, 부처님께서 설법을 하실 때마다 부처님의 법상(法床)에 붙어 설법을 들었다. 그때 잣벌레로서 부처님 설법을 들었던 인연 공덕으로 그 다음 생(生)에 인간의 몸을 받아 중이 되었고, 오늘날에는 화엄대법사(華嚴大法師)가 되었다. 그때로부터 삼천 년이 지났지만 그 화엄신장은 나이가 몇살 밖에 더 먹지 않은 것 같구나."

10. 남십자성(南十字星) 화두 3개

§ 남염부제(南閻浮提)

남방화주(南方化主) 대원본존(大願本尊) 지장보살(地藏菩薩).

지장보살께서 제도하시는 이 남염부제(南閻浮提)의 밤하늘에 세 개의 화두가 출현하여 남십자성처럼 찬란히 빛나고 있나니 불교와 인연있는 이들은 보아라 보아라.

그 하나가 우과창령(牛過窓欞)이요

그 두 번째가 종성칠조(鍾聲七條)이며

그 세 번째가 호자무수(胡子無鬚)이다.

<소가 창밖을 지나간다. 머리와 네 다리가 모두 지나갔는데 어째서 꼬리가 지나가지 못하는고?>

이것이 우과창령이며,

<세계가 이렇게 광활한데, 종소리를 따라서 칠조가사는 왜 입는고?>

이것이 종성칠조이며
<서천의 호자는 어째서 수염이 없는고?>
이것이 호자무수이다.

§ 남십자성(南十字星)

그렇다면 나는 무슨 연유로 이 세 개의 화두를 남십자성화두라 칭하는가.

여기에서 십자(十字)는 안으로 문을 걸어잠그고 스스로 함몰하여 공(空)으로 돌아감을 뜻한다. 그런데 이 3개의 화두는 독특한 역회전(逆回轉)에 의하여 자기붕괴---자기함몰---자기융합의 과정을 밟고 공(空)으로 돌아간다. 그러니 분명한 십자형태를 갖춘 십자성(十字星)화두다. 십자성화두가 남염부제(南閻浮提)에 출현하였으므로 남십자성(南十字星)화두가 되는 것이다.

§ 역회전(逆回轉)에 의한 <공안의 붕괴---함몰---융합---융멸>

무문관 48칙 가운데에 등장하는 이 세개의 화두 모두 일제히 좌악 펼쳤다 놓으면 놓는 것과 동시에 좌악 수축하고 응결하여 자기자신 속으로 빨려들어가서 자취를 감추고 사라진다. 이것이 소용돌이다.

이른바, <화두붕괴---화두함몰---화두융합---화두융멸>의 전 과정이 일목요연하다. 이렇게 표현할 수 있을 정도로 이 세 개의 화두는 과학적인 걸작품이다.

10. 남십자성(南十字星) 화두 3개   67

§ 화두선법은 이론화 되어야 한다

남십자성화두니 뭐니 하여 화두의 이치를 캐는듯한 자세가 화두선을 하는 사람이 취할 바가 아니며 일찍이 이런 시도를 한 학승(學僧)이 없었다 하여 비판적인 눈으로 보는 사람마져 있을 수 있으리란 예상은 하고 있다. 그러나 오늘날의 공안선문(公案禪門)의 현실을 관찰한다면 나의 이러한 공안분류의 시도는 도리어 시기적으로 늦었다면 늦은 것이지, 결코 공안(화두)에 함부로 손을 대어 흠집을 내는 것은 아닐 터이다

아울러, 이론으로 밝히기 힘든 공안선의 과정은 공안선이 인간 정신문화의 정수이므로 더더욱 이론화 논리화 체계화의 작업에 들어가야 한다는 나의 주장이다. 이론화 할 수 없는 분야일수록 그만큼 더 집요하게 이론화에 매달려 성공해야한다. 이론화하기 힘들다 하여 손대지 않는다면 천하의 학자라는 사람들은 무엇하러 존재하는가.

§ 갈쿠리 화두

각설하고, 화두는 반드시 스스로 붕괴하여 자취를 감추는 때가 와서야 비로소 화두와 의식이라는 두 개의 장애물에서 벗어나 진보의 단계로 접어들며 무서운 가속도가 붙게 마련인데, 이 세 개의 화두 모두 의도적으로(?) 아주 알아보기 쉬운 붕괴구조를 갖추고 있음을 눈치채는 일이 까다롭지 않으며, 어느정도의 이해만 뒷받침 된다면 화두를 드는 즉시 붕괴에 이르는 과정까지는 어렵지 않을 수도 있다.

말하자면 이 세 개의 화두는 아주 치밀한 두뇌에서 나온 고

약하기 짝이없는 걸작이다. 밤하늘을 밝히는 유명한 남십자성 (南十字星)처럼 이 화두를 유심히 바라보는 이들은 마침내는 이 3개의 남십자성 화두가 어느 사이에 스스로 소용돌이 치며 마음 속으로 날아들어와 마음을 꿰뚫고 필경공으로 돌아가려 한다.

우과창령과 종성칠조 호자무수는 좀 고약한 표현을 동원하자면 안으로 꼬부랑하게 꼬부라진 갈쿠리와 흡사하여 한번 마음속에 걸려들었다 싶으면 절대로 빠지지 않을뿐더러 점점 깊이 파고드는 구조를 가진 화두라고 할만하다.

§ 소머리가 소꼬리의 소용돌이 속으로 빨려들어가는 '우과창령'

<소가 창 밖을 지나간다. 머리와 네 다리가 다 지나갔는데 어째서 꼬리가 지나가지 못하는고?>

오조법연의 우과창령, 이 끝부분은 일부러 소꼬리가 지나가지 못하게끔 꼬부랑하게 꼬부려 놓고 있다. 오조법연은 왜 그랬을까. 후세(後世)에 오는 누구든지 이 우과창령을 보는 사람은 그 사람의 마음에 요 꼬부랑하게 꼬부라진 소꼬리가 한번 걸려들어 절대로 빠지지 않도록 고안해 놓았던 것이다. 그런데 이 우과창령은 마음에 걸려들면 빠지지 않을뿐만 아니라 한술 더떠서 점점 더깊이 마음 속으로 파고든다는데 그 신묘(神妙)함이 있다.

우과창령은 역회전(逆回轉) 화두의 전형이다.

"소가 창 밖을 지나간다. 머리와 네다리가 다 지나갔는데"까지는 일방통행이다. 그런데 "어째서 꼬리가 지나가지 못하는 고?"에서 갑작스런 역회전(逆回轉)이 일어난 것이다. 사람 환장하게 만드는 "어째서 꼬리가 지나가지 못하는고?"의 이 14개의 말이 역회전할 때, "소가 창 밖을 지나간다. 머리와 네 다리가 모두 지나가는데"를 따라가던 마음은 역회전을 못한다. 역회전을 못하고 관성(慣性)의 법칙에 의하여 그대로 앞으로 쭈욱 밀리면서 이미 역회전하여 꼬부랑하게 꼬부라져서 기다리던 "어째서 꼬리가 지나가지 못하는고?"의 갈쿠리에 꽂힌다. 이와 동시에 "어째서 꼬리가 지나가지 못하는고?"의 갈쿠리도 마음을 꿰뚫으면서 이 36개의 말은 붕괴---함몰---융합의 과정을 밟는다.

신묘(神妙)라는 언어를 함부로 쓸 일은 아니지만 이 우과창령에는 신묘라는 말이 오히려 부족하다는 느낌이다.

§ 광활한 세계가 빨려들어가는 '종성칠조'

<세계가 이렇게 광활한데, 종소리를 따라서 칠조가사는 왜 입는고?>

역시 역회전(逆回轉) 화두이다.

이렇게 광활한 남염부제에서, 종소리를 따라서 칠조가사를 입도록 약속되어 있으므로 종소리를 따라서 칠조가사를 아주 잘 입고 있는데, "종소리를 따라서 칠조가사는 왜 입는고?" 하는 꼬부랑하게 꼬부라진 갈쿠리 같은 16개의 말이 예고도 없이 갑자기 역회전(逆回轉)하여 마음에 꽂히지만, 그러나 마음은 역회전하지 못한다.

"종소리를 따라서 칠조가사는 왜 입는고?"가 역회전하면서 꼬부랑하니 꼬부라진 갈쿠리 같은 모습을 하고 돌아설 때, "세계가 이렇게 광활한데, 종소리를 따라서"를 따라가던 마음은 역회전하지 못하고 관성(慣性)의 법칙에 의하여 그대로 앞으로 쭈욱 밀려나간다. 밀려나가면서 역회전하여 기다리던 갈쿠리 화두인 "칠조가사는 왜 입는고?"에 그대로 꽂힌다. 그러면 이번에는 "종소리를 따라서 칠조가사를 왜 입는고?"의 이 16개의 말이 마음속에 파고들면서 순간적으로 붕괴와 함몰의 과정을 거쳐 융합화두를 이룬다. 화두란 마음에 걸려들면 융합하고, 융합하면 마음에 걸려들기 때문이다.

종소리를 따라서 칠조가사를 입게되어 있지만, 그렇다고 해서 종소리를 따라서 무조건 내가 왜 이짓, 왜 이수작을 하고 있는가 하는 고약하기 짝이 없는 꼬부랑하게 꼬부라진 낚시바늘 같은 원초적인 의문이 퍼뜩 꼬리를 끌며 마음 속으로 파고들어 꽂히자 꼼짝 못하고 마음을 고스란히 파먹히고마는 형국이다.

종성칠조는 운문종의 개조(開祖)인 운문대사의 작품이라 한다.

§ 달마스님이 빨려들어가는 '호자무수'

<서천의 호자는 어째서 수염이 없는고?>

서천의 호자는 달마스님을 가리킨다. 달마는 수염이 많기로 천하에 으뜸이다. 그림에 그렇게 나와 있지 않는가. 그럼에도 불구하고 그 달마를 보고 저 사람은 어째서 수염이 없느냐고 묻는다. 사람 환장하게 만든다.

그런데 어떤 화두이든 사람 환장하게 만드는 바로 그 순간에 화두는 함몰하여 융합한다는 사실을 알아야 한다. 화두가 함몰하고 융합하는 분기점(分岐點)은 말문이 딱 막히면서 환장할 것 같은 바로 그 순간이니, 이 사실을 잘 알고 잘 이용하여 아주 요령있게 화두를 융합시키기 바란다.

역회전(逆回轉) 화두의 이치는 똑같다.

"서천의 호자는"까지는 '수염이 시꺼먼 저 사람은'의 뜻으로 수염을 유달리 강조하다가, 갑자기 "어째서 수염이 없느냐?"에서 생각하지도 않았던 역회전이 일어난 것이다. 화두의 갑작스런 역회전이 일어나는 순간에 "서천의 호자는"을 따라가던 마음은 즉각적인 역회전을 하지 못한다. 역회전을 못하고 관성(慣性)의 법칙에 의하여 앞으로 쭈욱 밀리면서 이미 역회전하여 꼬부랑하게 꼬부라진 갈쿠리가 되어 기다리던 "어째서 수염이 없느냐?"로 밀려가 그대로 꽂히고 마는 것이다. "어째서 수염이 없느냐?"의 9개의 말도 이 순간에 마음에 파고들면서 동시에 "서천의 호자는 어째서 수염이 없는고?" 라는 15개의 언어는 붕괴---함몰---융합의 과정을 거친다.

이 작품의 주인공은 혹암스님으로 알려져 있다.

§ 화두선의 승패와 화두의 자연적인 붕괴

화두선 성공의 여부는 화두 자연붕괴의 여부에 달려있다. 화두의 자연적 붕괴는 화두선 성공의 선결조건이다. 오조법연 운문문언 혹암사체 이 세 보살(菩薩)들은 우과창령과 종성칠조와 호자무수에서 역회전(逆回轉)에 의한 화두의 자연적 붕괴를 최대한 꾀하고 있는 것이다. 흔히들 말하는, 화두선에서 필연적으로 경험해야 하는 과정으로 들고있는 진의돈발(진정한 의정이 문득 일어남)은 바로 이 <화두의 자연적붕괴 + 화두의 변신(變身) + 화두의 잠행(潛行 : 밀행密行)>을 뜻함을 알아야 한다.

의식의 세계에서 잡고있던 화두가 어느날 홀연히 붕괴되어 의식의 세계에서 종적을 감추면서 모습을 바꾸고 얼굴이 변한 화두가 단숨에 심층의식을 꿰뚫듯이 진행되는 돌연변이적 과정에의 진입이 진의돈발(眞疑頓發)이다.

그러나 진의돈발은 어디까지나 화두에 매우 가까이 접근해서 추적 중이라는 뜻으로 결코 화두를 잡았다는 뜻은 아니다. 만일 화두를 잡았다면 이는 곧 화두의 낙처(落處)를 마침내 알아맞추었음을 의미함이다. 화두의 낙처를 알아 맞추기까지는 엄밀히 말해서 화두를 잡지 못한 것이며, 화두를 알아맞춘 것은 아니란 말이다.

11. 화두선의 역관(逆觀) = 오매일여

§ 거짓말처럼 들리는 숙면일여(熟眠一如)

잠이 깊이 들어서도 화두가 있다는 숙면일여의 비의(秘義)는 무엇인가?

융합화두의 융합의 정도 즉 융합의 충실도에 달려있다. 융합화두의 융합도(融合度)야 말로 숙면일여의 비밀을 푸는 열쇠다. 어지간한 수행에도 불구하고 숙면일여는 결코 해결이 불가능한 숙제로 남는다. 세상에 어려운 일이 어디 한둘이겠나만 이것이야 말로 난제(難題) 중의 난제다. 우주를 두쪽으로 갈라치면 갈라쳤지 잠이 깊이 들어서도 자신이 뜻하는 바가 남아 있도록 조종한다는 능력은 아무에게나 주어지지 않는다.

잠이 들면 6의식이 떨어져나가므로 의식의 영역에 속하는 일체의 정신작용은 덧없이 무너져서 일순간에 무상(無常)으로 돌아간다. 6의식이 아무리 정성을 들이고 공(功)을 들인 것이라도 그것은 결국 6의식의 의식놀이(관념놀이)이 지나지 않았음이 간파되고, 허망한 관념놀이는 자취도 없이 사라진다.

§ **숙면일여를 말하는 놀라운 사람들**

그런데도 불구하고 숙면일여를 성취해내는 사람들이 더러 출현한다. 출현하여 숙면일여를 논위하는 데에는 그 이야기를 듣는 사람들이 아연실색하지 않을 수 없다. 꿈같은 이야기로 들리기 때문이다. 숙면일여라니! 하늘의 별따기 보다 더 어려운 놀이가 바로 이 숙면일여라는 화두놀이다.

§ **<화두 = 필경공>이라는 순관의 필연성과 당위성은 역관에 의하여 획득된다**

나는 화두선의 순관(順觀)과 역관(逆觀)을 여러번 논한다. 화두선의 순관과 역관이라는 표현은 물론 내가 만들어낸 말로서 옛날부터 화두선문(話頭禪門)에서 사용해온 용어는 아니다. 하지만 나는 이 표현의 필요성을 절감하고 사용하기 시작했음에 독자 여러분의 깊은 이해를 이 책의 머리말에서부터 구했던 바이다.

<융멸화두 = 필경공>이라는 사실에 안목 열림을 순관이라 하고, 거꾸로 <필경공 = 융멸화두>라는 사실에 추호의 의심도 남아있지 아니함을 화두선의 역관이라 한다. 순관은 <융멸화두 = 필경공>이라는 사실을 앞에서 뒤로 살핌이요, 역관은 <융멸화두 = 필경공>이라는 사실을 뒤에서 앞으로 살핌이다.

순관은 화두의 자연적인 붕괴에 의하여 홀연히 일어남으로서 체험의 영역에 속하고, 순관(順觀)이라는 분명치 못한 체험의 필연성(必然性)과 당위성(當爲性)을 화두선의 역관(逆觀)에 의하여 비로소 획득한다.

§ 숙면일여 = 화두선의 역관

이 <필경공 = 융멸화두>라는 역관(逆觀)이 가능해지면 화두는 무의식의 영역에서 부메랑인 듯 탈출하여 숙면일여를 체험한다.

12. 대적광삼매(大寂光三昧)가 던진 부메랑

§ 화두선의 역관(逆觀)과 화두의 부메랑화(化)

화두의 본질과 화두선의 본질을 깊이 생각하며 하늘의 별따기 보다 더 어렵다는 숙면일여의 경지로 접어드는 시절은 화두선의 역관이 가능해질 때 실현된다. <화두선의 역관>이 실현될 때 혹은 실현이 임박해질 때, 거짓말처럼 들리던 오매일여를 체험하는데, <화두의 부메랑화(化)>는 이때 비로소 이해하게 된다.

§ 화두는 대적광삼매에서 태어났다

대적광삼매(大寂光三昧)에서 탄생한 화두는 결코 잡을 수 없는 성질의 것으로서, 눈밝은 사람이 화두를 잡으면 화두는 살아있는 생물인 듯, 부메랑인 듯 문뜩 융합하고 급격하게 초점(焦點)이 잡히면서 화두의 고향인 대적광삼매로 돌아가 대적광삼매가 되고 마는 것이다. 화두는 대적삼매가 던진 부메랑으로서 대적삼매에서 태어나 대적삼매로 돌아간다. 이것이 화두의 부메랑화(化)요, 화두의 부메랑 이론이다. 결국 화두는 부메랑이었던 것이다.

§ 자전하면서 공전궤도를 돈다

부메랑이란 물건은 허공을 향하여 던지면 빠르게 자전(自轉)하면서 그 맹렬한 자전의 이치에 의하여 허공을 한바퀴 돌아(공전) 부메랑을 던진 사람의 손아귀 속으로 정확하게 되돌아오는 기이한 장난감이다.

지구가 태양의 주위를 공전하는 현상도 지구 자체의 자전(自轉)능력이 그 원인 중의 하나가 된다. 마찬가지로 대적삼매에서 일어선 화두도 스스로 소용돌이치듯(자전自轉하듯이) 융합하면서 부메랑인 듯 공전궤도를 돌아 진공(眞空)으로 되돌아간다.

§ 소용돌이의 무한속도가 빨아들이는 삼천대천세계(三千大天世界)

<부메랑의 소용돌이>는 내가 자기부정형 공안으로 분류한

그 자기부정형 공안의 역회전 원리에서 보다 뚜렷하게 감지된다. 자기부정(自己否定)에서 역회전으로, 역회전(逆回轉)에서 소용돌이로, 이와같이 하여 화두의 소용돌이는 안으로만 꼬부라지고 오그라지다가 마침내 화두는 무시무시한 무한속도를 갖춘 소용돌이를 이룬다.

무시무시하다는 표현은 조금도 과장이 아니다. 화두의 소용돌이가 무의식에서 탈출하는 화두선의 역관(逆觀)이 성립할 때 삼천대천세계가 화두의 소용돌이의 융멸점(融滅點)으로 빨려들어가는 판인데에도 무시무시한 속도가 아니란 말인가?

§ 공즉시색과 색즉시공

(1). 공즉시색(空卽是色)

화두는 소용돌이의 융멸점에서 무한속도에 돌입하므로 소용돌이의 융멸점은 무한속도를 의미한다. 무한속도에 들어가 무한속도화(化)할 때 삼천대천세계(三千大天世界)는 융멸화두의 무한속도에 꿰뚫리면서 퉁겨져나온다. 이것이 공즉시색(空卽是色)이다. 아무리 융멸화두가 무한속도로 변함으로서 진공(眞空)으로 돌아가 아무것도 없다 하여도 연기법(삼천대천세계)은 무너지지 않고 엄연히 존재하는 것이다.

(2). 색즉시공(色卽是空)

하지만 무한속도화(化)한 화두의 입장에서 바라보면 화두는 삼천대천세계를 몽땅 집어삼킨 것이 된다. 무한속도가 출현할 때 그 무한속도에 무한속도로 빨려들어가서 녹아없어지지 않는 존재는 없다. 화두가 무한속도로 돌입할 때 삼천대천세계는 그 <융멸화두라는 무한속도>에 무한속도로 빨려들어가서 소멸한다. 이것이 진공(眞空)이다. 이것이 진공의 출현이다. 아무리 연기법(緣起法)으로서의 삼천대천세계가 무너지지 않고 존재하여도 이미 <융멸화두=무한속도>의 출현으로 빨려들어가서 녹아없어졌으므로 분명히 진공인 것이다. 이것이 색즉시공(色卽是空)이다.

§ 소용돌이(의정)는 궁극으로 돌아간다

화두의 종말점 = 무한속도 = 진공 = 궁극(窮極).

화두의 부메랑은 무서운 <소용돌이 운동의 원리>에 의하여 궁극으로 회귀한다. 화두의 부메랑은 궁극이었던 것이다. 역회전 공안의 융멸원리는 <자기부정---역회전---소용돌이---무한속도화(化)>로 요약되는데 부메랑으로서의 화두가 무한속도로 들어가는 이치는 부메랑의 소용돌이 원리에 기인한다. 즉 화두가 부메랑으로 변할 때는 그 속도의 완급(緩急)의 문제를 떠나서 반드시 <자전운동=소용돌이 운동=의정>을 동시에 발생시킨다는 사실이다. 부메랑은 공전하는 동시에 자전하기 때문이다.

§ 자전본능(自轉本能)

앞에서 설명하였듯이 화두가 화두의 고향인 필경공으로 돌아갈 수 있는 원리는 부메랑으로서의 화두의 자전본능(自轉本能)에 있다. 소용돌이로서의 화두의 자전운동(自轉運動)의 속성(屬性)은 자전본능이다. 화두의 자전운동은 화두의 본능(本能)이란 뜻이다. 결국 화두는 소용돌이 그 자체이다.

§ 부메랑의 소용돌이가 부메랑의 공전궤도를 지킨다

부메랑이 그 부메랑을 던진 사람의 손아귀 속으로 되돌아가는 이치는 부메랑이 허공으로 던져졌을 때 부메랑 자체가 일으키는 맹렬한 자전속도에 있다. 부메랑의 맹렬한 자전속도에 의하여 부메랑은 주인의 손아귀 속으로 되돌아가는 공전궤도에서 이탈하지 않는다.

화두가 일으키는 소용돌이(자전운동)의 원리는, 화두로 하여금 필경공으로 회귀하는 공전궤도에 진입토록 하고 이 궤도로부터의 이탈 가능성을 방지함으로서 화두가 마침내 필경공으로 회귀하도록 유도한다.

§ 8무몰식으로부터의 탈출원리로 작용하는 부메랑의 소용돌이

<융합화두 = 의정 = 소용돌이>의 무한속도에 육박하는 자전속도(自轉速度)에 의하여 융합화두는 언어(言語)에 대하여 지독한 점착성(粘着性)을 보이는 마음에서부터 이탈하기 시작한다. 의정이 마음에서 이탈하기 시작한다는 뜻이다. 융합화두라는 소용돌이(의정)의 자전속도가 무한속도에 돌입하면서 융멸화두로 변신(變身)할 때 화두는 마음에서 완전히 이탈하고 마음도 벼랑끝을 잡고있는 손을 놓아버리듯 순순히 화두를 떠나보내며 화두에서 이탈(離脫)한다.

벼랑끝을 잡고 있던 손을 탁 놓아버리는, 융합화두에서 이탈하는 바로 이 순간이 나와 우주가 한덩어리 되어 튕겨져나

오는 시점(時點)이 된다. 끊겨져나가는 8무의식으로부터 삼라만상을 넘겨받으며 9진여식으로서 내동댕이쳐지듯이 떨어져나오는 것이다. 부메랑 소용돌이의 정체는 9진여식이다.

§ 진공으로서의 제9진여식

어째서 9진여식으로 내동댕이쳐지는 것일까? 앞의 '공즉시색 색즉시공'에서 이치를 설명했다.

융멸화두는 무한속도이므로 융멸화두의 입장에서 바라보면 이미 삼천대천세계는 무한속도에 빨려들어가서 녹아없어졌다. 녹아없어지고 진공만 존재하는 것이다. 이것이 색즉시공(色卽是空)이다.

그러나 삼천대천세계의 입장에서 바라보면 자신은 연기법으로 엄연히 존재하여 무너지지 않는다. 이것이 공즉시색(空卽是色)이다.

진공으로서 무너지지 않는 삼천대천세계가 바로 그대로 제9진여식이다. 이러한 이치는 화두의 소용돌이가 8무의식을 관통할 때 명명백백해진다.

삼천대천세계=진공=제9진여식.

§ 마음이 화두를 잡을 수 없는 이유는 화두의 소용돌이 때문이다

화두라는 소용돌이의 자전속도(自轉速度)의 무한속도화(化)가 융멸화두(融滅話頭)이다. 화두는 무한속도에 진입하는 융멸화두로 몸을 바꿈으로서 본래의 모습인 대적삼매로 되돌아간다. 대적삼매에서 탄생한 화두가 눈밝은 사람이 화두를 잡음으로서 맹렬한 속도로 융합하다가(소용돌이치다가) 융멸함으로서 대적삼매라는 무한속도로 돌아간다.

융멸화두 = 무한속도 = 대적광삼매.

화두는 무한속도요 대적삼매도 무한속도다. 화두가 무한속도 그 자체로 변함으로서 화두는 한 순간도 마음에 잡히지 않고 마음이라는 <꺾쇠의 허상>에서 유유히 그리고 번개처럼 벗어난다. 화두는 처음부터 한번도 마음에 잡히지 않았지만 말이다. 이 무한속도는 소용돌이에서 나온다.

§ 화두의 불가접촉성(不可接觸性)

어째서 화두는 한번도 마음에 걸려들어오지 않는가? 원리는 급격한 자전운동 즉 소용돌이 운동에 있다. 이 무시무시한 화두의 자전운동은 마음이 화두를 떠올리기만 하면 그와 동시에 발생하므로 마음은 사실상 화두에 접근하지 못하도록 되어있다.

보조국사께서는 "화두는 불무더기와 같아서 가까이 하면 얼굴을 태운다"고 말씀하셨는데, 불무더기는 화두라는 소용돌이의 무한속도에 근접하는 자전운동을 의미한다. 솔직히 말해서 나는 화두를 불무더기로 느껴본 적은 없다. 굳이 불무더기라고 한다면 그것은 소용돌이의 자전속도에서 나오는 빛이다.

해설을 하다보니, 이 빛을 성(聖)스럽고 거룩한 화염(火焰)이라고 나는 위산영우의 <불씨화두>편에서 다루기는 다루었다. 이러한 의미에서 보조국사의 불무더기는 성스런 화염이요,

불무더기가 태우는 얼굴은 제8무의식이 확실하다. 보조국사의 불무더기는 마음이 결코 소용돌이에 근접할 수 없다는 불가접촉성(不可接觸性)을 말씀하신 것이다. 화두의 맹렬한 자전운동은 광명(光明) 덩어리로 표현될 수 있다.

§ 보조(普照)지눌과 고봉(高峰)원묘

말이 나왔으니 덧붙인다. 보조지눌은 화두를 불무더기에 비유한 반면에, 고봉원묘는 꼭대기에서 던져넣은 돌맹이가 일직선으로 호수 밑바닥까지 가라앉는 정경에 비유한다. 고봉은, 꼭대기에서 던져져서 호수 밑바닥까지 일직선으로 가라앉는 돌맹이에 화두를 비유한다. 예컨데 이러한 비유들은 둘 다 일리(一理)가 있다. 그러나 나는 이 두 가지의 비유는 완제품(完製品)이 아니라는 사실을 지적하고 싶은 것이다.

굳이 불무더기라 하더라도 소용돌이치는 불무더기요, 일직선으로 호수 밑바닥까지 내려꽂히는 돌맹이도 맹렬하게 소용돌이치면서 내려꽂히는 돌맹이다. 나사못의 원리를 모르시는가? 화두는 망치로 그냥 때려박는 못이 아니라는 <나사못의 원리>를 선명하게 보여준다. 이 이야기는 조금 뒤로 미룬다.

화두는 융합하면 반드시 소용돌이치며, 소용돌이치면서 융합한다. 역(逆)으로 화두가 융합하지 않으면 소용돌이 현상은 발생하지 않으며, 소용돌이 현상이 발생하지 않으면 화두는 융합하지도 초점이 잡히지도 않는다. 융합현상이 곧 소용돌이 현상이기 때문이다. 화두는 소용돌이치면서 소용돌이 속으로 말려들어가 자신의 흔적을 말끔하게 지우고 소멸한다.

§ 화두의 불가접촉성과 민절무기관(泯絶無寄觀)

화엄철학 법계삼관(法界三觀) 진공절상관(眞空絶相觀)에 민절무기(泯絶無寄)란 말이 나온다. 민절무기란 일체가 멸망하고 끊어져서 어떤 것도 붙을 수 없다는 뜻이니 이는 곧 필경공이다. 이 필경공이 화두이다.

화두선을 말하면서도 화두란 잡을 수 없는 물건임을 시사하는 화두의 불가접촉성(不可接觸性)을 강조하는 이유는, 화엄종 법계삼관 진공절상관에서도 민절무기라는 언어로 설명되고 있는 셈이다.

§ 역회전이 발전하여 소용돌이가 된다

회전(回轉)의 회(回)는 되돌아온다는 의미다. 그러니까 역회전은 가던 길을 되돌아옴이다. 그런데 어째서 역회전(逆回轉)인가? 가장 만만한 것이 우과창령(牛過窓櫺)이므로 이 친구를 다시 꺼집어낸다.

<소가 창밖을 지나간다. 머리와 네 다리가 모두 지나갔는데 어째서 꼬리가 지나가지 못하는고?> 이것이 오조법연의 우과창령이다.

소의 머리와 네 다리가 모두 지나갔다. 여기까지가 앞으로만 밀고나가는 일방통행(一方通行)이다. 그러나 <어째서 꼬리가 지나가지 못하는고?>에 이르면 이것은 완전한 방향전환으로서 이른바 역회전(逆回轉)이 된다.

여기에서 <어째서 꼬리가 지나가지 못하는고?> 했다 해서 오조법연이 소꼬리를 쥐고만 있다고 생각하는가? 그렇게만 생각하면 섭섭하다. 오조법연(五祖法演)은 꼬리를 쥐고만 있는 것이 아니고, 아예 꼬리를 말아쥐고 있다. 그냥 꼬리를 붙잡고 늘어지는 것이 아니라 꼬리가 안으로 꼬부랑하게 꼬부라지도록 챙챙 말아쥐고 말았어. 우과창령은 역회전으로 끝난 것이 아니고 역회전에서 시작하여 회전운동을 일으키며 소용돌이로 발전하여 소용돌이가 되고 말았어. 이 소용돌이가 의정(의심)이야.

누구는 무슨 재주로 이놈의 소 꼬리에서 벗어나는지 모르겠으나, 내가 볼 때는 꼬리는 꼬부랑하니 안으로 말려들다가 마침내는 급격하게 회전(回轉)하는 소용돌이를 이루고 우습게도 자신의 그 소용돌이 속으로 말려들어가 소멸하고 말지. 소꼬리가 소머리를 쌈킨 것이고, 소머리가 소꼬리 속으로 빨려들어간 것이지. 이와같이 역회전에서 소용돌이가 태어난다.

§ 소용돌이의 회전속도와 소용돌이의 크기는 반비례한다

역회전 공안의 경우는 가다가 되돌아오는, 이 방향전환이라는 역회전이 발전하여 드디어는 소용돌이로 굽이친다. 그런데 중심점(中心點)을 향하여 뭉치는 이치가 화두 소용돌이 원리의 특이성(特異性)이다.

소용돌이 운동이 지속되는 것이 아니라, 소용돌이 운동이 강화되면서 소용돌이의 규모가 축소된다는 뜻이지. 화두의 소용돌이는 속도가 높아지면 크기는 축소된다. 소용돌이의 회전속도와 소용돌이의 크기는 반비례한다. 맹렬하게 회전하는 소용돌이는 맹렬한만큼 점점 더 작아지다가 마침내 하나의 융멸점(融滅點)으로 뭉치면서 융멸(融滅)한다. 융멸하여 무의식의 철벽을 관통한다. 이러한 이치는 부메랑의 원리를 그대로 옮겨놓은 듯 하다.

§ 축소되는 소용돌이는 영점(零點)에서 무의식을 탈출한다.

오그라지고 쪼그라지듯이 화두의 소용돌이는 점점더 안으로 안으로 말려든다. 화두라는 소용돌이의 회전속도와 규모축소의 점진적인 강화(强化)는 화두의 자연적인 붕괴에 뒤따라 필연적으로 일어나는 현상이다. 과일을 깎아놓으면 저절로 쪼그라지듯이 말이야.

점점더 안으로 말려드는 소용돌이는 깨알보다 더 작아지고 티끌보다 작아지고 분자나 원자보다 작아진다. 화두의 소용돌이는 양자나 전자나 유전자(遺傳子)보다 더 작아지다가 영점(零點)에서 무의식으로부터의 탈출에 성공한다. 즉 화두라는 소용돌이는 융멸점에서 마음의 영역을 넘어가서 영원히 떠난다.

마음은 <필경공이 던진 부메랑>인 화두를 잡아볼 재주나 겨를이 결단코 없는 것이다. 이렇게 해서 마음은 화두를 잡아볼 방법이 전무(全無)한 가운데 소용돌이 화두가 궁극점(窮極點)에서 독립한다. 독립을 선포하고 필경공으로 존재한다. 이러한 현상이 잠을 자면서도 화두가 있다는 숙면일여인 게야.

§ 소용돌이의 종말점(終末點) = 마음의 소멸점(消滅點) = 궁극점(窮極點) = 필경공

그러나 분명히 하고 넘어가자. 소용돌이는 안으로만 말려들어가 소멸한다고 하면서 소용돌이가 독립하고 존재한다니? 이 문제는 다른 단락에서 세밀하게 다룬다.

그러나 요점을 말하면, 소용돌이가 자멸(自滅)하는 지점(?)에서 마음도 소멸하기 때문에 이런 논리가 성립한다. 소용돌

이의 종말점(終末點)과 마음의 소멸점(消滅點)이 일치하게 되는데, 그곳이(?) 궁극점(窮極點)이요 영점(零點)이다. 이 궁극점이 화두이므로 비로소 화두를 잡았다 말하며, 화두는 영원히 존재한다고 말한다.

 화두의 소용돌이가 소멸하여 출현하는 이 궁극점은 그야말로 필경공이므로 어떻게 더 이상 소멸해 볼 도리가 있겠는가. 필경공이 화두이고 소용돌이의 정체였던 게야. 그러니 잠을 자든, 다음 세상에 태어나든 획득된 필경공으로서의 화두는 잃어버릴래야 잃어버릴 도리가 없어지는 법이지. 이것이 오매일여의 진정한 의미인 게야.

13. <걷잡을 수 없이> 광대무변한 '살바야의 바다'

§ '살바야의 바다'는 머무르지 않는다

 화두가 소멸하여 도달하는 궁극점(窮極點)은 부피도 면적도 없다고 나는 말한다. 궁극점은 표현이 '점(點)'일 뿐이지 머무르지 않기 때문이다. 누군가가 궁극점의 점(點)의 문제성을 제기하면 말이다. '팔십 화엄(華嚴)'에서는 이 궁극(점)을 광대무변한 일체지(一切智) 즉 살바야의 바다로 서술하는데, 오해가 있을 듯 하여 해설한다. 자, 그렇다면 이런 등식이 성립된다는 말이지.

소용돌이의 소멸점 = 궁극점 = 살바야의 바다(일체지一切智의 바다)

얼핏 생각에 정신나간 수작으로 여겨질 수도 있다. 하나의 점이 바다라니? 다시 설명하겠다.

§ '하나' 그 자체의 소멸

우선 소용돌이의 소멸은 마음을 뚫고나감과 일치한다. 소용돌이의 소멸점과 마음의 소멸점이 같아서 일치한다. 물론 마음은 끊어지지. 마음이 끊어지는 소멸점 즉 하나의 부피도 면적도 없는 궁극점이라 하여 그야말로 하나의 점(點)으로만 생각하는가? 아니다. 여기에서 말하는 <'하나'로서의 소멸점>은 '하나 그 자체'의 소멸을 뜻하므로 '하나'도 아니다. 이러한 까닭에 궁극점(窮極點)의 점(點)도 점(點)이 아니다.

§ 무기공(無記空) 또는 단멸공

다시 질문해보자. 어째서 궁극점의 점이 점이 아니란 말인가? 궁극이란 마음이 소멸한 다음의 일이기 때문이다. 화두의 소멸점과 마음의 소멸점이 일치하여 떨어진다 하여 그것으로 끝난다고 짐작하는 데에서 문제는 얼굴을 내민다.

사람들이 무기공(無記空)에 떨어지고 유물론(唯物論)에 떨어지는 이유는 이 선(線)을 넘지 못하기 때문이며, 이 최후의 선을 넘지 못한 흐리멍텅한 마음을 무기공이라 칭함을 알아야 한다.

§ <꿈결같은 수학적인 점(點)> = <걷잡을 수 없이> 광대 무변한 괴(塊:덩어리)

하지만 다음 사실에 착안하라. 점은 물론 점이야 하지만 이 놈의 점은 소용돌이의 소멸점이기도 하지만 마음의 소멸점이기도 하다는 사실에 착안(着眼) 하라는 말이지.

어떻겠어? 마음이 끝나는 상황에서도 점(點)이나 소멸점(消滅點) 따위의 나부랭이가 존재하리라 상상하나? 마음이 끊어진 후에도 점이든 소멸점이든 궁극점이든 대가리든 꼬리든 무엇이든 존재하여 여전히 여기저기로 낙엽처럼 굴러다니리라 생각하나? 그것은 순진무구한 오해일 뿐이야.

하나의 점(點)은 삼천대천세계(三千大天世界)가 열리는 문(門)이며, 삼천대천세계 그 자체야.

이것은 점도 뭣도 아닌게야. 이것은 그 무엇(?)인 게야. 점인 듯 하면서도 절대로 점이 아니야. 점(點)은커녕 미래겁이 다하도록 그 범위와 크기를 측량해낼 도리가 없는 광대무변한 괴(塊:덩어리)인 게야, 범위와 크기를 논위한다면 말이지.

그러고보면 마음이 끝날 때 다가오는 종말점(終末點) 소멸점(消滅點) 궁극점(窮極點) 등의 부피도 없고 면적마져 없어 <꿈결같은 수학적인 점(點)>은 걷잡을 수 없이 광대무변한 덩어리였음이 입증되는 셈이지. 이것은 선종(禪宗) 5가(五家) 중의 하나인 법안종(法眼宗)의 그 <야경꾼이 눈 깜박할 사이에 도적놈으로 변하는> 바로 그 소식이야.

§ 마음이 끝난 다음의 일이므로 <걷잡을 수 없이> 광대무변하다

이것이 소위 제9식인 게야. 그러므로 9식은 마음이 아니야.

경(經)에서 말씀하시기를 '마음은 없다' 하심은 그 까닭이 여기에 있어. 8식으로 마음이 끊어지고 말면 무엇이 남겠어? 9진여식이라고? 하기야 말은 그렇게들 하지. 이름이 제9진여식이고 반야식이라고들 하지. 그러나 그런 것들은 모두 쓰잘때기 없는 이름에 불과한 것이야.

 이름이야 어찌됐든 마음이 끊어지고 나면 누구라 한들 무엇을 어떻게 해보겠어? 마음이 끝난 다음의 일이므로 걷잡을 수 없고, 걷잡을 수 없으므로 광대무변한 것이야. 마음이 끝난 다음의 일은 걷잡을 도리가 없다는 깊고 깊은 뜻을 광대무변이란 단어는 머금고 있어.

 이것이 살바야의 바다야. 이 걷잡을 수 없이 광대무변한 덩어리가 <눈(眼)이요> 지혜요 자비요 수능엄이요 공(空)이요 문수보살이요 관음보살이요 지장보살이요 아미타여래요 서가여래요 대일여래이시다. 마음이 끊어지는 순간에 도리어 도저히 어떻게든 손써볼 수 없는 세계가 출현하는데 이것을 가리켜 능엄경에서는 '살바야의 바다'라고 부르고 있음이야. 말로 하자니 '바다'이지 바다 따위로는 비유가 안된다. 그래서 '80화엄'에서는 <광대무변한 일체지一切智의 바다>라는 식의 말씀이 흘러나온다.

14. 화두와 무기공(無記空)

§ 파초주장

다시 파초주장(芭蕉拄杖)으로 돌아가서 시작해보자.

"그대에게 주장자가 있으면 내가 그대에게 주장자를 주고, 그대에게 주장자가 없으면 내가 그대의 주장자를 빼앗으리라"

파초주장(芭蕉拄杖)의 경우에 '그대에게 주장자가 없으면 내가 그대의 주장자를 빼앗으리라' 하는 대목에 이르러 희미하게나마 정신의 함몰현상을 체험하지 못하면 내 맹세컨데, 그 사람은 여전히 무기공(無記空)에 떨어져 있는 것이라고.

"그대에게 주장자가 없으면 내가 그대의 주장자를 빼앗으리라" 한다고 해서, 정말로 그런 어릿광대 같은 수작에 걸려들겠느냐며 껄껄거리며 빠져나가 천하에 무슨 일이 달리 있겠는가고 큰 일 다마쳤노라고 웃고 만다면, 그 사람은 흐리멍텅한 무기공에 빠져있는 것이다.

§ 99.99%의 확률

화두를 잡지 않으면 99.99%의 확률로 무기공에 떨어지게끔 되어있다. <화두>를 해결하지 못하는 한(限) 그 어떤 사람의 그 어떤 정신적인 성과도 깨달음으로 인정하지 않는다. 그런 정신적인 성과 따위나 세상일반의 지식 나부랭이는 모두 분별망상(의식)에 지나지 않기 때문이다.

반드시 화두를 잡고 무의식을 깨뜨려야 깨달음으로 인정한다. 그러므로 파초주장의 경우에는 <그대에게 주장자가 없으면 내가 그대의 주장자를 빼앗으리라>가 부메랑인 듯 소용돌이를 이루며 마음을 통과하여 소멸해야 한다.

§ 된장과 똥

흔히들 하는 말에 된장과 똥이 있다. 겉보기에 비슷하다 하여 같은 종류의 물건이라고 주장할 수 있겠는가? 화두 없이 깨끗하게 맑아진 마음은 일견 투명하다는 생각이 들어도 그것은 짙은 번뇌와 망상이 그대로 잠재(潛在)되어 있어 무기공(無記空)이라 부른다. 화두 없이 깨끗해진 마음은 일시적으로 깨끗해진 6의식에 불과하여 짙고 무거운 8무의식은 건드리지도 못한채로 아득히 무기공에 떨어져 있는 것이다.

§ 무의식을 잡아내는 화두

실제로 수행해보면 알게된다. 화두선이 어렵다 하여 화두를 잡지 않으면 무의식을 찾아내어 깨뜨리는 방법을 외면하는 것과 똑같다는 사실을. 화두를 잡아서 바르게 공부를 못하고, 제 혼자서 뼈가 다 닳도록 해봐도 안잡히는 물건이 '비밀의 도적'인 무의식이다.

화두를 들지 않으면 절대로 무의식을 잡아내지 못하며 따라서 무기공에서 벗어나지 못한다. 언제나 그것이 그것으로 흐리멍텅하게 하루가 흐르고 또 하루가 흘러만가는데에는 속수무책이다.

§ 7생(生) 안에는 깨닫는다

하지만 화두를 챙기면 비록 이번 생(生)에서 성공하지 못한다 하더라도 반드시 두가지 이익을 얻는다.

그 첫 번째 이익은, 화두선에서 진정한 수행의 힘을 갖추게 된다는 점이다. 이 말의 의미도 직접 화두공부를 해봐야 안다. 수행법으로서 화두선만큼 탁월한 수행법은 없으므로 노력 여하에 따라 진정한 수행의 기초를 다져가게 된다. 화두선이 어렵지만 다른 수행법도 결코 쉽지 않음을 알아야 한다.

그 두 번째 이익은, 이번 생(生)에서 착수하는 화두선 수행은 필연코 다음번 생(生)의 수행으로 이어지게 된다는 점이다. 누구든지 깨달음을 얻겠다고 마음을 굳히고 여래(如來)의 말씀을 따라 수행을 시작하면 늦어도 7번의 윤회를 거듭할 때까지는 해탈하게 된다고, 경(經)에서 분명하게 말씀하신다. 어찌 여래의 말씀을 믿지 않으리오.

15. 화두의 <부메랑 이론 + 회오리 원리>

§ <거부의 원리>에 의하여 자기봉쇄형 공안은 역회전을 일으킨다

자기봉쇄형(自己封鎖形) 공안에는 뜰앞의잣나무, 삼서근, 조주정대초혜(趙州頂戴草鞋) 등이 있다. 자기봉쇄형 공안도 자전

운동(自轉運動)을 일으키고 소용돌이로 변하면서 부메랑 이론의 적용을 받는가? 자기봉쇄형 공안도 쇳덩이처럼 단단한 그 몸을 비틀거나 뒤척이면서 회전(回轉)의 원리에 의하여 융합하여 심령(心靈)을 때려맞추는가? 자기봉쇄형 공안은 어떠한 이치도 통하지 않는다는 사실 하나만으로, 일체를 거부(拒否)하면서 콧구멍없는 소처럼 안으로 함몰(陷沒)하는 공안이다. 자, 어떤가?

자기봉쇄형 공안은 겉보기에는 역회전(逆回轉)은 없는 듯이 생각된다(그러므로 나는 역회전 공안에서 분리하여 따로 취급하였다). 그러나 자기봉쇄형 공안을 형성하는 언어(言語)가 밖으로 탈출을 못하고 철저한 자기봉쇄를 단행하고 있다는 그 사실에 의한 역회전(逆回轉)과 자전(自轉)이 분명히 발생하면서 부메랑으로 변한다.

자기봉쇄가 무엇인가? 자기봉쇄는 외부(外部)와의 모든 관계를 거부(拒否)함을 의미한다. 이 <거부(拒否)의 원리>가 역회전의 원리로 작용하여 자기봉쇄형 공안은 역회전을 하면서 소용돌이로 변한다. 바로 이 거부(拒否)에 의한 <되돌아섬=역회전>이 소용돌이의 원인이 되어 소용돌이를 일으키면서 소용돌이로 변한다. 부메랑 이론은 그 본질이 거부의 원리에 있다 할만하다. <거부의 원리>는 <언어관성(言語慣性)의 단절의 원리>로서 보다 상세한 논리전개가 가능하므로 다른 단락에서 다루기로 한다.

§ 공안의 회오리 형상의 소용돌이

예컨데, 뜰앞의잣나무를 보자. <뜰앞의잣나무> 이렇게 읽어

내려가면 얼핏 생각에 이 6개의 언어가 일직선으로 늘어서면서 끝나는 듯하고, 또는 하나의 말 위에 다음번의 말이 포개지듯이 하면서 끝난다고도 보인다. 그러나 그렇지 않다.

6개의 말이 일직선으로 늘어서거나 수직선으로 포개지는 것이 아니라, 실상은 <뜰앞의잣나무>의 6개의 말이 시차(時差)를 두고 '뜰'에서 시작하여 '무'에 와서 끝날 때 여러차례 회전(回轉)하되 원추형(圓錐形)의 <회오리 바람의 원리>가 적용된다는 사실이다. 회오리의 머리부분인 '뜰'에서 시작하여 '무'에서 끝날 때는 회오리의 맨끝부분에 도달한다. 자기봉쇄형 공안이 문득 붕괴하고 함몰하여 융합할 때는 회오리의 원리를 따른다.

6개의 말이 포개지듯이 끝난다고 여겨지는 그러한 느낌에서 벗어나, 6개의 말이 회오리 바람처럼 소용돌이치고 소용돌이치면서 <회오리의 원리>로 융합(融合)한다고 깨달을 때 뜰앞의잣나무 공안의 해결의 길이 열린다. 이 회오리가 의정이다.

§ 부메랑 이론 + 회오리 원리

화두의 부메랑 이론은 회오리 바람의 원리와 결합하고 있다. <소용돌이 원리>는 평면적인 것이 아니라 입체적인 <회오리 원리>이다. 즉 <소용돌이 = 회오리>이다. 이 <부메랑 이론 + 회오리 원리 = 의정>는 역회전 공안과 자기봉쇄형 공안 등 모든 공안에 적용된다.

화두융합을 설명하면서 동원된 회전(回轉) 자전(自轉) 역회전(逆回轉) 등 모든 유형의 소용돌이가 평면적인 것이 아니고 <회오리 형상>의 입체적인 것이었다는 뜻이다. 부메랑 이론은 회오리 원리와 불가분(不可分)의 관계로 결합할 수 밖에 없다.

자기봉쇄형 공안도 분명히 몸을 뒤척일 때 격렬한 자전운동이 일어나며 회오리로 변하고 부메랑이 되어 고향으로 돌아간다.

16. 공안이 가지는 <소용돌이 팔>의 숫자

§ 2개의 <소용돌이 팔>을 가지고 있는 수산죽비라는 부메랑

무문관 43칙의 수산죽비(首山竹篦)를 헤쳐볼까. 수산성념이 선방에서 사용하는 죽비를 집어들고 말한다.

<이것을 죽비라 하면 집착이고, 죽비가 아니라 하면 반칙(反則)이다. 자, 빨리 말하라, 무엇이라고 불러야 하는가?>

<이것을 죽비라 하면 집착이고>에서 문을 열었다. <죽비가 아니라 하면 반칙이다>로서 문을 닫았다. 문을 열자마자 닫았다. 눈 깜박할 여유도 안준다. 열음과 닫음이 동시다. 열음과 닫음 사이에 끼어들면 꼼짝못하고 빈대처럼 납작해질 판이다. 수산성념이 빈대 잡으려고 이 수작을 하고 있나? 그러나 열음과 닫음 사이의 그 동시(同時) 속으로 끼어들 수 있다면 모든 문제가 시원하게 해결되련만 악랄한 수산성념이 그런 <새치기>를 허락 않하는구나. 허락 안하고 마는구나. 괫심하기 짝이 없는 수산성념! 수산죽비에서는 이 열음과 닫음 사이의 동시가 의정이라고 나는 말하였다.

<이것을 죽비라 하면 집착이고>와 <죽비가 아니라 하면 반

칙이다>는 역회전 공안으로서의 이 수산죽비 공안이 가지고 있는 2개의 소용돌이 제조용 팔이다. 그런데 어째서 소용돌이 팔이 아니고, 소용돌이 '제조용' 팔이 되는가? 열음과 닫음 사이의 동시요, 빈대요, 새치기가 이미 진정한 소용돌이를 이루며 적멸하기 때문이다.

<2개의 소용돌이 제조용 팔 사이의 틈 아닌 틈 = 열음과 닫음 사이의 동시 = 의정 = 무한속도>

이와같은 히한한 등식도 성립된다. 수산죽비는 2개의 소용돌이 팔을 소유한 부메랑이다.

§ 소용돌이 팔의 숫자

그렇다면 자기부정형 공안 즉 역회전 공안은 대체로 2개씩의 소용돌이 팔을 가지고 있음이 드러난다. 우과창령 동산수상행 종성칠조 호자무수 대역량인 수산죽비 등이다. 어김없이 2개씩의 소용돌이 팔을 가지고 자전(自轉)운동에 돌입한다. 그러나 파초주장은 예외로 4개의 소용돌이 팔을 가지고 있다.

자기봉쇄형 공안은 어떤가? 소용돌이 팔이 없는가? 없어보이는가? 하지만 있다. <회오리 바람의 원리>를 떠올리면 쉽게 이해된다. 예컨데 '마삼근'은 3개의 팔이 있고, '뜰앞의잣나무'는 6개의 팔이 있는데 모두 섬모(纖毛)와 같은 소용돌이 팔이다.

역회전 공안은 여러개의 말이 모여 하나의 소용돌이 팔을 형성하니 큼직하고, 자기봉쇄형 공안은 말 하나하나가 한 개씩의 소용돌이 팔을 형성하니 작다는 뜻이다.

§ 역회전 공안과 자기봉쇄형 공안의 소용돌이 팔의 성질이 다르다

역회전 공안은 모두 2개씩의 큼직한 소용돌이 팔을 가지는 데 반하여 자기봉쇄형 공안은 모두 그 공안을 구성하는 글자 숫자만큼의 섬모(纖毛:가는 털)와 같은 소용돌이 팔을 가진다.

§ 역회전 공안의 하나인 파초주장(芭蕉拄杖)

무문관 44칙에서 파초혜청이 말한다.

<그대에게 주장자가 있으면 내가 그대에게 주장자를 주고, 그대에게 주장자가 없으면 내가 그대의 주장자를 빼앗으리라>

역회전 공안으로서 너무나 일목요연한 이 공안은 우과창령과는 풍기는 채취가 다르다. 왜냐면 '그대에게 주장자가 없으면 내가 그대의 주장자를 빼앗으리라' 하는 대목이 전형적인 함정화두(陷穽話頭)이기 때문이다. 이 부분에 와서 그야말로 '함정(陷穽)'처럼 폭싹 내려앉고 있지 않는가! 폭싹 내려앉기는 앉아도 분명히 소용돌이친다.

파초주장은 <그대에게 주장자가 있으면 내가 그대에게 주장자를 주고>와 <그대에게 주장자가 없으면 내가 그대의 주장자를 빼앗으리라>의 2개의 큼직한 소용돌이 팔을 소유하고 있다. 그런데 두 번째 팔이 <그대에게 주장자가 없으면>과 <내가 그대의 주장자를 빼앗으리라>의 2개의 소용돌이 팔로 다시 분리된다. 복합적인 구조의 소용돌이 팔이 4개인 셈이다.

첫 번째의 자전운동에 의하여 <그대에게 주장자가 있으면 내가 그대에게 주장자를 주고>라는 1번 소용돌이 팔이 (듣는 사람을 멍청하게 만들면서) 떨어져나가고, 두 번째 자전운동에 의하여 <그대에게 주장자가 없으면>이라는 3번 소용돌이 팔이 떨어져나가며, 세 번째 자전운동에서는 남아있던 4번 소용돌이 팔인 <내가 그대의 주장자를 빼앗으리라>가 너무도 급격한 역회전에 의한 자전운동으로 마치 함정(陷穽)인양 폭싹 꺼지듯이 떨어지고 말아 흔적조차 없어짐이 역역히 보인다.

파초주장은 <3번과 4번의 소용돌이 팔의 폭싹 꺼지는듯한 소용돌이 = 의정>이 성립한다.

이 파초주장 공안은 역회전 공안 중에서도 매우 독특한 함정공안(陷穽公案)이라 할만하다.

17. 언어관성의 단절에서 <소용돌이 팔>이 탄생한다

§ 언어관성은 심리관성의 그림자이다

일체의 공안은 심리관성(心理慣性)의 그림자인 언어관성(言語慣性)을 절단(切斷)하므로서 동시에 심리관성의 절단을 겨냥한다. 역회전 공안이든 자기봉쇄형 공안이든 이치는 똑같다. 단지 여러 가지 이름으로 분류해보았을 뿐이다. 그런데 그 여러 가지 이름의 의미가 결국에는 같다.

공안의 역회전(逆回轉)이 무엇인가? 돌아선다는 뜻이 아닌가. 언어로서의 공안이 역회전한다는 뜻은 언어관성이 끊어짐이다.

공안의 자기봉쇄(自己封鎖)가 무엇인가? 외부(外部)와의 관계를 거부(拒否)하고 안으로 문을 잠그며 돌아앉아버린다는 뜻이 아닌가. 언어로서의 공안이 자기봉쇄를 단행한다는 뜻은 언어관성이 끊어짐이다.

§ 흐르지 못하는 언어는 소용돌이치며 융합한다. 이것이 의정이다

공안이란 언어관성의 절단에 다름 아니다. <공안=언어관성의 절단(切斷)>이라는 말이다. 흘러야 할 언어가 흐르지 못하고 끊어지는 것이다. 그런데 문제는 언어관성의 절단에는 어떤 현상이 발생하느냐는 것이지. 이에 관해서는 참으로 많이도 지꺼렸다.

공안이라는 언어관성의 절단현상을 목격하면 공안은 부메랑인 듯 소용돌이치면서 융합한다고 했다. 언어가 언어관성에 의하여 흐르기만 하면 언어의 융합현상은 없으리라. 하지만 공안처럼 언어관성의 절단(切斷)이 발생하면 그 언어(공안)는 흐르지 못하고 소용돌이치며 안으로 안으로 뭉치기 시작한다. 이것이 의정(의심)이다.

§ 시작함이 없는 아득한 옛날로부터의 개같은, 마음이라는 관성

우리가 공안을 대하고 꼼짝못하는 이유는 언어관성의 절단이 결과적으로 심리관성의 절단을 유도하기 때문이다. 그대로 따라갈 일이다. 언어관성의 절단이 심리관성의 절단을 유도할 때 그 방법 그대로 믿고 따르면 된다.

언어관성과 심리관성은 서로의 손을 잡고 평행선(平行線)을 달린다. 한쪽이 넘어지면 다른쪽도 어김없이 고꾸라진다. 그런데 언어관성이 끊어지면서 공안이 소용돌이로 뭉칠 때는 반드시 심리관성을 꿰뚫어 끊는다. 언어관성이 정밀하게 끊어지기만 한다면 심리관성도 정확하게 끊어져 '시작함이 없는 아득한 옛날로부터의 개같은 마음'의 관성에서 벗어난다.

공안이 어떻게 언어관성을 끊어 심리관성으로 하여금 고꾸라지게 유도하는지 살펴보자.

§ 관성의 법칙을 이용하는, 역회전 공안의 2개의 소용돌이 팔

{우과창령}: <소가 창밖을 지나간다. 머리와 네 다리가 모두 지나가는데>까지 따라가는 마음이 <어째서 꼬리가 지나가지 못하는고?>하는, 언어관성이 끊어지면서 출현하는 공안의 갑작스런 역회전과 마주치는데, 이때 마음은 관성의 법칙(심리관성 = 언어관성 = 꼬리도 당연히 지나간다)에 의하여 역회전을 못하고 그냥 앞으로 쭉 밀려가다가 관성의 법칙에서 떨어져나가 역회전(逆回轉)한채로 미리 꼬부랑하게 꼬부라져 기다리고 있던 갈쿠리인 <어째서 꼬리가 지나가지 못하는고?>에 꽂히고 만다. 물론 동시에 갈쿠리도 마음속을 파고든다.

언어관성이란 심리관성의 그림자이다. 마음의 관성을 소리로 표현하니 이것이 언어가 되고 언어관성을 형성한다. 서로 다른 것이 아니다.

{동산수상행}: '동산이 물 위로 간다'는 동산수상행을 보자. <동산이 물 위로>까지 따라가는 마음은 심리(心理)관성에 의하여 [물 위로 못간다]를 예측하고 공안에 앞서 미리 꼬부랑하게 꼬부라져서 기다리는데, 전혀 뜻밖으로 공안은 언어관성을 끊으면서 <간다>고 그냥 쭉 밀어붙이고 만다. 동산수상행의 경우에는 언어관성이 끊어지고 <간다>면서 그냥 쭉 치고나가니, [물 위로 못간다]를 예단(豫斷)하고 미리 꼬부라져 기다리는 심리관성을 깊이 꿰뚫을 수 밖에 없는 것이다. 화두선은 심리관성을 끊어버리는 공부였던 것이다.

공안이란 일단 마음에 꽂히면 융합한다. 그러므로 이 경우도 <간다>가 마음에 꽂히면서 <동산이 물 위로 간다>의 전체가 오그라들어 융합하며 부메랑의 운명을 밟는다. 동산수상행도 역시 <동산이 물 위로>와 <간다>라는 2개의 뚜렸한 소용돌이 팔을 구비하고 있다.

§ 삼서근 공안과 뜰앞의잣나무 공안을 보자

이것은 자기봉쇄형 공안의 전형이다. 예컨데 이 2개의 공안은 전혀 의미와 이치가 통하지 않아서 사방팔방이 꽉막힌채로 밖으로 탈출해볼 수 있는 숨구멍 하나 없다. 구멍없는 쇳덩이요, 콧구멍없는 소다. 안에서 문을 걸어잠그고 들어앉아 자기 자신을 완벽하게 봉쇄하고 있으므로 이러한 이치를 따라서 나는 자기봉쇄형 공안이라고 이름붙였다.

자기봉쇄형 공안의 자기봉쇄(自己封鎖)를 나는 외부(外部)와의 관계를 거부(拒否)하는 것으로 즉 역회전(逆回轉)으로 해설한다. 이것이 언어관성의 단절(斷絶)이다. 이러한 언어관성의 단절에서 자기봉쇄형 공안은 언어로서 물처럼 흐르지 못하고 끊어져 소용돌이로 뭉치면서 심리관성의 단절에 나선다.

그런데 자기봉쇄형 공안도 부메랑의 소용돌이 팔을 가지고 있는가? 물론이다. 자기봉쇄형 공안도 언어관성을 단절하는 소용돌이 팔을 가지는데, 공안을 구성하는 말 하나하나가 하나씩의 소용돌이 팔이 되는 셈이다. 따라서 자기봉쇄형 공안의 소용돌이 팔은 역회전 공안처럼 크지도 않고, 공안을 구성하는 말 하나하나가 섬모(纖毛:가는 털)와 같은 소용돌이 팔의 역할을 해낸다.

마치 무한궤도차의 캐터필러처럼 '삼서근'은 3개의 말이 3개의 소용돌이 팔의 역할을 해내고, '뜰앞의잣나무'는 6개의 말이 6개의 소용돌이 팔의 역할을 해낸다.

18. 공안의 맹렬하되 극미세(極微細)한 소용돌이

§ 회오리 원리

화두의 자전운동은 화두를 급격히 융합시켜서 순식간에 화두를 겨자씨보다 더 작게 만든다. 원자나 전자나 양자나 중성자 따위의 속에도 무수무량하게 들어갈 수 있을만치 작아지게 하다가 마침내는 화두를 아예 녹여버린다. 회오리 원리를 따라서 공안의 소용돌이 운동이 진행되기 때문이다.

§ 공안의 맹렬한 소용돌이 = 의정

실제로 부메랑인 듯 맹렬하게 자전하는 교과서적일만큼 고지식한 화두가 있다. 나는 그중에서 여러개의 화두를 이 책에서 다룬다. 대표적인 것으로 <남십자성(南十字星) 화두>라고 하여 소개하였다.

남십자성 화두라하여 소개한 우과창령, 종성칠조, 호자무수를 비롯하여 조주두대초혜, 대역량인, 수산죽비 등을 다루는데 이들 공안은 앞에서 설명하였듯이 교과서적이라 할만큼 노골적으로 맹렬하게 소용돌이치며(자전自轉하며) 거침없이 필경 공을 향하여 사라져가는 것을 나는 목격하였다. 공안의 맹렬한 소용돌이가 의정이요 의심이다. 이러한 형상은 자전하면서 공전궤도를 밟아 주인의 손아귀로 회귀하고 마는 부메랑의 특성을 완벽하게 닮았다.

나는 '(10)남십자성 화두 3개' 편에서 이들 3개의 화두가 융합하는 형상을 꼬부랑하게 안으로만 꼬부라드는 낚시바늘로서 그림 그리듯이 묘사하였다. 이것은 안드로메다 은하(銀河)가 흑만만한 우주공간에서 중심점(中心點)을 향하여 별무리로 구성된 7개의 거대한 소용돌이 팔을 소용돌이쳐 자전(自轉)하면서 보다 더 거대한 공전궤도를 돌고있음과 조금도 다르잖다.

§ 소용돌이는 맹렬하되 미세하여 알아보기 어렵다

이와같이 나는 지금까지 공안의 소용돌이가 '맹렬하게' 일어난다고 반복하고 있다. 하지만 알아야 한다. 공안의 소용돌이는 맹렬하긴 하되 맹렬한만큼 극히 미세하여 알아보기 어려움을! 공안의 소용돌이는 표현이 '맹렬'일 뿐이지 실상은 지극히 미세한 '맹렬함'이다. 소용돌이의 회전속도가 높아지면 소용돌이의 크기는 축소된다, 즉 회전속도와 크기는 반비례한다. 이것은 또 어째서인가?

이유는 공안의 소용돌이가 8무의식에서 일어난다는데 있다. 공안의 소용돌이는 8식을 뚫기 위하여 존재한다. 그런데 교묘한 기술자인 8무의식은 너무나 깊이 잠겨있고 깊이 숨어있는 마음이므로 무의식을 뚫는 공안의 소용돌이도 지독하게 미세(微細)한 안목(眼目)이라야 관찰이 가능한 지독하게 미세한 소용돌이가 되는 것이다. 그러나 공안의 소용돌이는 지극히 미세하되 또한 지극히 맹렬하다.

§ 자전속도(自轉速度)가 강화되면 융합도(融合度)는 높아지면서 극미세해진다

화두선은 역관(逆觀)에 더 무게를 두어야 한다. 비록 화두의 자연적 붕괴에 의하여 화두융합이라는 부사의를 체험하게 된다 하더라도 이 화두융합은 많은 문제가 있다는 뜻이다. 문제라는 것은 융합의 정도 즉 융합도(融合度)이다.

화두의 융합도가 100%에 도달해야 <필경공=화두>라는 화두선의 역관(逆觀)이 가능해져서 화두는 부메랑이 되어 마음에서 벗어난다. 화두의 융합도가 100%에 이르러 역관의 성립이 가능해질 때 화두는 필경공이라는 광명(光明)의 새가 되어 날아오른다. 화두선은 역관에 의하여 <화두=필경공>이라는 순관

(順觀)의 필연성과 당위성을 획득한다. 이러한 연유로 화두선은 순관보다 역관에 더 무게를 두어야 함이다.

화두가 필경공으로 변신(變身)하면서 화두선의 역관(逆觀)이 성립되는 화두융합도 100%는 극미세한 화두 소용돌이의 융멸점(融滅點)을 의미한다.

화두의 융합도는 사람에 따라서 천차만별로 다르다. 중국과 우리나라 그리고 일본의 동양삼국에서 일어난 화두선의 오랜 역사에서 수많은 고승들이 화두 하나에 목숨을 걸다시피 하면서 화두에 대한 의정을 일으킨 사연들이 한결같지 아니했음이 화두융합도의 문제를 잘 시사해주고 있다. 이것은 부메랑으로서의 화두의 자전속도(自轉速度)를 뜻하는데 자전속도가 강화되면 융합도는 올라가고 자전속도가 약화되면 융합도는 떨어진다.

19. 무문관과 벽암록의 무한한 가치

§ 무문관과 벽암록에는 싱싱한 부메랑이 가득히 실려있다

근래 우리나라에서 무문관이나 벽암록 등의 천고(千古)를 두고 빛이 바래지 아니할 공안집(公案集)을 가리켜 이르기를 이제는 이 공안집들의 공안이 오랜 세월이 흐르는 동안 너무 풍화(風化)되어 공안이 형성되던 당시의 재미나 신선도가 모두

사라지고 뼈만 남았다고, 형해화(形骸化)되었다고 그래서 공안으로서의 의정을 일으킬래야 일으킬 도리가 없어졌다고, 말하자면 공안으로서의 기능을 상실했다는 주장마져 불교계 일각에서 나올 정도로 한심하기 그지없는 세상이 되었다.

도데체 화두공부를 어떻게 했길래 무문관이나 벽암록 등에 나오는 공안이 형해화되었다는 주장이 나오는지는 모를 일이나 이 대목에서 또한번 명백히 밝히고 싶은 것은 무문관이나 벽암록 등의 공안은 결코 형해화되지 않았다는 사실이다. 형해화는커녕 그 부메랑이 형성되던 당시와 비교해서 조금도 맛이나 신선미가 변하지 않은채로 남아 있으니 화두선에 뜻을 둔 사람은 혹시 그렇지는 않을까 하는 의구심을 품지 말기 바란다. 그따위 일고(一考)의 가치도 없는 수작에 넘어가지 말라.

§ **부메랑의 '이치'의 맛은 불변한다**

천년도 더 전에 형성된 무문관의 공안이 오늘날에 와서는 빛이 바래고 형해화(形骸化)하여 화두로서의 가치나 기능을 상실했다고 하는 사람이 있다면, 그 사람은 천년 전에 태어나 그당시의 갓 형성된 공안을 잡았다 해도 공부가 안되기는 마찬가지였을 것이다. 지금 잡아서 안 풀리는 화두라면 천년 전에 잡았다 하더라도 안 풀리게 되어있는 것이 화두다. 그러니 그런 말에 속아넘어가서는 안되겠지.

옛날이나 지금이나 화두선을 하면서 마땅히 밟아야 할 이치의 길은 변하지 않았음을 잊지말라. 아울러 옛 어른들이 공들여 결집(結集)한 공안집(公案集)의 맛에도 추호의 손색이 없음을 명심할 일이다. 무문관과 벽암록 등 공안을 결집한 서적들은 앞으로 1000년의 세월을 더하여도 형해화하지 않을 것이며 그 맛에 변화가 없을 것임을 문수보살의 성호(聖號)를 걸고 공언한다.

§ 의식이 잡고있는 화두는 진짜가 아니다

이와같이 화두융합이 안되면 별별소리가 다 나오는 법이다.

화두융합이 되었다 하더라도 화두선의 역관(逆觀)이 확실치 못하면 완성된 것이 아니니, 필경공이 화두가 안되어서는 화두가 의식의 영역에서 벗어나볼 도리가 없기 때문이다. 의식이 붙들고있는 화두는 진짜가 아니다. 그것은 가짜로서 의식일뿐이다. 화두는 반드시 의식의 영역에서 벗어나 흔적을 남기지 않아야 하며, 의식은 화두가 자기세계(의식의 세계)의 사람이 아님을 알아차려 훌훌히 떠나보냄으로서 화두는 무의식마져 벗어나서 부메랑이 된다.

그것은 불가능한 일이니 거짓말이니 하는 헛소리에 속아넘어가지 말라. 화두융합이 새벽별처럼 확실하여 필경공이라는 부메랑으로 떨어져나갈 즈음에 이르면 화두란 이런 것이로구나 싶은 깨달음이 다가온다.

20. 부메랑이라는 <새까만 황금빛> 새

§ 의식에서 벗어나는 부메랑

예를 들어 벽암록 64칙의 조주두대초혜(趙州頭戴草鞋)를 다시 보자.

스승인 남전의 말 끝에 신고 있던 짚신을 벗어 머리에 얹고 나가버렸다는 조주의 이야기다. 이 공안의 경우에는 짚신 벗어 머리에 얹은 해괴망칙한 조주라는 사람을 환약(丸藥) 만들 듯이 뭉쳐서 녹이라고 나는 말했었다. 그런 과정을 거쳐 뭉쳐지는 조주는 마침내 깨알처럼 작아지고 겨자씨 보다 작아지고 분자나 원자 보다 작아지고 양자나 중성자 보다 작아지다가, 부피도 면적도 없는 수학적인 하나의 점 보다도 더 작아지도록 녹여서 뭉쳐야 한다. 그러다가 부메랑이듯 마음에서 벗어나고 마니 이것이 필경공이요 태허이다.

§ 태고보우의 금까마귀는 부메랑이었네, 그래서 날아오르네

이 단락의 논지(論旨)는 화두의 융합도이다. 융합하기는 하되 바늘끝이 들어가지 못할 정도가 되어도 그 융합화두가 금까마귀가 되어 날아오를 지경에 이르지 못하였다면 자신의 공부가 익지 아니 하였음을 반성하라. 화두가 자연적인 붕괴와 함몰의 과정을 밟아 순간적으로 융합해도 그 융합도(融合度)

100%를 달성하지 못하면 융합화두는 금까마귀가 되어 날아오르지 못한다. 융합도 100%에 이르지 못하면 융합화두는 8무의식에 묶여있는 것이 되므로 금까마귀라는 광명(光明)의 새가 되어 날아오르지 못한다.

§ 새까만 금빛의 새

무의식의 올가미에 걸려 있는데 어떻게 날아오르겠는가. 화두가 뚜렸하다 싶어도 대도(大道)의 문(門)은 열리지 않을뿐더러 잠만 들면 화두는 희미해지거나 없어진다.

깜깜한 한밤중에 융합화두라는 부메랑이 <새까만 금빛 새>가 되어 날아오르기 위해서는, 어떻게든 필경공이 융합화두라는 극히 미세한 사실을 포착하여 6의식과 8무의식에서 부메랑이라는 융합화두를 빼내야 한다. 융합화두가 필경공으로 몸을 바꾸면서 무의식에서 빠져나오는 순간 융합화두는 <새까만 광명의 새>가 되어 날아오르면서 천문(天門)을 연다.

§ 화두는 이렇게 풀린다 §

융합화두가 몸을 바꾸어 필경공으로 날아오르는 현상을 가리켜 비상(飛翔)하는 광명의 금까마귀에 비유하는데, 여기에서 날아오른다는 말은 의식과 무의식에서 빠져나가 영원히 떠남을 의미한다.

화두가 금빛 새가 되어 날아오르면 화두는 화두선의 전과정(全過程)을 통하여 마음에 털끝만큼의 흔적도 남기지 않았음을 알게된다. 해탈해도 해탈의 흔적은 남지 않는다. 화두가 화두융합의 4단계를 거쳐 마음에 흔적도 남기지 않고 빠져나가면 화두는 부메랑이라는 잡을 수 없는 금빛 새가 되어 날아오른 것이다. 앞으로든 뒤로든 화두는 마음에 흔적도 남기지 않고 마음을 빠져나간다. 그야말로 털끝만큼의 의심도 남지 않는다. 길고 긴 세월을 두고 괴롭히던 화두는 풀린 것이다.

§ 관자재보살

이쯤에서라면 무슨 까닭에 숙면일여라는 관문(關門)이 도사리고 있어야 하며 어떻게 이 관문을 통과하는가에 대한 대충적인 이해가 서리라.

한마디로 화두의 융합도를 100%라는 한계상황까지 끌고가야 한다. 부메랑을 융합하고 필경공으로 만들어 새까만 황금빛 새로서 날려보내지 않으면 안된다. 그렇게만 되면 잠이 들든 무얼 하든 화두는 영원히 있게 된다. 화두를 황금빛 새로 만들어 날려보내기만 하면 그때야 비로소 <관(觀)함이 자재(自在)하신 관자재보살> 즉 관음보살을 이해하게 되리라. 화두가 금빛새가 되어 날아가면 영원히 떠나는 것이 되기 때문이다. 융합화두가 광명의 새가 되어 영원히 떠나면 '나'라는 자의식(自意識)의 실뿌리가 끊어지면서 주재성(主宰性)의 상실이 뒤따르고 끝없는 바다의 무량한 파도에 부서지는 찬란한 달그림자처럼 삼천대천세계가 우주몽(宇宙夢)으로서 내동댕이쳐지면서 몽환(夢幻)의 너울로서 물결치기 때문이다. 이것이 관자재보살이시다.

21. 화두는 눈(眼)이요, 수능엄이다

§ 몽환(夢幻)의 법성(法性)을 화두라 하네

 가이없는 바다의 무량한 파도에 찬란하게 부서지는 무량한 달그림자, 융멸화두는 그와같고 그와같다. 아니면 거울 속의 영상, 융멸화두는 그와같은 것이기도 하다.
 잡히지는 않지만 분명히 있다. 분명히 있다지만 가히 잡히지 않으므로 또다시 몽환(夢幻)이라, 있다고 하지도 못한다. 그렇다면 융멸화두는 있다는 뜻인가 없다는 뜻인가? 말하라 말하라. 그러므로 천태종에서 말한다.
 무엇을 가리켜 있는 것도 아니고 없는 것도 아닌 문(門)이라 하는가. 환화의 견(見:봄)과 사(思:생각함)를 관(觀)하니 이가 곧 법성(法性)이다. 법성은 불가사의하여 세간(世間)의 것이 아니므로 있는 것이 아니요, 출세간(出世間)의 것이 아니므로 없는 것이 아니다. ---어찌 견사(見思:보고 생각함)가 있다 하여 진실한 법이 아니라 하겠는가.
 천태종 말씀에서는 보고 생각하는 일이 몽환(夢幻)인데 몽환이대로 법성으로서 있다고도 없다고도 할 수 없음과 그 이유를 설하고 있다. 융멸화두(融滅話頭)가 이와같아서 바로 이 몽환의 법성이므로 있는 것도 아니요 없는 것도 아니다.

§ 의정(疑精)의 중요성

여기에서 새롭게 의정의 중요성을 거론한다. 의심이 곧 융합화두일진대 반드시 의심이 자연스럽게 일어나는 화두를 선택하라. 저절로 일어나는 의심이 없는 화두는 융합하지 못한다. 첫 대면(對面)에 의정이 형성되지 않는 화두는 융합을 거부하고 있음을 눈치채야 한다. 이와는 반대로, <이 무슨 소리인고? 하는 의심>이 번쩍 또는 반짝(물론 번쩍이 훨씬 더 좋겠지만) 머리를 치켜세우는 화두는 필연적인 융합의 과정을 밟는다. 의심이 없으면 융합하지 않고, 의심이 있으면 융합하며, 의심이 강렬하면 화두는 맹렬하게 융합한다.

§ 화두는 눈(眼)이요 수능엄이다

마하지관에 나오는 말씀이다.

방편도 아니고 실상(實相)도 아니며 이치의 성품이 항상 적멸함을 이름하여 지(止)라 하고, 적멸하며 항상 비추어 방편이기도 하고 실상이기도 함을 이름하여 관(觀)이라 한다. 관이므로 지혜라 하고 반야라 하며, 지(止)이므로 눈(眼)이라 하고 수능엄이라 한다. 이러한 이름들은 둘도 아니고 다르지도 아니하며 합하지도 아니하고 흩어지지도 아니하여 곧 불가사의한 지(止)와 관이다.

마하지관에 의하면 화두는 수능엄으로서 곧 눈이다. 지(止)와 관을 설하면서 지를 눈이라 하였으니 천고에 이토록 탁월한 견해가 있을 수 없다. 이 수능엄이 곧 화두다.

22. 태고보우의 금까마귀

화두낙처를 잡아내는 신묘를 극(極)한 작업을 금까마귀라는 독특한 문장을 동원하여 표현한 선장(禪將 : 선의 장수)이 있다. 바로 고려시대의 태고보우이다.

"점점 공부해서 오매일여에 도달했을 때, 마음속에 화두를 놓쳐서는 안된다. 망정이 잊혀지고 마음이 끊긴 깊은 경계까지 참구해 도달하면 금까마귀가 한밤중에 하늘을 뚫고 높이 날아오를 것이다.---"

태고집(太古集)에 나오는 이 글에서 7가지 사실을 분명히 하고자 한다.

§ (1)에서 (3)까지

(1). "마음속에 화두를 놓쳐서는 안된다"는 내용이다.

그렇다면 그때까지는 정말로 화두를 잡고있었다는 뜻인가? 아니다. 시야에서 벗어나지 않는 최근거리(最近距離)에서 화두를 추적중이었음을 의미할뿐이다. 화두의 초점이 맺히는 곳을 추적 중이었다는 말이다.

화두의 초점은 갈때까지 가서 마땅히 떨어질만한 곳에 이르러야 드디어 떨어지는 법으로, 화두초점의 낙처를 보아야만 비로소 화두를 보는 것이요 화두를 잡게되는 것이다. 그전까지는 아무리 애를 써서 달라붙어도 결단코 화두의 적멸속도를 따라잡을 수는 없는 법이며 화두의 속도를 따라잡았다면 그곳이 마땅히 화두의 낙처임을 알게된다. 화두의 낙처는 화두초점이 맺히는 곳이다. 태고집의 이 말씀도 그런 뜻으로 이해할 일이다.

(2). "망정이 잊혀지고 마음이 끊긴"에서 망정은 의식이요 마음은 무의식이다.

(3). "참구해 도달하면"에서 참구는 화두낙처의 추적이다.

§ 금까마귀와 한밤중과 하늘과 뚫음과 날아오른다

"금까마귀가 한밤중에 하늘을 뚫고 높이 날아오른다"를 뜯어보자.

(1). 금까마귀에서 <금=광명=빛>을, <까마귀=궁극=필경공>을 나타낸다. 광명과 까마귀는 반대되는 개념임에도 불구하고 어울린다. 새까만 궁극이 궁극이므로 도리어 광명을 발한다. 엄밀히 말해서 <까마귀=궁극>에 이르러서야 광명의 의미를 깨닫는다. 우리는 광명이라고 하면 우선 태양이 떠오르는데 태양계의 태양은 물질에 불과하다는 사실을 알아야 한다. 태양은 물질로서 진정한 광명이 아니다. 진정한 광명은 짙고 짙은 어둠으로 인식되는 8식이 다하고 뚫릴 때, 8식이 끊어질 때, 8식이 다하고 마음을 넘어설 때, 그때 광명이 터져나온다는 사실이다. <이 새까만 궁극= 까마귀>가 필경공으로 광명 그 자체이므로 <금 까마귀>가 되는 것이다. 어째서 새까만 궁극이 광명인가? 마음을 벗어나 영원히 떠나는 것이므로 광명이 된다.

(2). <한밤중=하늘=8식의 끝>이다. 한밤중이니 하늘이니 하는 말은 마음이 갈 때까지 갔음을 의미한다.

(3). 뚫는다는 말은 8식의 끝을 의미하는 한밤중의 하늘을 뚫으므로, 결국 8식을 뚫음을 뜻한다.

(4). <날아오른다>의 의미는 8식이 끊기고 마음의 영역을 넘어선다는 것이다. 8식을 넘어서면 9식은 필경공으로서 이미 마음이 아니다. 금까마귀라고 하여 새가 등장하는 이유도 마음의 영역을 넘어서면 <영원히 떠나는 것>이 되므로 금까마귀라는 광명의 새가 등장하여 날아오르는 것이다.

§ 금까마귀=융멸화두=9식

금까마귀는 융합화두가 융멸화두로 몸을 바꾸면서 필경공에 꽂힐 때의 상황을 설명하는 말이다. 화두의 낙처는 필경공이다. 화두가 화두의 낙처인 필경공에 꽂히면서 비로소 필경공이 모습을 드러내어 찬란한 태양으로 빛나는 현상을 가리켜 "금까마귀가 한밤중에 하늘을 뚫고 높이 날아오른다"고 표현하고 있다. 화두가 그 낙처에 떨어지면 비로소 태양인 줄을 알게된다.

그러나 설명을 하자니 이렇게 몇줄의 문장으로 요약되었으나, 태고스님만 하더라도 20년이라는 길고 긴 세월을 화두를 하고나서야 이룬 성과였다. 화두의 자연적인 붕괴과정이 앞서야 한다고 강조했다. 화두의 붕괴가 선행하지 않으면 화두의 낙처 이야기는 까맣게 모른다. 이해가 안되는 것을 어떻게 하는가. 다시 정리해보면 이렇다.

화두의 자연적 붕괴---화두의 변신---화두의 잠행---화두의 귀결(화두의 낙처).

여기에서 화두의 변신은 융합화두로의 변신을 뜻하고, 화두의 잠행(潛行)은 융합화두의 8식으로의 잠행을 뜻하며, 화두의 귀결은 융합화두가 융멸화두로 얼굴을 바꾸어 9식에 꽂힘을 뜻한다.

23. 역회전(逆回轉) 공안

§ 이상한 대장부

무문관 20칙 대역량인(大力量人)에서 송원(松源)숭악이 말한다.

"대장부(대역량인)가 어째서 다리를 들고 일어나지 못하는고?"

우리는 마침내 만난 것이야. 다리를 들고 일어서지 못하는 해괴망칙한 대장부를. 힘이 장사(壯士)인 대장부가 다리를 들고 일어나지 못하다니? 경주 남산(南山)의 돌은 모두 옥돌이라더니 무문관 48칙이 모두 청옥(靑玉)처럼 빛난다.

§ 오그라지다가 겨자씨보다 더 작아지는 대장부=의정

이 대역량인을 보는 방법도 한가지 있다. 무작정 "대장부가 다리를 들고 일어나지 못하다니? 대장부가 다리를 들고 일어나지 못하다니?" 이것만 반복하고 있으면 안된다는 것이다.

<다리를 들고 일어나지 못하는 대장부>가 끝내 다리를 들고 일어나지 못하면 어떻게 되겠는가. 다리를 들고 일어나지 못하

면 그거야 당연히 앉은뱅이가 되고 오그라지고 쪼그라지다가 마침내는 겨자씨만큼 작아진다. 겨자씨만큼 작게 뭉치다가 그것도 부족해서 녹고말지. 그런데 문제는 <다리를 들고 일어나지 못하는 이 기이한 대장부라는 사람>이 겨자씨보다 더 작게 오그라들 때에는 마음속에 파고들어 마음을 파먹기 시작한다는 게야. 아 글쎄, 마땅히 다리를 들고 벌떡 일어서야 할 대장부가 자신의 다리 하나 들고 일어나지 못하여 앉은뱅이가 되고, 그것도 부족해서 오그라들고 쪼그라들다가 녹아서 뭉칠 때는 마음속을 파고들어 마음을 파먹는다는 게야.

그렇다. <다리를 들고 일어나지 못하는 이상하기 짝이없는 대장부?>는 융합하여 융합화두가 된다는 사실을 명심하라. <다리를 들고 일어나지 못하는 알 수 없는 대장부?>는 결국 일어날 생각이 전혀 없고 또 일어나지도 못하므로 오그라지고 뭉쳐서 촌철(寸鐵)이 되어 심층심리를 꿰뚫는다.

§ 역회전 공안과 관성의 법칙

송원숭악의 이 대역량인(大力量人) 공안은 그 의도하는 바가 오조법연의 우과창령(牛過窓欞)과 매우 흡사하다. 즉 역회전(逆回轉) 공안이라는 말이다. 역회전 공안이란 자기부정형 공안의 이명(異名)이다.

"대장부가"까지는 일방통행으로 앞으로 나가다가 "어째서 다리를 들고 일어나지 못하는고?"에서 역회전(逆回轉)한다. 이때 무턱대고 뒤따라가던 마음은 역회전을 못하고 관성(慣性)의 법칙에 의하여 그냥 앞으로 쭈욱 밀려간다. 그러면 역회전하는 바람에 꼬부랑하게 꼬부라져서 기다리던 "어째서 다리를 들고 일어나지 못하는고?"라는 갈쿠리는 밀려오는 마음속으로 꽂히면서 오그라들고 만다. 이러한 이치를 밟아 <대장부가 어째서 다리를 들고 일어나지 못하는고?>는 끝까지 다리를 들고 일어서지 못할 뿐만 아니라 쪼그라들어서 융합화두가 되는 것이다.

<다리를 들고 일어나지 못하는 대장부의 붕괴---함몰---융합---융멸>의 과정이 뚜렸하다.

§ 조심해야 하는 함정

이 대역량인 화두를 볼려는 사람도 조심해야 하는 함정이 있다. 그 조심해야 할 함정이란 다음과 같은 연설이다.

"공안에 1700이 있는데 모두가 언어 즉 말에 걸리도록 되어 있다. 그래서 수행하는 사람은 언어에 걸리지 않도록 해야 하는데 미숙한 사람은 그것이 잘 안된다. 이 언어에 걸리지 않을 정도에 이르면 선(禪)은 끝난 셈이다."

화두공부하는 사람은 이런 연설을 지극히 멀리해야 한다. 이런 종류의 연설이 관념놀이요 해석으로서 절대로 화두가 해결되는 것은 아니다.

흔히들 하는 말로 대도무문(大道無門)이라 하지만 공안선에는 대도로 들어가는 문(門)이 버젓이 마련되어 있어 눈 밝은 사람이라면 언제든지 문이 없다는 그 대도(大道)의 문을 찾아 문빗장을 활짝 열어젖힐 수 있다.

§ 이치와 실전(實戰)

화두는 붕괴되고 녹아서 필경공으로 돌아간다. 화두의 이러한 붕괴구조의 이치를 눈치채면 그때서야 비로소 화두는 의식은 말할 것도 없고 무의식을 건너뛰어 이미 저쪽 언덕에 건너가서 있음을 이해하는 것이다. 저쪽언덕이라 함은 무의식의 세계를 벗어남을 의미한다. 무의식까지는 이쪽언덕의 일이다. 화두의 붕괴구조를 이해하기 전까지는 엄밀한 의미에서의 화두공부라고는 못한다.

그러나 화두붕괴의 이치를 터득했다 하더라도 그것은 어디까지나 이치인 줄 알아야 하는데 실전(實戰)은 또 이치와는 다르기 때문이다. 실제로 어지간히 눈밝지 않고서는 잠이 들어서도 화두가 있음을 보기는 어려운 일이다. 잠이 밀려들어 정신이 가물가물하는 상황에서도 "다리를 들고 일어나지 못하는 대장부"가 붕괴하고 녹아서 필경공으로 향하고 있음을 추적하기는 쉽지 않다. 물론 잠이 밀려오는 상황에서도 화두가 분명하면 그것은 이미 잠이 아닐 것이지만. 화두붕괴의 이치를 알기는 알되 끝까지 남김없이 알기는 어렵기 때문이다. 이치에 끝까지 남김없이 통달하지 못하면 통달할 때까지 잠이 밀려드는 실전을 통하여 터득해갈 수 밖에 없다.

§ 잡으면 공으로 향하는 화두

화두는 6의식에서 붕괴하여 8무의식에서 융합과 융멸의 과정을 밟다가 9진여식에 꽂히면서 융멸이 완료된다. 화두융멸이 완료되는 시점에 9식이 열린다.

화두는 이리저리 따져보고 궁리해보는 '관념(생각)'이 아닐 뿐더러, 생각해보고 말고 할 것도 없이 즉시 공(空)으로 돌아간다. 화두붕괴의 이치를 알아차리면 화두를 잡는 찰나에 화두는 붕괴하여 공으로 향하는 것이다.

<대장부가 어째서 다리를 들고 일어서지 못하는고?> 이때 이 말 전체가 스스로 무너지면서 융합(融合)하고 융합하면서 융멸(融滅)과정을 밟게되는데, 이 단계에 이르면 화두가 어디로 향하고 있는가는 알아차린다.

붕괴는 언구화두(言句話頭)가 자기함몰(自己陷沒)의 이치에 의하여 스스로 안으로 문을 걸어잠그고 함몰해가는 과정이고, 융합은 붕괴화두가 녹아들면서 뭉쳐 하나를 이루는 것이요, 융멸은 융합화두가 완전한 소멸의 과정에 진입하는 것을 뜻한다.

§ 화두가 필경공이라는 순관과 역관

이런 전체과정을 거쳐서 화두가 소멸하면 이미 9식이다. 9식은 필경공이니 화두를 필경공이라 부르는 이유는 여기에 있고, 화두가 필경공이 되는 당위성도 이 전체과정의 순관(順觀)과 역관(逆觀)을 통하여 전혀 무리 없이 입증된다.

이 전체과정을 앞에서 뒤로 밟아보는 순관을 통하여 화두가 필경공임에 추호의 의심도 없어야 하고, 이 전체과정을 뒤에서 앞으로 거꾸로 밟아보는 역관을 통하여 이번에는 필경공이 화두라는 사실에 추호의 의심도 없어야 한다는 뜻이다. 이러한 화두선의 순관과 역관에 의하여 의심 또는 의정은 눈녹듯이 사라진다.

화두가 필경공이라는 순관(順觀)을 통한 증명, 필경공이 화두라는 역관(逆觀)을 통한 증명, 이 두가지 맑은 하늘의 태양같이 명백한 이치가 드러나면 6식 7식 8식은 안심입명하고 환화(幻化)로 돌아간다. 안심입명하고 적멸한다. 6식 7식 8식이 마음이다.

 마음이 가는데까지 가다가 마침내 다하는 곳이 화두의 낙처이지 그전에는 화두의 낙처가 될 수 없고, 따라서 화두의 낙처를 찾지 못하면 조사의 뜻도 모르는 것이 된다. 화두가 그 낙처를 찾아서 떨어질 때라야 비로소 조사의 뜻(조사의祖師意)도 분명해지는 것이다.

 초점이 잡히기 전에는 전혀 알 수 없던 화두였다. 그러나 초점이 잡히기 시작하면서 서서히 분명해지던 화두가 낙처(落處)에 가까이 접근해갈수록 더욱더 분명해지고, 화두초점이 낙처를 찾아서 떨어질 때 비로소 처음으로 화두는 역역분명해진다.

24. 화두초점(話頭焦點) = 화두낙처(話頭落處) = 필경공

§ 약속은 함부로 하지마라

 벽암록 64칙의 조주두대초혜(趙州頭戴草鞋)를 보자. 남전산(南泉山)의 남전보원(普願)스님의 절에서 있었던 일이다. 고양이 한 마리를 가지고 동당(東堂)의 스님들과 서당(西堂)의 스님들이 서로 언쟁을 하다가 발전하여 드디어 삿대질에 대가리가 터지도록 고함고함 내지르는 지경으로까지 몰고갔다. 수수방관하던 남전이 번지는 싸움을 정리한다.

 삭도(削刀)를 뽑아든 남전은 서로 마주보고 노기등등하여 대

24. 화두초점(話頭焦點) = 화두낙처(話頭落處) = 필경공

치한 동서양당(東西兩堂) 두 떼거리의 스님들 사이로 썩 들어가 그 가여운 고양이의 모가지를 냉큼 잡아들고 누런 이빨을 드러내어 으르릉거리기를,

"말하라. 잘난척하고 있는 너희놈들 가운데에서 해탈한 놈이 한놈이라도 있으면 빨리 말해보라. 무슨 말이라도 좋다. 말하는 놈이 한놈도 없으면 이 고양이를 자르겠다. 이 밥벌레 같은 놈들아!"

말하는 者는 하나도 없었다. 약속을 지켜야 하는 딱한 처지에 몰린 남전보원은 삭도(削刀)로 그 가여운 고양이를 잘라버린 후 뒤도 안돌아보고 방장실로 들어갔다. 밤이 되어 외출에서 돌아온 조주에게 남전은 가슴 아픈 고양이 이야기를 줄레줄레 늘어놓았다. 그러면서 물었다.

"조주야, 만일 네가 그때 있었다면 어떻게 하였겠느냐?"

그때까지 묵묵히 스승의 말씀을 듣고만 있던 조주는 신고 있던 짚신을 벗어 자기머리 위에 얹더니 그대로 남전의 방을 나가버렸다. 조주의 이 수작을 물끄러미 지켜보던 남전이 다음과 같이 탄식했다 한다.

"그대가 그때 그 장소에 있었다면 내가 그 고양이를 죽이지 않았어도 되었을텐데."

하며 고양이를 죽인 일을 몹씨 괴로워했다.

이것이 <짚신 벗어 머리에 인 조주>라는 이야기의 줄거리다. 조주는 어째서 신 벗어 머리에 얹었는고?

§ 신 벗어 머리에 얹은 조주스님 녹여서 뭉치기

이 조주두대초혜(趙州頭戴草鞋)를 알기 위해서는 <짚신 벗

어 머리에 없은 조주>라는 사람이 그대로 몽땅 융합하여 마음 속으로 뚫고 들어와야 한다. 조주는 어째서 신 벗어 머리에 얹었는고? 조주는 어째서 신 벗어 머리에 얹었는고? 이 하나를 밀고 나가기만 해서는 안된다. 반드시 조주를 녹혀야 한다.

　조주라는 천고에 다시 없을 인물에 대해서 좀 송구스런 표현이 되기는 하겠으나, 그러나 어찌 하겠나 다른 방법이 없는 것을 어찌 하겠나, 환약(丸藥) 만들 듯이 신 벗어 머리에 인 이 천고에 다시 없을 위인을 녹여서 뭉치는 거야. 그냥 두 눈 꾹 감고 녹여서 뭉치라구. 무조건 뭉쳐보는 거야. 그러면 <신 벗어 머리에 인 기이한 조주>라는 사람이 문득 오그라질 때가 있을 거야. 블랙홀 오그라들 듯이 말이야. 지구를 압축하면 탁구공만큼 작아져서 블랙홀이 된다지. 그렇게 조주를 압축하라구. 압축해서 겨자씨보다 더 작게 만들라구.

§ 뭉쳐진 조주 = 의정

　<신 벗어 머리에 인 도무지 알 수 없는 조주>라는 사람이 쪼그라지면 이미 그것은 조주도 뭣도 아닐 것이야. 그것은 이미 조주도 뭣도 아니야. <신 벗어 머리에 인 해괴망칙한 조주>라는 사람이 녹아서 오그라지고 쪼그라지면서 마음속에 꽂혀 찾아볼 수 없을 지경에 이르면 그것이 <의정 또는 의심>인 게야. 다른 물건이 의심이 될 수는 없는 법이야.

　<짚신 벗어 머리에 얹은 천하에 얄궂은 조주>를 녹이기만 하면 그 융합(融合)한 조주는 심층심리로 뚫고 들어갈 것이야. <짚신 벗어 머리에 인 이상야릇한 조주>라는 사람을 마냥 통째로 녹이라구! 통째로 녹아서 뭉쳐진 그것이 의정이야. 어떻

24. 화두초점(話頭焦點) = 화두낙처(話頭落處) = 필경공 123

게든 환약(丸藥) 만들 듯이 조주를 녹여서 뭉치지 않으면 안되는 게야. 이것이 신 벗어 머리에 이고 남전의 방을 나간 조주의 뜻을 알아낼 수 있는 유일한 방법이다. 절대로 다른 방법은 없다.

§ 무의식을 총알처럼 뚫고 나가는 뭉쳐진 조주스님

화두란 일단 마음에 걸려들면, 마음에 걸려들어 박히면 붕괴되고 녹아 뭉치면서 모습을 감추기 시작한다. 붕괴되어 뭉치면서 마음 속 깊이깊이 파고들기 시작한다. 그러나 화두붕괴, 화두융멸의 현상은 화두가 마음에 걸려들 때의 일이다. 마음에 걸려들지 않는 화두를 이론만으로 붕괴시키는 일은 불가능하다. 그것은 소위 관념놀이라 하는데 관념놀이에 의하여 화두는 붕괴되지 않는다.

이 <신 벗어 머리에 인 조주라는 사람>이 갈쿠리처럼 마음에 걸리면 녹기는 녹되, 일시에 붕괴되면서, 일시에 뭉치면서, 일시에 뭉치듯이 붕괴하면서 눈 녹듯이 녹는다. 녹아서 사라진다. 이른바, 붕괴---함몰---융합---융멸이라는 전과정(全科程)을 일목요연하게 밟는 것이다.

이 가운데에서, 화두붕괴에서 화두함몰에 이르는 과정은 6의식의 세계에서 일어나고, 화두융합에서 화두융멸에 이르는 과정은 8무의식의 세계에서 일어난다. 화두가 융합과정에 들어서면 융합화두(融合話頭)는 8식을 총알처럼 뚫고나가면서 가속도가 붙고 융멸의 과정으로 접어든다.

§ 뭉쳐진 조주스님=의정=융합화두

다시 말하건데, 이 <신 벗어 머리에 얹은 조주>라는 사람이 녹아서 완전히 없어지는가. 그런 것이 아니다. <신 벗어 머리에 인 이 해괴망칙한 조주>라는 사람은 의식의 세계에서 녹아 모습을 감추면서 동시에 무의식의 세계로 파고들어 무의식을 뚫고 끊기 시작한다.

의식의 입장에서 보면 이 <신 벗어 머리에 얹은 우스꽝스런 조주>라는 사람이 분명히 녹아 없어진 듯 하면서도 알 수 없는 그 무엇인가가 희미하게 남아있는 것이다. 희미하게 남아있는 듯한 알 수 없는 그 무엇이란, <신 벗어 머리에 인 볼만한 풍경의 조주>라는 사람이 일시에 붕괴되고 녹아 뭉치면서 무의식의 세계를 뚫고 지나가는, 융합화두(融合話頭)의 δ무의식 투과(透過)현상이다.

§ 조주는 마음없는 사람, 마음없는 곳에서 만난다

조주는 마음이 없는 사람이다. 신 벗어 머리에 얹은 마음없는 조주의 마음을 알아맞추기 위해서라면 무의식이 다하고 마음이 없는 곳으로 들어가야 함이 필요하다. 신 벗어 머리에 얹은 조주의 행동은 마음이 없는 곳에서 나왔기 때문이다.

미세번뇌(微細煩惱) 또는 미세망념(微細妄念)이라고 불리는 무의식은 의식으로서는 감지할 수 없을만큼 미세하다. 이 미세번뇌를 넘어서면 마음이 없는 곳인데 그곳으로 들어가면 조주의 마음없는 마음을 만난다. 그곳은 우리 모두의 고향이므로 그곳에서는 아무개의 마음이라도 읽을 수 있다. 그런데 그곳은 아무나 들어가지 못한다. 오직 융합화두만이 들어간다.

24. 화두초점(話頭焦點) = 화두낙처(話頭落處) = 필경공

§ 의정=화두의 붕괴+함몰+융합+융멸

보통 화두는 떨어져나가고 의심만 남는 것이라고 말하는데 그것은 잘못 알고 하는 소리다.

<趙州頭戴草鞋(조주두대초혜)의 경우의 의심 혹은 의정 = 신 벗어 머리에 인 조주의 붕괴---조주의 함몰---조주의 융합---조주의 융멸>이 성립한다.

의정=화두의 붕괴+함몰+융합+융멸

화두선의 의정=붕괴화두+함몰화두+융합화두+융멸화두 라는 등식(等式)이 엄연히 성립한다.

화두 따로 있고 억지로 끌어 일어켜야 하는 의정 따로 있는 것이 아니다. 화두 따로 있고 의정 따로 있는 것으로 착각하고 있으니 예컨데 화두가 떨어져 나가고 의정만 남는다는 투의 표현이 등장하는데 그런 것이 아니다.

화두가 떨어져 나간다는 진정한 의미는 화두가 화두의 붕괴 전과정(全過程) 즉 붕괴---함몰---융합---융멸이라는 과정으로 돌입하였음을 뜻한다는 사실을 알아야 한다. 절대로 화두 따로 있고 의심 따로 있는 것은 아님을 백일하에 밝혀둔다.

§ 대적광 삼매

융멸이 완료되면 이것이 대적광삼매다. 화두는 대적광삼매(大寂光三昧)로 돌아가니 결국 화두는 대적광삼매인 셈이다.

화두가 마땅히 돌아가야 하는 곳, 돌아가서 맺혀야 하는 곳이 존재하니 이것이 귀결처다. 귀결처에 이르기 전에는 화두는 절대로 떨어지지 않는다. 절대로 떨어지지 않는다는 말은 화두의 융멸과정이 완료되지 않아 화두가 여전히 융합화두로서 존재하며 8식에 걸려있음을 뜻한다. 8식이 완전히 뚫리면서 융합화두는 융멸한다. 8식이 뚫리면 이것이 필경공(畢竟空)이요 대적광삼매(大寂光三昧)다.

§ 화두의 허상

이러한 화두융합의 과정은 분명히 화두초점잡기의 과정으로도 파악된다.

화두를 추적해가는 일이 결국 심층의식에 맺히는 화두의 초점을 끝까지 추적해서 잡아내는 일일진데, 엄밀히 말해서 <화두의 붕괴---함몰---융합>의 과정까지는 화두초점을 잡지 못한 것임을 알 수 있다.

화두초점(話頭焦點)이 잡힐 때가 화두가 낙처(落處)에 떨어지는 것이라면 붕괴---함몰---융합의 과정에 있는 화두는 사실상 화두의 허상(虛像)인 셈이다. 진정한 화두를 보지 못하고 화두의 허상을 보고 있다는 뜻이다.

§ 필경공으로 들어가는 순간

화두의 초점이 맺히는 지점(地點)은 8무의식이 융합화두에 의하여 마지막으로 돌파를 당하고 끊어지면서 필경공으로 들어가는 순간과 일치한다. 8무의식이 최후로 끊어지면서 허상(虛像)으로 잡고 있던 화두의 초점이 비로소 맺히고, 화두의 초점이 맺히는 순간과 필경공이 드러나는 순간이 일치하므로 <초점화두 = 융멸화두 = 필경공>이라는 정의(定義)에 전혀 무

24. 화두초점(話頭焦點) = 화두낙처(話頭落處) = 필경공

리가 없는 것이다.

심층의식에 화두의 초점이 맺히는 곳을 잡으면 그것은 필경공이라는 말이니, 화두를 필경공이라 하고 화두를 대적광삼매라고 칭하는 이유가 여기에 있음이다.

필경공으로 들어가기 전까지는 화두의 허상을 잡고 있음이요, 화두가 초점을 잡으면서 마침내 필경공일 때 그 필경공이 화두임을 철저히 깨닫는다. 그래서 화두는 영원히 존재한다고 말하는 이유도 여기에 있다.

화두가 필경공임이 증명되면 이것이 화두선의 순관(順觀)이요, 거꾸로 필경공이 화두임이 증명되면 이것이 화두선의 역관(逆觀)이다. 화두선의 순관과 역관에서 전혀 무리가 없어야 함은 물론이다.

화두의 낙처 또는 귀결처는 화두의 초점이 맺히는 지점이다. 그리고 화두는 귀결처에 이르기 전에는 절대로 잡을 수도 없고 잡히지도 않는다는 표현도 그 이유는 여기에 있다. 초점이 맺히지 아니한 허상으로서의 화두를 무슨 재주로 잡아보겠는가.

§ 화두초점은 마음이 아니다

필경공은 화두의 초점이 떨어지는 지점 아닌 지점(地點)에서 역역분명해진다. 화두가 떨어지는 화두의 초점에는 마음이 없다. 마음 없는 화두의 초점은 9진여식이다. 9식은 마음 없는 마음의 초점이므로 비로소 진정한 마음이라 할 수 있다. 분별망상인 6의식과 무분별망상인 8무의식이 몽땅 사라지고 드러나는 마음 아닌 필경공이 더할나위없이 성스러운 진정한 마음이다.

　이러한 까닭에 원효대사도 '제9식 가운데의 밝고 맑음으로 들어간다'(입제9식중명정入第九識中明淨)고 금강삼매경론에서 분명하게 말씀하시었다.

§ 화두초점은 마음이 아니므로 마음에는 잡히지 않는다

　선문(禪門)에서는 보통 하는 말로 화두를 잡는다느니 잡두리 한다느니 하는 식의 표현을 쓰기는 쓰지만, 사실은 잡히지 않는 화두를 무슨 재주로 잡겠는가. 화두초점은 마음이 아니어서 마음에는 잡히지 않는다. 단지 말이 그렇다는 정도로 알면 그만이다.

　6의식은 도무지 알아낼 방법이 없었던 화두가 8무의식을 통과하면서 뚜렷해지고, 마음의 알갱이 즉 진여식으로 돌아가 마침내 떨어질 때 비로소 화두를 알았음을, 비로소 화두를 잡았음을 깨닫게 되는 것이다. 그러니까 화두가 떨어지기 전까지는 어떤 방법으로든 화두는 알아볼 수도 없을뿐만 아니라 화두를 잡는다는 일은 더더욱 불가능한 일이다. 화두는 그 귀결처로 들어가고 나서야 비로소 영원히 잡고있는 셈이된다.

　이치가 이러하므로 또한 다음과 같은 말도 성립함을 알아야 한다. 깨닫고 난 뒤에는 화두는 버려야 한다는 표현도 어폐(語弊)가 있음을 알아야 한다는 말이다. 이 말은 사실과는 전혀 반대로 표현되고 있어 자못 심각할 지경이다. 물론 조사스님의 '말씀이나 행동'으로 구성된 화두야 붕괴되면서 자연적으로 폐기(廢棄)되는 것이기는 하지만, 화두가 조사스님의 뜻일진데 처음에 말씀이나 행동으로 구성된 화두로 시작하였다가 끝날 때는 조사의 뜻만 남는다 하여 화두를 버린다는 표현을 사용함은 상당한 오해를 낳고 있음은 부정할 수 없는 현실이다.
 처음부터 화두는 조사의 뜻(조사의 祖師意)이었기 때문이다. 화두선에 성공한다는 가정하에서 말하자면, 처음에는 화두가 없다가 맨 끝에 비로소 화두를 보며 화두를 잡게되고 화두가 있게되는 것이다. 처음에는 화두는 알 수 없는 조사의 뜻이었는데, 나중에야 비로소 조사의 뜻을 획득하기 때문이다. 화두는 사라지지 않는다.

25. 아이들이 장난으로 지팡이 머리에 새긴 형상이 누추한 지장보살상

 등시랑(鄧侍郎)이란 사람은 평소에 불보살을 믿었다. 하루는 길에서 부러진 지팡이 머리에 승려 모양이 새겨진 것을 보고 가져다가 자기집의 벽에 걸어두고 예배공양하고는 잊은 듯이 살다가 3년이 지나서 어느날 갑자기 죽었다. 그런데 죽은 등시랑의 가슴이 조금 따뜻해서 가족들은 염은 하지 않았다. 그랬더니 그 다음날 등시랑이 살아나서 눈물을 흘리며 말했다.
 "내가 처음 죽었을 때 말을 탄 두 사람이 나를 끌어내어 어떤 큰 성문으로 들어갔는데 거기에는 염라대왕이 있었다. 뜰에는 손이 묶인 수많은 사람들이 보이고, 진노한 염라대왕이 나를 꾸짖으려 했다. 그때 외모가 매우 누추한 한 스님이 나타나

대왕 앞으로 나아가자 대왕은 공경히 일어나 합장한 뒤 꿇어앉으면서 말했다.

"큰 성인이시여! 무슨 까닭으로 오셨습니까?"

이에 누추한 스님이 말하기를,

"이 사람은 나의 단월(檀越)이니 죄를 사면해주기 바랍니다."

"업은 이미 결정되었고 수명과 식록(食祿)까지 다하였으니 죄를 사면해주기 어렵습니다."

"내가 옛날 삼십삼천 선법당(善法堂) 가운데에서 서가여래의 부탁하심을 받아 죄업이 정해진 모든 중생을 구제하는 것이 오늘 처음 하는 일이 아닙니다. 하물며 그리 무거운 죄를 범하지도 아니한 이 사람을 어찌 사면하지 못합니까?"

스님의 이 말씀 끝에 염라대왕은 공손히 대답했다.

"성인(聖人)의 큰 원력이 견고하여 움직이지 않는 것이 금강산과 같습니다. 원하시는 것이 그러하시다면 곧 인간세상에 돌려보내겠습니다."

스님이 기뻐하며 나의 손을 잡고 돌아오는데, 서로 헤어질 때 내가 물었다.

"스님께서 저를 구해주셨으니 큰 은인이신데 누구이신지 알고 싶습니다."

"나는 지장보살이다. 네가 인간세상에 있을 때 길바닥에 버려져있는 나의 형상을 보고 알지도 못하면서 가져다가 너의집 벽속에 넣어둔 적이 있지 않느냐? 그것은 아이들이 장난으로 부러진 지팡이 머리에 나의 상을 새긴 것인데 오직 내얼굴만 새겼지 나머지는 새기지 못했던 것이다. 그러한 까닭으로 나의 형상이 이리도 누추한 것이다. 이제 기억이 나느냐?"
 이 말을 마치고는 지장보살은 홀연히 사라졌다.
 등시랑이 깨어나 벽에 걸어둔 지팡이 머리의 상을 보니 지팡이 가운데가 잘라져서 전단향 나무로 다시 다섯촌 가량 더 보태어 조성했다. 지팡이 머리에서 때때로 광명이 일어나 방안을 환히 비치므로 시랑이 다시 큰 지장보살상을 조성하고 자기집을 절로 만드니 절의 이름이 지장대(地藏臺)였다. 소문이 퍼져나가 원근의 사람들이 이 두분의 지장보살상을 공경함이 지극하였다고 한다.

26. 목숨뿌리 뽑기와 자기종교

§ 두 가지 관문 중의 하나

 화두선 성공에 이르는 최후의 관문이요 핵심적인 비의(秘義)는 화두의 낙처가 목숨뿌리 빠지는 곳이라는 이치에 안목이 열렸는가 그리고 그 열린 안목이 얼마나 밝은가 하는데 있다.
 화두선 과정에서 넘어야 할 두가지 관문은 <화두의 자연적 붕괴>와 <목숨뿌리 빠지는 곳이 화두의 낙처라는 당위성의 획득>이다.

§ 논리가 해결 못한다

 여기에서 <화두가 돌아갈 곳은 목숨뿌리 빠지는 곳>이라는 이치의 필연성과 당위성의 획득이라는 말은, 그밖에 달리 화두가 돌아갈 곳은 있을 수가 없다는 이치에 저절로 통해야 함을 뜻한다. 억지로 논리적으로 해결되는 문제는 아니다.

논리로 해결할 문제가 따로 있지, 잠이 깊이 들어 의식이 다 떨어져 나가고 심지어 무의식까지 산산조각이 난 후의 일을 말하는데 어떻게 논리 따위가 통하겠는가. 무엇보다도 화두는 물건도 아니고 논리도 아니고 오로지 이치를 말하고 있을뿐이다. 화두선에는 그 어떤 수작이나 장난도 먹혀들 여지라고는 없다. 진정한 수행, 진정한 진보, 진정한 깨달음 이외는 어떤 것도 힘을 얻지 못하는 법이다. 그래서, 화두의 붕괴도 반드시 자연적 붕괴라야 하며 또한 자연적 붕괴에 의하지 않으면 화두는 결코 붕괴되지도 않을뿐더러 아무리 논리적으로 붕괴시키려 해봐도 안되도록 되어있다.

§ 화두의 자연적 붕괴의 이치를 따른다

마찬가지로 화두가 붕괴되면 어디로 가는가, 어디로 가서 떨어지는가, 어디로 돌아가서 맺히는가 하는 문제도 절대로 논리가 앞장서서 알아 맞추지 못하도록 되어있다. 화두선에서 논리가 전혀 도움을 줄 수 없는 것은 아니다. 그러나 논리는 어디까지나 이치가 저절로 열린 후에 그 깨달음의 내용을 가상적으로 정리해보는 수준의 작업만을 맡을 수 있을 뿐이다.

화두의 낙처는 명근(命根)이 빠지는 곳이라는 이치는 화두의 자연적 붕괴를 체험하면 어느정도 수긍이 가게끔 되어있다. 화두의 낙처(落處) 문제는 그곳이 아닌 그 어떤 곳도 될 수 없다는 확신의 문제이기도 하며, 확신이라는 깊고도 큰 믿음은 오랜 수행생활에서 습득된다. 결국 화두의 낙처를 확신하게 되는 당위성(當爲性)의 문제는 이 길 이외에 다른 길은 있을 수 없다는, 목숨뿌리를 내던지는 길 이외는 다른 길이 없다는, 깊고 큰 믿음의 문제임을 자각하는 대목에 이른다.

§ 화두 = 과학 + 종교

화두선에서 목숨뿌리 빠지는 곳이 화두의 낙처라는 확신은, 수행과정에서 체득하는 고도의 과학성이 깊고도 깊은 믿음과 함께하는, 과학과 믿음이 함께하는 문제임이 드러난다. 이것은 종교의 문제다. 자기 목숨뿌리가 생겨 나오는 자기 종교로 돌아가는 작업이 화두선이었던 것이다.

인도의 마하트마 간디는 세계 종교의 숫자는 인류의 숫자만큼 많다고 설파하였다. 어찌 인류의 숫자 뿐이겠는가. 무수한 동식물의 숫자를 생각하면 종교의 숫자는 무량하다 할 수 있으리라.

그러나 종교의 숫자가 무량무수하다 하여 실제로 종교가 천 개 만개 찢어져 갈라지는 것을 의미하는 것은 아니다. 종교는 하나이지만, 하나의 종교로 들어가는 문(門)이 그토록 무량무수하다는 뜻이다. 종교의 숫자는 종교로 들어가는 문의 숫자로서, 대도무문(大道無門)이라는 세상에서 흔히 쓰는 용어도 그 뜻은 이러한 정의(定義)에서 벗어나지 못한다.

§ 화두의 낙처 = 마음의 귀의처(歸依處)

갑자기 종교 이야기로 방향이 선회된 이유는 믿음의 문제,

마침내 돌아가야 하는 귀의(歸依)의 문제를 이해하지 못하고 깨닫지 못하면 화두의 낙처를 보는 이치의 문이 열리기가 어렵기 때문이다. 화두선이라는, 겉보기에 과학적일 것만 같은 정신작업의 밑바닥에는 믿음의 문제가 깊이 개입하고 있다.

분리할 수 없는 지폐의 앞뒤면처럼, 화두의 낙처는 또한 마음의 귀의처요 마음의 적멸처임을 체득해야 한다. 반드시 체득해야 화두의 낙처가 자명해진다. 화두낙처 따로 있고 마음의 귀의처 따로 있지 않다.

화두의 낙처 이야기는, 정신을 다루는 기술로 끝나고 종결되는 따위의 일차원적인 문제는 절대로 아니고, 드디어는 믿음과 귀의(歸依)가 과학과 결합하여 해결하지 않으면 안되는 진정한 종교, 진정한 자기종교의 문제로 성질이 바뀐다는 사실을 자각해야 한다. 적어도 화두의 낙처 문제를 운위할 정도라면 이것은 자기종교, 자기종교에의 귀의에 관한 문제임을 알아야 한다는 뜻이다. 이렇게 되어야만 화두가 목숨뿌리와 일치해올 때 목숨뿌리를 내던지는 일이 가능해지고, 목숨뿌리를 포기하는 일이 가능해야 화두의 낙처는 분명해진다.

화두가 붕괴되고 그다음에 오는 목숨뿌리 뽑기작업은 이미 종교적인 차원에서의 정신작용임을 밝히고자 함이다.

27. 화두선의 의정=붕괴화두+함몰화두+ 융합화두+융멸화두
   (의정 따로있고 화두 따로있는 것이 아니다)

§ 반야는 마음이 아니다

　마조(馬祖) 문하에 대주(大珠)가 있는데 대주의 제방문인참문어록(諸方門人參問語錄)에 다음과 같은 글이 나온다. 어떤 사람이 물었다.
　"마음을 가지고 수행을 하면 언제나 해탈을 얻겠습니까?"
　대사(大師)가 대답했다.
　"마음을 가지고 수행하면 마치 흙탕물로 때를 씻는 것과 같다. 반야는 현묘하여서 본래부터 나지 않거니와--"
　마음을 가지고는 반야를 얻을 수 없음을 알리고 있다. 일반적으로 마음이라 함은 제6의식 제7말나식 제8함장식을 뜻하며, 반야는 제9진여식 또는 반야식을 뜻한다. 의식과 말나식과 함장식을 가지고 반야식을 얻을 수 없다. 반야식 또는 진여식은 이미 마음이 아니기 때문이다.

§ 화두는 반야와 만난다

　표현이 식(識)이요 마음이긴 하지만 제8식을 건널 때 즉 제8식을 건너서 제9식에 이르려면 이것은 이미 그밖의 다른 것도 아니지만 마음도 아니다. 화두를 따라서 들어가면 화두가 돌아가서 맺히는 곳은 마음에는 없다는 사실을, 마음에는 있을 수 없다는 사실을 절절이 깨닫게 된다. 그야말로 절절이 느끼는 것이다.

흔히들 쓰는 '천길 벼랑에서 뛰어내리고 다시 물 건너고 산 넘어…' 하는 식의 표현은 화두가 떨어지는 곳은 마음의 영역에서는 찾을 수 없음을, 마음의 영역을 너머 결코 마음이랄 수 없는 곳에 있음을, 마음이 소멸한 반야에 있음을 뜻한다.

§ 어떻게든 붕괴시키라

화두의 메카니즘, 화두의 역학적 구조(화두의 살아 움직이는 듯한 생리를 가진 구조), 화두의 신묘(神妙)한 구조적 이치를 깊이 깊이 생각하고 연구하여, 반드시 화두를 붕괴시켜야 의정을 일으킬 수 있고 의정이 일어날 수 있다. 공안선에서의 의정 또는 의심이란 화두의 붕괴, 붕괴과정의 화두 그 자체이기 때문이다. 공안선에서는 어떠한 화두도 정확한 붕괴과정을 밟아 조사의 뜻으로 돌아간다.

간화선에서 말하는 의심 또는 의정이란 언구화두(言句話頭)가 붕괴하여 융합하고 융멸해가는 과정의 그 <붕괴화두(崩壞話頭)+ 융합화두(融合話頭)+ 융멸화두(融滅話頭)>를 의미하는 것이지 절대로 다른 것이 아님을 알아야 한다. 언구로서의 화두가 무너지기 시작하는 시점에서부터 그 화두를 의정이라 부른다는 사실을 명심하라.

그러니까, 의정=붕괴화두(함몰화두)+융합화두+융멸화두 라는 등식이 분명히 성립한다.

27. 화두선의 의정=붕괴화두+함몰화두+융합화두+융멸화두 137

§ 말이 살아 있으면 안된다

예컨데, '뜰앞의 잣나무'라는 공안을 보자.

'뜰앞의잣나무'라는 이 여섯 어구(語句)의 붕괴 없이는, 이 여섯 어구가 멀쩡한 얼굴을 하고 제6의식의 세계에서 피둥피둥 살찐채로 살아 있어서는 조주의 뜻을 알아내기는 불가능하다. 이 6개의 말이 그 유들유들한 얼굴을 하고 의식의 세계에서 살아있는 동안은 안된다.

뜰앞의잣나무 공안에서 성공하려면 기필코 이 여섯 문자(文字)가 붕괴와 융합의 과정에 진입해서 그 몸을 <의정>으로 바꾸어야 한다는 전제에 눈 밝지 않으면 안된다. 붕괴운명을 띠고 태어난 화두의 붕괴가 시작될 때, 그 붕괴되는 화두 자체가 의정이요 의심이다.

§ 8식의 강을 넘는다

그런데 의정의 형태로 변신하는 화두는 마음이 소멸한 곳에 떨어진다고 앞에서도 말했다. 무지개의 뿌리를 잡을 수 없듯이 마음은 화두의 뿌리를 잡을 수 없는 것이다. 마음은 화두가 돌아가는 곳을 알아내지 못한다. 화두는 마음이 다한 그 다음에야 비로소 떨어지기 때문이다. 무지개가 저언덕 너머에 떨어지듯이 화두도 마음의 강(江) 너머 저언덕에 떨어진다.

흔히들 강(江)을 건너 저언덕에 이르른다 할 때의 강이란 마음의 강이요 좀 더 구체적으로 말하면 8식의 강을 의미할뿐 이것 이외의 그 어떤 것도 강(江)이 될 수 없다. 이와같이 화두는 8식의 강을 반드시 넘어간다.

28. 상투머리 속에 모신 지장보살존상

지장경 촉루인천품에 이런 말씀이 나온다.
"---그때에 세존께서 게(偈)를 설하여 말씀하셨다.
 현재와 미래의 천인중(天人衆)을 내가 이제 너에게 부탁하고 위촉하니 대신통 방편력으로 모든 나쁜 세계에 떨어지게 하지 말아라.
 이때에 지장보살이 무릎을 꿇어 합장하며 서가여래께 여쭈었다.
 새존이시여!
 오직 원하오니 세존께서는 그것을 걱정하지 마시옵소서. 미래 세상에 선남자 선여인이 여래의 법(法) 가운데에서 한 생각으로 공경만 하여도 저는 백천의 방편으로 이 사람들을 제도 해탈하게 하고 태어나고 죽는 가운데에서 속히 벗어나도록 하겠습니다. 하물며 착한 일을 듣고 생각생각에 마음을 닦고 행하는 사람이라면 위 없는 도(道)에서 영원히 물러나지 않을 것입니다."

당나라에서 별가(別駕)라는 벼슬을 지냈던 건갈(健渴)은 믿음이 청정하여 불법(佛法) 받드는 일을 지성으로 했다. 하루는 어느 스님에게,
 "출가수행하지 못하고 속가(俗家)에 머무는 사람은 어떤 불보살(佛菩薩)을 섬겨야 합니까?"

하고 물었더니 스님이 대답하기를,
"스님들의 말이 제각기 다르나 마땅히 부처님의 명령을 받은 지장보살을 섬기십시오."
하였다.
건갈은 스스로 '서가여래의 명령을 받았는데 어찌 우리들을 버리시겠는가?' 라고 생각하고, 곧 전단향 나무를 구하여 높이 세 치 되는 지장보살존상을 만들어 상투머리 속에 감추어 모시고, 다니거나 머물거나 누웠거나 앉았거나 항상 지장보살을 지극정성으로 생각하였다.
장종천성(莊宗天成) 때에 천하에 병란(兵亂)이 일어났다.
건갈은 그 병란의 와중에서 포위를 당해서 곧 죽게 되었는데 지장보살을 생각했더니, 군인이 자기 말을 잘못 채찍질하고 말이 놀라 뛰쳐나가는 바람에 지나가버렸다. 병란이 평정된 후에 이 사연을 말했더니 듣는 사람들이 감탄하고 기이하게 생각했다.
또 장흥년(長興年)에 발령(發令)이 난 곳으로 부임(赴任)하러 갈 때의 일이었다.
이 사실을 듣고 원수맺힌 사람이 건갈을 죽이려고 다리 밑에 숨어서 기다리는데 단지 왠 스님 한분이 지나갈뿐 건갈은 보이지 않았다. 나중에 건갈이 이미 지나갔다는 것을 알고 뉘우쳐서 사죄를 하고 서로의 원한을 풀었다.
또 길에서 밤이 되어 잠들었는데 큰비로 등불이 모두 꺼졌으나 상투머리 속에 모신 지장보살존상께서 낮과 같은 빛을 발하며 어린아이 같은 음성으로,
"어서 가라, 어서 가라"고 하였다.

곧 놀라 일어나 그 광명이 인도하는 곳으로 가서 잠들었다가 다음날 깨어나서 들으니 어제 잠들려 했던 곳은 물바다가 되었다고 하였다. 그래서 건갈은 지장보살께서 인도하셨음을 깨달았다.

청태(淸泰) 2년 나이 칠십팔세로 죽었다.

임종할 때에 상투속에서 찬란한 빛이 비쳐 합장하고 염불하다가 편안히 임종하였는데 그 광명은 하늘을 향하여 올라갔다고 한다.

29. 붉은 태양은 찬란히 찬란히 빛난다.

§ 도솔천에 올라간 앙산혜적

앙산혜적(仰山慧寂)은 스승 위산영우(潙山靈祐)와 더불어 위앙종(潙仰宗)의 개산조(開山祖)가 되시는 분이다. 이분 앙산에게는 앙산2좌설법(仰山二座說法)이라는 유명한 실화(實話)가 따라다닌다.

앙산이 어느날 잠시 자리에 눕는다고 눕는 것이 잠이 들어 짧은 꿈을 꾸게된다.

꿈에 도솔천에 올라가 미륵보살이 계시는 내원(內院)에 들어갔다. 중당(衆堂) 안에 들어가니 여러 존자(尊者)들이 모두 엄숙하게 제자리에 앉아계시는데 오직 제이좌(第二座)가 빈자리로 있었다 한다. 앙산은 그 빈자리로 남아있는 제이좌로 안내를 받아서 앉았다.

그러자 제일좌(第一座)에 앉아계시던 존자(尊者)가 일어나 백퇴(선원에서 개당할 적에 쳐서 대중에게 알리는 도구)를 해서 대중에게 알렸다.

"오늘은 제2좌의 설법 차례입니다."

앙산은 자신이 제2좌이므로 서슴치 않고 일어서서 백퇴하여 설법하겠다는 뜻을 알린후,

"마하연법은 사구(四句)를 여의고 백비(百非)를 끊나니 잘 들어라, 잘 들어라.---"

하고 설법을 시작하였다 한다.

설법이 끝나자 대중은 모두 흩어졌다.

꿈을 깨고난 후에 앙산은 스승인 위산영우에게 이 사실을 고하였다. 위산은 꿈 이야기를 다 듣고나서,

"너는 이미 성위(聖位)에 올랐노라."

말씀하고, 옷깃을 바로하여 제자에게 정중히 절하며 찬탄하였다 전해진다.

§ 오노봉(五老峰)

이 앙산혜적을 어느 승(僧)이 찾는다.

"불법(佛法)을 말씀해 주소서."

앙산은 그 승을 지그시 건너다보다가 입을 열었다.

"그동안 어디에 있었느냐."

"여산에 있었습니다."

"그렇다면 그 풍광(風光)이 뛰어난 오노봉(五老峰)에는 올라보았던가."

승은 그제서야 앙산의 뜻을 알아차렸던지 숙연해지며 아니라고 답했다.
"딱하구나. (그 오노봉에나 올라 승지(勝地) 구경이라도 해볼 일이지 무엇하러 그렇게 종종걸음으로 법을 구걸하며 돌아다니는가.)"
앙산은 물끄러미 그 승을 바라다보았다.
벽암록에는 앙산의 심중(心中)을 헤아려보는 노래가 이어서 나온다. 한문을 풀이하면 다음과 같다.
오노봉(五老峰)에 오른다.
오노봉에 오르면
흰구름은 층층이 쌓여 끝없이 끝없이 흐르고(백운중중 : 白雲重重)
붉은 태양은 찬란히 찬란히 빛난다(홍일고고 : 紅日杲杲)
왼쪽을 바라보아도 천하에 절경이요
오른쪽을 바라보아도 이미 익을대로 익어있다.
그대는 듣지 못하였는가, 한산자(寒山子)라는 사람을
슬그머니 한번 산놀이의 길에 오른 뒤로 (풍광에 취하여)십년이 지나도 돌아올 줄 모르나니
그 큰 마음은 돌아올 시간 따위는 까맣게 잊었음이라
(그런 큰 마음을 이제 어디가서 찾아보겠는가).

30. 괴로운 '왜마삼근고?'

§ 무작정 "왜---라고 했을까?"로 시작하지 말라

언젠가 나는 어느 선원의 식당에서 점심공양을 하다가 우연히 '왜마삼근고?'를 만났다. 그 괴로운 '왜마삼근고?'는 선원 식당의 벽에 깨알처럼 박혀 있었다. 볼펜으로 정성스럽게 쓰여진 그 왜마삼근고?는 아마도 왜마삼근고?를 가지고 뼈를 깎는 어떤 스님이나 그 절의 신도가 써놓았으리라. 그러나 어느 스님인지는 몰라도 쉽게는 열리지 않을 문을 두드리고 있다는 느낌이 강하게 와 닿았다. 화두공부는 어째서---? 혹은 왜---?로서 시작하면 안되기 때문이다.

삼서근만 하더라도 '삼서근'이라는 말 그 자체가 스스로 함몰하고 녹아들어 하나로 뭉치면서 마음에 잠겨들어야 한다. 무작정 끝도 없이 왜삼서근고? 왜삼서근고?로 끌고가기만 하면 안된다.

§ '삼서근' 공안 성립기연에 대한 해설이 있는가?

공안의 성립기연에 대하여 해설이 나오는 경우와 해설이 빠진 경우에 따라서 공안의 성격이 얼마나 달라지는가 하는 사실을 이 삼서근 공안처럼 명명백백하게 보여주는 사례도 찾아보기 어려울 것이다. '삼서근'같은 공안이 문제는 문제다. 삼서근은 공안의 성립기연에 대한 해설이 있는지 없는지 확신이

안선다. 벽암록이나 무문관에는 해설 없이 법(法)을 묻는 어느 승의 질문에 동산이 단순하게 삼서근이라고 말했다는 기록뿐이다. 그러니 결국 성립기연에 대한 해설이 없는 셈이지만, 전해내려오는 일화가 있다는 주장도 있다.

뜰앞의 잣나무 같은 유형의 자기봉쇄형(自己封鎖形) 공안에 속하는 이 삼서근 공안에 성립기연을 알리는 일화가 있다면 어째서 생략했는지 그 의도는 모르겠으나, 어쨋든 성립기연에 대한 해설이 따라붙고 안따라붙고에 의하여 공안의 성질이나 위상이 완전히 바뀐다고 장담할 수 있는 경우가 이 삼서근(마삼근)이다.

삼서근에서처럼 공안을 보는 사람에 따라서는, 성립기연의 해설이 있는 것과 없는 것이 하늘과 땅 차이로 달라서 사람을 녹이기도 하고 살리기도 한다. 그러니 어떻게 공안성립의 기연을 논하지 않겠는가. 벽암록이나 무문관에도 공안성립의 기연에 대한 해설이 거의 없고 있다해도 압축되어 있어 유감(?)이 이만저만 아니다.

§ 빼도 박도 못하는 수가 있다

생각컨데, 삼서근 공안만 하더라도 공안성립의 내력도 모르는채 근본적으로 일어나는 의심도 없이 단순히 '왜마삼근고?' 만으로 밀어붙여 조사의 뜻을 간파(看破)한 사람이 있다면, 물론 있겠지만, 그 재주는 대단하다 할 만하다.

하지만 근본적으로 일어나는 의심 없이, "어째서-----했을까?" 혹은 "왜-----했을까?"로 시작해야 하는 화두는 위험하다. 근본적인 의심이 없는 화두는 성공을 장담할 수 없기 때문이다. 하던 공부를 다음 생애(生涯)에도 계속해서 끝장을 내겠다는 각오라면 모르겠다.

그러나 화두선이란 본시 일생을 걸고 착수하는 것이라 해도 몇십년 지속되는 수행에도 끝이 보이지 않는다면 환장하게된다. 미끄러지기만 하고 이것이 진보가 있는지 없는지 도무지 분간이 서지 않아서 환장할 지경이라면 문제는 심각해진다. 빼도 박도 못하는 것이다.

§ **법칙도 법이다**

그러나, 다음에 나오는 삼서근의 일화(逸話)에서처럼 공안의 성립기연에 눈 밝을 수 있다면 화두를 자주 떠올릴 필요도 없이 사무치는 길이 저절로 열린다. 무문관이나 벽암록에는 기록되어 있지 않으나, 입에서 입으로 전해내려온다는 삼서근 공안에 대한 '일화'를 살펴보자.

어느날 동산(洞山)이 저울로 삼을 달고 있었다는 것이야.

그런데 마침 어떤 승이 찾아와서 지극하게 절을 했다는 것이지. 물론 불법을 묻기 위해서였지. 동산은 아무리 삼을 저울로 다는 일이 바빴다 하더라도 잠시 일손을 멈추고 그 승의 절을 받았겠지. 그 승의 절을 받고 난 다음에 동산은 즉시 저울로 삼을 다는 일을 계속했을테고 말이야. 그러자 쉽게 말을 꺼내지 못하고 머뭇거리던 그 승이 입을 열어 은근하게 법을 물었다는 것이지.

"불법이란 무엇입니까?"

이때 동산은 그 승에게 얼굴도 돌리지 않은채 저울의 눈금을 보던 그 자세로 이렇게 답했다는 것이야.

"삼서근."

지금에 와서는 확인해볼 도리가 없어졌지만, 동산이 달고 있었던 그때 그 삼의 무게가 3근이었다는 이야기가 있어. 이 일화가 전해내려오는 믿을만한 일화인지 아니면 후대 사람들의 추측인지 확인해볼 도리는 없지만 이 얼마나 신묘(神妙)한 시나리오인가.

승이 불법(佛法)을 물어왔을 때 저울의 눈금을 보고 있던 동산의 법(法)은 삼이 3근이었던 것이다. 동산은 속일 수도 없고 속여서도 안되며 속일 필요도 없는 당연한 법(法)을 말했을 뿐이다.

하지만 공안으로서의 삼서근이 이런식의 해석으로 끝난다는 뜻은 물론 아니다. 도리어 이러한 근본적인 이해를 바탕으로 삼서근 공안은 자기봉쇄형 공안으로서 함몰을 시작하고 융합 화두로 변신해가는 것이다. 말하자면 삼서근 공안이 봉쇄형 공안으로서 함몰하기 위해서는 전해내려오는 일화의 이해가 필수적이라고 나는 생각한다. 왜냐하면 전해내려오는 일화가 있고, 그 일화라는 것이 이 삼서근 공안에 따라다녀야 마땅하다고 생각될만큼 몹씨 신묘하기 때문이다.

§ 이치를 모르면 의심도 일어나지 않는다

그런데, 이러한 삼서근의 일화(逸話)가 생략되고 승이 와서 법(法)을 물었더니 동산이 '삼서근'이라고 했다는 내용만 무문관이나 벽암록에 기술되어 있다.

삼서근과 얽힌 일화가 지워지고 없으니 이 화두를 보려는 사람은 누구나 무턱대고 "왜삼서근고?" 하고 밀어붙이는데 그런다고 해서 의정이 쉽게 일어나면 몰라도, 문제는 뼈가 닳도록 "왜삼서근고?" 하고 자기자신에게 따지듯이 물어봤자 겨우 의정이 일어나든가 말든가 한다는 눈물겨운 사실이야. 무턱대고 무? 무? 무? 해대며 무자화두 하는 사람들처럼, 무턱대고 왜마삼근고? 라고 자기자신을 몰아붙이기 시작하는 사람들도 죽을 고생을 각오해야 된다.

§ 의정이란 본래 무지막지한 방법으로 일어키는 것이 아니다

본래 공안에 대한 의정은 이런 성질의 것도 아니며 더더욱 이런 무지막지한 방법으로 일으키는 법이 아니다. 요약하면, 어째서---? 혹은 왜---? 따위가 공안선에서 필수적인 것이 아니란 말이다. 단언하건데 "어째서---라고 했을까?" 혹은 "왜---라고 했을까?" 따위는 공안선에서 절대로 필수품이 못된다. 필수품이 아니라 오히려 혹처럼 불필요한 존재인 줄 알아야 한다.

자기봉쇄형 공안의 그 자기봉쇄의 이치를 단숨에 깨닫기가 어려운 까닭에 처음에는 어째서---? 혹은 왜---? 로서 보통 공부를 시작해서 없는 의심을 억지로 끌어 일어키려 애쓰기는 하지만, 이것은 올바른 공안선은 아니다.

§ 삼서근 자체가 의정이다

삼서근만 하더라도 만일 앞에 소개된 일화(逸話)에서 퍼뜩 뭔가 나꿔채면 삼서근을 함몰시키고 융합시키는데 결정적인 도움을 받을 수 있으리라. 그렇지 못하고 왜마삼근고?처럼 옆길로 옆길로 벗어나서 왜마삼근고?를 마음 속에서 속삭이고 있는 동안은 그 삼서근에 함몰작용이 일어나고 융합작용이 일어나기를 기대하기는 조금 어렵다.

즉 스스로 자기봉쇄(自己封鎖)를 단행하는 '삼서근' 그 자체가 뭉치면서 의정이 되어 마음에 박혀야지, 왜삼서근고?를 들고다니며 의정을 따로 일으키려고 하면 안된다는 말이다. 그러기 위해서는 반드시 삼서근 일화에 눈 돌려 볼 필요가 있다는 것이 나의 생각이다.

§ 의심있는 화두와 의심없는 화두는 하늘과 땅의 차이다

삼서근은 앞에서 설명했듯이 전해내려오는 설화인지 막연한 추측인지는 모르지만, 일화(逸話)로서 전해내려온다는 삼서근의 성립기연에 의하면 저절로 의정이 일어나도록 구성되어 있다. 그러나 성립기연으로서의 일화를 무시하면, 무작정 왜삼서근고? 로만 밀어붙이며 시작해야 할 판이니 이 어찌 고생문이 훤히 열린다고 하지 않겠는가. 처음부터 없는 의정을 끌어 일으켜야 하기 때문이다.

전해내려온다는 일화(逸話)에 나오는 성립기연이 사실이라면, 삼서근은 더 이상의 사량분별이 개입할 겨를도 없이 막바로 '삼서근'이라는 3개의 말 그 자체가 무너지면서 하나로 뭉쳐 의정이 되면서 그대로 마음 속으로 꽂힐 가능성이 농후하다. 그러나 벽암록이나 무문관에는 삼서근 성립기연에 대한 그 일화(逸話)가 빠져있으니 어찌하랴!

§ 의심없는 화두는 천만리를 돌아가는 것과 같다

공안성립의 기연에 대한 해설이 잘려져나감으로서 진짜 화두가 되지 못하고 "어째서---?" 혹은 "왜---?"와 같은 의문형 어법(語法)으로 화두를 짓게되니 천만리 밖에서 빙빙 돌기만하는 형국인데 거기에다 공부에 성공한다는 기약조차 없다. 공부성공의 기약은커녕 진의돈발(진짜의심이 일어남)을 획득하게 된다는 보장마져 기약되어 있지 않으니 어찌 하겠는가. 의심 없는 화두선은 천만리를 돌아서라도 가겠다는 저의(底意)에 다름 아니다.

간화선에서 의심이 있고 없고는 하늘과 땅만큼의 차이로서 전혀 다른 차원(次元)에서 진행되는 수행임을 알아야 한다. "어째서---?"나 "왜---?"가 필요 없는 화두를 골라야 한다. 조실스님에게 의존하는 경우에도 각별한 지도를 받아야 한다.

31. 화두의 안내를 받아 마음은 적멸해 간다

§ 대적광삼매를 잡으려 하는가

화두를 보고 이것이다 싶으면 그것이 궁절(窮絶)의 시작인 줄 알아야 한다. 궁절이란 갈데까지 가다가 마침내 끊어져 다함을 뜻한다.

'되는'화두는 처음 보는 순간 궁절이 시작된다고 알아야 한다. 그런 화두를 골라서 화두선을 시작해야지 아무런 맛도 없는 화두를 잡고 억지로 의심이란 놈을 일으키려고 애쓰면 고생문이 훤히 열리는 것이라고 말했다.

화두는 조사스님들의 대적삼매(大寂三昧)에서 나온 것이므로 보기만 하면 궁절하고 적멸해가서 절대로 잡을 수도 없게끔 되어있다. 적멸도 적멸하는 대적삼매를 잡으려 하는가. 이치가 이러함을 깨닫게 되면 화두를 잡으려는 무모한 수작은 처음부터 시도하지도 않을 것이다.

§ 화두의 낙처 = 안심입명처(安心立命處) = 귀의처

화두선을 하면서 사무친다는 말을 하는데 이것도 화두가 궁절하고 적멸해감을 의미하며, 이것은 또한 궁절하고 적멸하는 화두의 안내를 받아서 심의식이 안심입명(安心立命)하고 적멸의 세계로 들어감을 의미한다.

유리창을 가린 커튼을 열어젖히듯 마음이 화두를 잡고 별난 깨달음의 세계의 문을 확 열어젖히고 들어간다고 상상하면 엉뚱한 오해일 뿐이다. 이와같이 마음이란 엉뚱한 상상이나 곧잘 하는 멍청하기 짝이없는 당나귀같은 존재다. 이 당나귀같은 존재인 마음을 타이르고 안심입명하게 해서 마땅히 귀의(歸依)해야할 대적광삼매로 인도하는 일을 화두는 행한다. 화두는 대적광삼매(大寂光三昧)에서 나온 말씀이요, 대적광삼매 그자체이기 때문이다.

화두가 궁절하지 아니한 상태 즉 문자(文字)로서의 화두를 참구하는 과정에서 화두는 붕괴하고 변신하여 심층의식으로의 잠행에 들어가서 마침내 당연한 귀결처에 떨어진다.

즉 <화두의 붕괴---변신---잠행---귀결>의 과정을 거치면서 화두가 궁절하니 마음이 따라서 궁절하고 화두가 적멸하니 마음이 따라서 적멸한다.

§ 수산죽비

예를 들어서 무문관 43칙의 수산죽비(首山竹篦)를 보자. 수산성념이 죽비를 들어 대중에게 보이면서 말했다.

"그대들이 만약 이것을 죽비(竹篦)라고 부르면 집착이요, 죽비라고 부르지 않으면 반칙(反則)이다. 얼른 말하라. 무어라고 불러야 하는가."

죽비란 선방(禪房)에서 신호를 보내는 도구인데 손바닥에 치면 딱 하는 소리가 난다. 이 소리로 선정에 들기도 하고 깨기도 한다. 선방에서는 묵언(默言)을 엄수해야 하므로 이 죽비가 아니면 북 종 목탁 등으로 신호를 보낸다.

죽비라고 부르면 집착이라는 뜻은 죽비라는 말이 그 물건의 가명(假名)이기 때문이요, 죽비라고 부르지 않으면 반칙(反則)이라는 뜻은 선방에서는 그 물건을 죽비라고 부르기로 약속했기 때문이다. 인간세상에 이름이란 이름은 한결같이 가명이다. 어떤 사물이나 현상을 그렇게 부르기로 약속을 하고 모두들 그렇게 부르고 있을 뿐이다.

§ 단멸공이 아니다

선(禪)에서는 조금이라도 입을 열면 불법에 어긋나고, 입을 열지 않고 묵묵해도 어긋난다. 어느 쪽이든 어긋난다고 하니 사람 환장한다. 여기에 무슨 빈틈이나 출구(出口)나 탈출구(脫

出口)같은 것이라도 남아 있는가. 남아있는 듯이 느껴지는가. 여기에 무슨 뒷맛이라도 남아 있는가. 여기에 무슨 여운이나 메아리가 남아 있는가. 도데채 여기에 무엇이라도 남아 있기는 있는가. 수산죽비 공안은 수산성념의 입에서 떨어지는 순간에 대번에 적멸해가고 말아 찾아볼 재주가 없다. 아무것도 남아 있지 않다.

그러나 아무것도 남아있지 않다 하여 단멸공(斷滅空) 혹은 무기공(無記空)에 빠진 것이 아니란 말이다. 이 사실에 착안(着眼)하지 못하면 곤란해진다.

§ 열음과 닫음 사이의 동시=의정

열자말자 닫은 것이니 영원히 닫힌 것이요 영원히 끊어진 것이다.

"그대들이 이것을 죽비라고 부르면 집착이요"까지는 열음(개 : 開)이고, "죽비라고 부르지 않으면 반칙이다"는 닫음(폐 : 閉)이다. 열자말자 닫았으니 열음과 닫음이 동시에 이루어지면서 공안은 찰나간에 적멸하고 말았다.

<이 찰나간에 적멸한 공안>이 바로 <의정>이다. 전광석화(電光石火)처럼 눈 깜박하는 사이에 끝나고 말았다. <이 전광석화처럼 눈 깜박하는 사이에 끝난 것>이 바로 <의정>이다.

수산죽비는 열음(開)과 닫음(閉)이 동시였다. <이 열음과 닫음 사이의 동시>가 바로 <의정>이다. 의정이란 이런 것이다.

<의정 = 열음과 닫음 사이의 동시>이므로 <의정>에는 시간과 공간 따위는 없다.

이와같은 의정을 지금까지 무어라고 설명해왔던가.

<이것을 죽비라고 부르면 집착이요 죽비라고 부르지 않으면 반칙이다> 하는 이 28개의 언어가 순식간에 무너지고 녹아 뭉친 것이 <의정>이라고 길게길게 설명하였던 것이다.

§ 역회전과 무한속도

만일 눈치 빠르기가 번개같은 사람이 혹시나 있다면 따라잡았을 수도 있다. 즉시 따라잡아 즉시 적멸의 세계로 안내받으면서 언하대오(言下大悟) 즉 말 끝나자마자 대오(大悟)하는 경우이다. 하지만 거의 대부분의 사람들은 애석하게도 도저히 적멸하는 화두의 무한속도(無限速度)를 따라잡는 일이 가능하지 못하므로, 적멸해간 공안의 흔적 같은 것이나 더듬으며 오랜 세월을 두고 천신만고를 겪는다.

어떻게 자동차의 가속기 밟듯이 순간적으로 폭발적인 속도를 내어 따라붙지 못한다. 지어온 업장(業障)이 태산(泰山)과 같아서 태산처럼 무거워진 마음이 아득하게 가라앉아 있기 때문이다. 바다처럼 무거워진 마음이 침몰하며 꾸벅꾸벅 졸고 있는 상태에서 무한속도로 적멸하는 공안을 따라잡는다는 일이 불가능하기 때문이다. 오랜 시간을 화두에 잡혀있어야 하고 오랜 시간을 화두에 매달려 있어야 한다. 선(禪)은 기민성(機敏性)을 기르는 훈련이라고 하는 까닭이 여기에 있다.

§ 융합화두에 의하여 끊기는 심층심리는 아득히 깊다

화두는 융합화두가 되어 마음속 깊이 잠겨들어가서 마음을 끊는데, 너무나 깊은 곳에서 끊어버리기 때문에 마음의 입장에서 보면 융합화두가 마음을 끊었는지 아닌지를 분간하지 못할 정도로 극미세(極微細)하다.

융합화두가 마음을 끊되 아득히 깊은 곳에서 끊어버리므로 깨달아도 깨달은 흔적이 남지 않고, 마음이 적멸해도 적멸한 흔적이 남지 않는다. 융합화두는 하늘도 눈치채지 못하는 사이에 마음을 통과하고 사라진다. 마음의 적멸이란 이런 것이다. 화두가 심층심리를 끊는 작업은 진실로 깊고깊어 나도 모르고 하늘도 모르는 지극한 비밀에 속한다. 이 지극한 비밀에 의하여 마음이 끊겨져나가고 끊겨져나간 마음이 소리소문 없이 환화(幻化)로 얼굴을 바꾸는 현상이 마음의 적멸이다. 이것은 야경꾼이 어느 순간에 밤도둑으로 변하는 소식이다.

화두의 낙처는 마음의 귀의처인데, 이 귀의라는 말을 적멸이라는 표현으로 바꾸어보았다.

즉 <화두의 낙처 = 마음의 귀의처 = 마음의 적멸처>이다.

32. 원효대사와 제9식(第九識)

§ 유식철학과 섭대승론

(1). 구사철학(俱舍哲學)은 마음을 안식(眼識보는것) 이식(耳識듣는것) 비식(鼻識냄새맡는것) 설식(舌識맛보는것) 신식(身識몸으로 느끼는것) 의식(意識생각,관념)의 6종으로 분류한다.

(2). 유식철학(唯識哲學)은 구사철학의 6종의 식(識) 이외에

제7말나식과 제8아뢰야식의 존재를 인정하여 8종의 식(識)으로 분류한다.

(3). 섭대승론(攝大乘論)과 능가경 등에서는 8종의 식(識) 이외에 진여식(眞如識)의 존재를 인정하여 9종의 식(識)으로 분류한다.

§ 백정식(白淨識)과 진여식

원효대사는 금강삼매경론에서 말씀하셨다.

"등각보살은 아직 생멸(生滅)이 있어서 마음의 근원을 다하지 못하였기 때문에 제8아뢰야식에 머물러 있고, 이제 묘각(妙覺)에 도달하면 생멸의 망심(妄心 : 前8식)을 영원히 떠나 결국 본각(本覺)인 한마음의 근원에 돌아가는 까닭에 진여(眞如)인 제9식 가운데의 밝고 깨끗한 데로 들어간다."

금강삼매경론에서 원효대사는 제9진여식을 말하여 섭대승론과 같은 태도를 취하고 있다.

일반적으로 유식철학에서는 여덟 개의 모든 식이 전환(轉換)하여 지혜를 이룬다는 것이 통설이며, 육조대사는 유식학의 일반적인 통설과는 견해를 달리하여 여덟 개의 식을 전환하는 것이 목적이 아니라 여덟 식(識)의 자성(自性)이 본래 청정함을 깨달으면 여덟 식 그대로가 지혜라고 한다.

생각컨데, 육조대사의 여덟 식의 자성이 본래 청정하다 함을 마음의 근원인 제8식의 자성이 공하다는 뜻이라고 볼 수 있다면 원효대사의 제9진여식과 다르지 않다.

그리고 유식학의 일반적인 통설도 대원경지(大圓鏡智) 즉 백정식(白淨識)에 이르러서야 제8아뢰야식의 근본이 완전히 공(空)해진다고 말하고 있으므로, 유식학의 주장과 섭대승론의 주장과 육조대사의 주장이 표현이 조금씩 다를뿐으로 내용은 한결같다는 사실을 능히 알 수 있다.

유식학에서 제8식의 근본이 완전히 공(空)해질 때 대원경지가 현발하여 백정식이 된다 하였는데, 대원경지가 현발하여 백정식이 된다 하여 대원경지와 백정식이 다른 것이 아니고 같은 것으로 말만 다르다고 하였으니, 백정식을 제9식에 배정(配定)하여도 전혀 무리가 없다.

그래서 유식학과 섭대승론의 내용에 다른 점을 찾지 못하게 된다는 말이다.

§ 쇠나무에 꽃핀다

8식이 적멸처(寂滅處)라면 9식은 적멸도 적멸한 경지다. 9식에 이르러서야 일체의 장애가 제거되어 쇠나무에서 새싹이 돋아나고 꽃이 피는 일이 가능해지며, 9식을 열지 못하고 8식에 떨어져 있는 동안에는 쇠나무의 꽃은 불가능하다.

어째서 9식이 열리면 쇠나무에 꽃핀다는 말인가. 의식과 무의식의 간섭이 끊어지므로서 일체의 장애가 소멸하기 때문이다. 장애란 결국 의식과 말나식과 무의식이다. 의식과 말나식과 무의식이 이쪽 언덕이라면, 진여식은 이미 저쪽 언덕이다. 저쪽 언덕에 이르면 이쪽 언덕의 일로 인하여 장애를 받는 일은 없어진다. 이쪽 언덕의 일이 이미 저쪽 언덕을 장애하지 못한다. 그러니 쇠나무에 거침없이 꽃피는 것이다. 의식과 말나식과 아뢰야식, 이 세가지 식(識)이 무량한 공덕의 창고인 9식을 가로막고 있는 장애요 도적이다.

무의식의 선(線)까지는 살아있는 나무에서만 꽃이 핀다는 교육과 그 교육에 의하여 형성되는 관념이라는 정보의 작용으로 반드시 살아있는 나무에서만 꽃이 피도록 되어있고, 역(逆)으로 살아있는 나무에서만 꽃이 피는 것이 우리들의 관념이요 정보다. 이 관념 즉 정보가 의식이고 무의식이다. 동산(東山)이 물 위로 간다거나(동산수상행), 태산이 티끌 속에 들어간다거나, 산위에서 파도가 일고, 바다 속에서 연기가 일어나는 등의 정보는 우리 인간들의 정보창고(무의식)에는 포함되어 있지 않다.

§ 정보(情報)의 영향권에서 벗어나라

하지만 무량한 정보의 창고인 무의식의 벽을 무너뜨리고 무의식의 벽을 넘어서면 어떠한 정보로부터의 영향권에서도 벗어나므로 무엇보다도 우선 언어(말)라는 정보의 속박에서 풀려난다. 언어라는 정보의 속박에서 풀려나는 까닭에 동산이 물 위로 간다는 등의 말에 걸려 넘어지지 않게 되는 불가사의를 체득 하지만, 언어라는 관념의 정보에서 정확하게 벗어나면 동산이 물 위로 가지 않는다는 현상(現狀)적인 정보의 속박에서도 벗어나므로 실제로 동산이 물 위로 가는 불가사력(不可思力)을 체득하는 경우도 있을 수 있다.

하지만, 우주가 무너져 티끌 되는 형편에 설혹 동산(東山) 따위가 물 위로 간다 한들 그런 일이 무슨 의미가 있겠는가. 모기가 태산(泰山)을 짊어지고 날아가고, 개미가 바다를 물고 간다 하더라도 그런 일이 무슨 의미가 있겠는가.

무의식의 벽, 정보의 벽을 넘어서면 일체의 관념 및 일체의 사상(事象)과 이어진 실오라기가 뚝 끊어짐과 같다.

관념의 창고 즉 정보의 창고는 함장식(含藏識) 이숙식(異熟識) 종자식(種子識) 아다나식 무몰식(無沒識) 아뢰야식 등의 다양한 이름을 가지고 있는 무의식이다. 이 정보의 창고로서의 무의식의 벽을 넘어서 제9진여식(眞如識)에 도달해야 비로소 무량겁을 통하여 저장된 무량한 정보의 영향권에서 벗어나서 자유자재해진다.

적멸도 적멸하는 9식의 설정(設定)은 불가피하다. 이 9식은 진여 반야 보리 진공묘유 필경공 비밀금강체 불성 등으로 불린다. 화두가 마침내 돌아가는 곳 즉 화두의 낙처(落處)는 9식이다.

33. 남방화주(南方化主) 대원본존(大願本尊) 지장보살(地藏菩薩)

남방화주 대원본존 지장보살님께 귀의 합니다.

§ 새벽아침에 정(定)에 드신다

지장보살은 이 남염부제 일체중생의 제도를 맡으신 크나큰 어른이시다. 지장십륜경(地藏十輪經) 서품에 이런 말씀이 나온다.

"지장보살은 나날이 항상 새벽아침에 모든 유정(有情 : 마음 있는 중생)들을 성숙시키고 무궁무진한 정(定)에 드신다. 그리고 그 정(定)에서 일어나시어 시방의 모든 불국토(佛國土)에 몸을 고루 하시면서 일체의 감화된 중생들을 성숙시킨다. ---혹 어느세계에 칼과 병(兵)의 겁(劫)이 일어나 모든 유정(有情)들을 해친다면 지장보살은 새벽아침의 모든 정력(定力)으로 그 도병겁(刀兵劫)을 제거하고 모든 유정으로 하여금 서로서로 자애하고 가엾이 여기도록 하신다.---정력(定力)으로서 역병겁(疫病劫)을 없애고 모든 유정이 안락을 얻게 하신다.---모든 정력(定力)으로서 기근겁(饑饉劫)을 없애고 모든 유정에게 배부름을 얻도록 하신다. 지장보살은 모든 정력(定力)으로 이같이 무량무변한 불가사의를 행하여 모든 유정들에게 이익과 안락을 주신다."

§ 지장보살의 이름을 가지기만 하여도

금강삼매경 총지품에 이런 말씀이 나온다.

"-----그때에 서가여래께서 말씀하셨다. 지장보살의 불가사의는 항상 대자대비(大慈大悲)로서 중생의 괴로움을 없앤다. 만약 중생이 있어 지극정성으로 지장경을 가지거나 지극정성으로 지장보살의 이름을 가지기만 하여도 나쁜세계에는 떨어지지 않으며, 일체의 장애와 어려움이 모두 제거되어 없어질 것이다. 만약에 중생이 다른 생각없이 오직 지장경만을 생각하고 이 법대로 닦아 익히면 그때에 지장보살께서 항상 화신(化身)하시어 그를 위해 설법하시고 그 사람을 옹호하시어 잠시라도 버리지 않으시고 그 사람으로 하여금 속히 아누다라삼먁삼보리를 얻게 하신다."

§ 지장보살 그 한 소리가 귀의 촉감을 지나기만 하여도

지장경 견문이익품(見聞利益品)에 이런 말씀이 나온다.

"서가여래께서 관음보살에게 말씀하셨다. 만약 현재와 미래의 중생이 목숨이 끝날 때에 지장보살 이름을 들을 수 있어 그 한 소리가 귀의 촉감을 지나가기만 하여도 이 중생은 지옥 아귀 축생의 세계에는 떨어지지 않을 것이다. -----만약에 중생이 있어 넓고 자비로운 마음을 일으켜 일체중생을 구원하고 제도하고자 하거나, 해탈을 얻고자 하거나, 삼계(三界)를 여의고자 하면 지장보살의 형상을 보거나 이름을 듣고 지극한 마음으로 귀의하거나 향화 의복 보패 음식으로서 공양올리고 우러러 예의를 표하면 원하는 것이 속히 이루어져 길이 장애가 없어진다.-----이 지장보살은 염부제(閻浮提)에 큰 인연이 있어서, 만약에 모든 중생들에게 보고 듣는 이익을 말하면 백천겁을 말해도 다할 수 없다."

§ 출입에 신(神)이 옹호하며

지장경 지신호법품(地神護法品)에 이런 말씀이 나온다.

"-----사람이 만약 지장보살상을 조성하여 그리거나 금 은 동 철로 지장보살 형상을 만들어 향을 태워 공양하며 우러러 예의를 표하고 찬탄하면, 이 사람의 거처(居處)에 곧 열가지 이익이 나타난다. 토지가 살찌고 곡식이 잘되며, 가택(家宅)이 편안하고 번창하며, 먼저 세상을 떠나신 분들이 하늘에 태어나고, 살아있는 사람들의 수명이 늘어나며, 구(求)하는 것이 뜻대로 이루어지며, 수재와 화재가 없으며, 헛되이 소모되고 그늘지는 것이 없어지며, 나쁜 꿈이 끊어지며, 출입에 신(神)이 옹호하며, 성스러운 인연을 많이 만나게 된다."

§ 살생하지 말라

지장경 촉루인천품(囑累人天品)에 이런 말씀이 나온다.

"-----그때에 세존께서 게(偈)를 설하여 말씀하셨다. 현재와 미래의 천상과 인간의 무리를 내가 이제 은근히 그대에게 부탁하고 위촉하니 대신통방편력으로 모두 나쁜 세계에 떨어지게 하지 말라.

이때에 지장보살마하살이 무릎을 꿇어 합장하며 부처님께 여쭈었다. 세존이시여! 오직 원하오니 세존께서는 그것을 걱정하시지 마시옵소서. 미래에 착한 사람들이 부처님 법 가운데에서 한 생각으로 공경만 하여도 저는 또한 백천가지 방편으로 이 사람들을 제도하고 해탈케 하여 태어나고 죽는 속에서 속히 벗어나도록 하겠습니다. 하물며 스스로 모든 착한 일을 듣고, 생각생각에 닦아 행하면 자연히 불도(佛道)에서 영원히 물러나지 않을 것입니다."

한 귀왕(鬼王)이 있어 이름을 주명(主命)이라 하는데 부처님께 말씀드렸다.

"세존이시여! 저의 본업연(本業緣)은 주로 염부제(閻浮提)의 사람 목숨을 주관하는데, 날 때와 죽을 때를 제가 모두 주관합니다. 저로서는 본원(本願)이 크게 이익케 하고자 하는데 그 중생은 스스로가 저의 뜻을 알지 못하고 나고 죽는 데에 있어 함께 편안하지 못합니다.

이 염부제에 남녀를 막론하고 출생하려 할 때에 착하지 않은 일로 사택(舍宅)을 증축하지 말아야 합니다. 그러면 토지신은 한량없이 기뻐하고 산모(産母)와 아기를 옹호하여 큰 안락을 얻도록 하며 권속을 이익되게 합니다. 아기를 낳았을 때에는 조심조심하여 죽이고 해치는 일을 하지 말아야 합니다. 온갖 맛있는 음식을 취하여 산모에게 주고, 널리 친척을 모이게 하여 술을 마시고 고기를 먹으면서 노래하고 악기를 두드리는 것은 아기와 산모를 안락하지 못하게 하는 일입니다. 어째서 그러냐 하면 아기를 낳기 어려울 때에 무수한 악귀(惡鬼)들이 비린내 나는 피를 먹고자 하기 때문입니다. 저는 일찍이 사택신(舍宅神)과 토지신(土地神)들에게 산모와 아기를 보호하여 편안하게 해주도록 말하여 두었습니다. 그러므로 사람들은 이에 감사하고 마땅히 착한 일을 하여 모든 토지신들에게 보답하여야 하는데 오히려 살생(殺生)을 하여 잔치를 베풂으로서 스스로 재앙을 범하여 아기와 산모를 해롭게 합니다.

　또 염부제에서 임종하는 사람의 경우에는 선악(善惡)을 막론하고 저는 그 명이 끝나는 사람이 나쁜 세상에 떨어지지 않게 합니다. 더구나 스스로 착하게 생활하여 저의 힘을 도와주는 사람을 어찌 하겠습니까. 그러나 이 염부제에서 착하게 생활했던 사람도 목숨이 끝날 때에는 역시 무수히 악독한 귀신(鬼神)이 있어서 부모로 변하고 혹은 권속으로 둔갑하여 죽은 사람을 이끌어서 나쁜 세계에 떨어지게 합니다. 하물며 본래부터 악업(惡業)을 지은 사람이야 어떠하겠습니까.

　세존이시여!

　이러한 염부제의 남자나 여자가 임종할 때에는 정신과 의식이 혼미(昏迷)하여서 선과 악을 가리지 못하고 눈과 귀로 보고 듣지 못하므로, 이 죽은 사람의 권속들이 반드시 큰 공양을 베풀고 존중한 경전을 읽으며 불보살의 이름을 생각하면, 이같은 착한 인연이 죽은 사람으로 하여금 모든 악도를 벗어나게 하고 모든 마귀신(魔鬼神)을 흩어지게 합니다.

세존이시여,

일체 중생이 임종할 때에 만약 한 부처의 이름과 한 보살의 이름만 듣거나, 또는 대승경전의 한 구절, 한 게송만 들어도 제가 보기에는 오무간 살생죄와 소소한 악업으로 악도에 떨어지는 사람도 곧 벗어나게 됩니다."

34. 대사면령(大赦免令)은 내려도 놓아주지 않는다

§ 사씨네 집 셋째 아들

불교역사에는 오조법연(五祖法演)이라는 인물이 풀어놓는 사씨(謝氏)네 집안 아들 이야기가 있다. 살펴보자. 오조법연의 간절하신 마음을 알리고 싶은 것이다. 한 스님이 오조법연에게 물었다.

"어떤 것이 부처님입니까?"

"가슴은 드러내고 발은 벗었다."

그 승이 다시 물었다.

"어떤 것이 법(法)입니까?"

"대사면(大赦免)은 내리되 놓아주지 않는다."
그 승이 또다시 물었다.
"어떤 것이 스님입니까?"
"낚싯배 위의 사씨(謝氏)네 집안 셋째 아들이다."
그 승의 불법승(佛法僧) 삼보(三寶)에 대한 질문에 답한 오조법연의 호도알처럼 단단하고 맛있는 말씀이 재미있다. 부처님 집안내력을 물었는데 사씨네 집안소식을 전해오고, 그 사씨네 집안 셋째 아들도 낚싯배 위에서 맨발에 가슴을 드러낸 채로 낚시질이나 하는 오도가도 못하는 신세라는, 이렇게 고도의 문학성과 해학성(諧謔性)마져 띄고 등장하는 조사스님의 말씀은 전등록이든 어디에서든 찾기 힘들다.

§ 해탈의 흔적은 남지 않는다

대사면령이란 해탈이다. 이 이야기는 해탈을 해도 해탈의 흔적이 전혀 남지 아니함을 알려오고 있다. 대사면은 내려도 풀어주지 않는다는 말이 그뜻이다. 그렇다면 어째서 해탈해도 해탈의 흔적이 남지 않는가. 그리고 반드시 그 흔적이란 것이 남으면 안되는가.

마음이란 유식철학에 의하면 8식까지다. 융합화두는 8식을 넘어 마음이 아닌 9식에 떨어진다. 이와같이 융합화두(融合話頭)가 8식을 넘어 마음이 아닌 9식으로 들어가면 마음인 8식까지는, 마음이 아닌 9식과 만나는 융멸화두(融滅話頭)의 소식을 알아낼 재주가 없는 것이다. 이러한 까닭에 융합화두가 마음을 끊어도 끊은 흔적이 남지 않고, 마음이 끊어져 해탈해도 해탈의 흔적이 남지 않는 법이다. 해탈을 해도 해탈의 흔적이 남지

34. 대사면령(大赦免令)은 내려도 놓아주지 않는다

않으므로 대사면은 내려도 놓아주지 않는다고 말하는 것이다.

§ 남아있는 흔적은 다하지 못한 마음이다

만일 해탈의 흔적이 남아 있다면 그것은 아직도 다하지 아니한 마음이 남아 있다는 뜻이다. 이는 마음이 갈 때까지 간 것이 아니므로 구경각(究竟覺)이 아니고 따라서 깨달음이 아니다. 즉 융합화두가 8식(무의식)에 걸려 있음을 의미한다. 8식은 메마른 적멸의 세계이기 때문에 융합화두가 여기에 걸려 있으면 일견 깨달은 듯도 할 것이다. 그러면서도 가슴속이 끝까지 시원하지 않아서 무엇인가가 희미하게 남아 있는데, 그 희미한 물건을 이러지도 못하고 저러지도 못한다. 이것은 해탈이 아니다.

§ 나도 모르는 사이에 마음뿌리는 끊긴다

해탈하면 이것이 해탈이라고 알면서도 결코 해탈의 흔적은 남지 않는다. 마음의 뿌리가 그토록 깊고, 그토록 깊은 마음의 뿌리를 융합화두가 하늘도 모르는 사이에 끊어버리기 때문이다. 이와같이 융합화두가 하늘도 귀신도 모르게 끊어버리는 마음의 그 지점을 '나'라고 하더라도 어떻게 알겠는가. 나도 모르는 사이에 내 마음의 뿌리가 끊겨져나가는 것이다. 당연히 깨달음의 흔적은 남지 않는다. '나'라는 자의식은 8식까지이다.

대사면은 내리되 놓아주지 않는다는 말은 바로 이 나도 모르는 사이에 마음뿌리가 끊긴다는 사실에서 나온다. 나도 모르는 사이에 마음뿌리가 끊겨서 깨달았다는 흔적이 남지 않는 까닭에 대사면이 내려도 풀려나지 못하며, 어느 집안의 오갈 데 없는 그만그만한 자식놈 신세를 면해볼 수가 없는 것이다.

§ 가슴은 드러내고 발은 벗었다

부처가 무엇이냐고 물은데 대한 답이다.

뭐라꼬? 부처를 물었나? 나(너)를 봐라! 입고있는 옷이 헐렁하여 이렇게 가슴이 드러나고 게다가 발은 벗었다. 이모양 이대로가 부처다. 숨긴 것 하나 없이 몽땅 드러난 이대로가 내 전재산이다. 못 믿겠나? 그렇다면, 수상한 데가 있다고 생각되면 너 마음데로 뒤져보고 찾아봐라. 나는 숨기지 않는다.

§ 대사면을 내리되 놓아주지 않는다

법이란 무엇이냐고 물은데 대한 답이다.

뭐라꼬? 법을 물었나? 다른 것이라면 몰라도 내가 법(法) 하나만은 잘 안다. 법이라면 내가 처해있는 이놈의 법을 그대로 말해주마. 이놈의 법이 어찌된 셈인지 대사면령은 내렸으나 도데채 놓아줄 기미가 보이지 않는구나. 대사면령을 받았으면 당연히 풀려나는 것이 도리가 아니겠느냐 그말이야. 그런데도 전혀 풀려날 것 같지 않아. 사면령이 내리면 풀려나서 오색 꽃구름 정도는 타고 훨훨 날아다녀야지 안 그러냐? 그런데 어찌된 까닭인지 이놈의 사면령은 받아서 풀려나도 오색 꽃구름은 그만두고라도 어디 따로 갈데가 있어야지 갈데가! 갈려고 해도 갈수도 없고 어디 따로 갈만한데도 없구나. 천하에 이런 법이 어디 있느냐.

34. 대사면령(大赦免令)은 내려도 놓아주지 않는다 167

§ 낚싯배 위의 사씨네 셋째 아들이다

스님이란 무엇이냐고 물은데 대한 답이다.

뭐라꼬? 스님이 뭐냐고 물었냐? 그러니까 하는 말이 아니냐. 대사면령은 받았어도 여전히 이놈의 낚싯배 위에서 낚시질이나 하면서 오도가도 못하는 나의 이 처량한 신세를 보아라. 대사면령을 받기 전이나 받은 후나 다른 점이 전혀 없어. 가슴은 이렇게 펄렁하니 드러나고 그것도 맨발로 낚싯배 위에 쭈그리고 앉아서 낚시질이나 하고있는 꼬락서니의, 사씨네 집안 셋째아들 놈 신세를 모면해 볼 방법이 없구나. 사씨네 집안 셋째 아들놈을 모면해 볼 방법이 있어야 말이지. 대사면은 받았어도 이 모양 이 꼴로 꼼짝 못하는 신세는 옛날이나 지금이나 조금도 다르지 않구나. 이뭣고, 으이?

§ 김씨도 좋고 이씨도 좋다

그런데 어째서 사씨네 집안이냐고 그 말이제? 신경 쓰지를 말거라. 김씨도 좋고 최씨도 좋아. 박가놈이라 해도 좋고 김가놈이라 해도 그만이여. '나'라는 물건은 저 무량무수하게 늘려자빠진 김가놈 이가놈 박가놈 최가놈 정가놈 그놈 그놈 가운데 한 놈인거여. 그놈의 이름이 무슨 소용이며 그놈의 누구네 집안 누구네 뼈다구 따위가 무슨 소용인가. 부질없는 수작이여. 다 부질없는 수작들인 거여.

참고로 말해두지만, 여기에 등장하는 사씨네 집안의 셋째 아들이란 현사(玄沙)스님을 뜻한다고 한다. 현사의 속성(俗姓)이 사씨였으며 게다가 셋째 아들이었다는 것이다.
 그리고 하필이면 셋째 아들이냐 말이지? 그것도 신경 쓸 것 없다. 그까짓 것 둘째면 어떻고 셋째면 어떻겠나. 장안(長安)에 즐비하게 늘려자빠진 어느 집안이고 어느 집안구석이고 간에 아들 두서넛 없는 집이 어디 있겠나. 집집마다 흔해빠진 것이 아들이지.

35. 금사탄(金沙灘)의 관세음보살

 "어떤 것이 부처입니까?"
 "금사탄 개울가의 마(馬)씨 부인이로다."
 이것은 임제종 3세인 풍혈(風穴)의 법문이다. 어떤 스님이 묻기를 "어떤 것이 부처입니까?" 하니 풍혈이 "금사탄 개울가의 마씨 부인이다" 했다는 것이다. 물론 <금사탄 개울가의 마씨 부인>은 공안으로서 이 공안이 융합해서 떨어지는 곳을 보아야 풍혈의 마음을 읽을 수 있다. 여기에서는 그 유명한 금사탄의 관세음보살을 알리고자 함이다.
 지금의 중국 협서성에 '금사탄'이라는 유명한 강이 있다. 당나라 정원(貞元 785-804) 때 어디서 어떻게 왔는지는 모르지만 천하일색의 여인(女人)이 이 강(江)가에서 살았다. 벼슬 높고 돈 많은 사내들로부터의 쇄도하는 청혼에 여인은 한가지 조건을 내건다.
 "내 몸은 하나인데 청혼하는 사람은 여럿이니 내 조건을 들어주는 사람에게 시집가겠다" 하면서 '법화경 보문품'을 외우라는 주문을 내걸었다. 법화경 보문품을 하룻밤에 암기한 20명이 그 이튿날 달려왔다. 여인은 금강경을 외우라는 새로운 조건을 추가했다. 그 이튿날 금강경을 암기한 10여명이 달려왔다. 여인은 법화경을 외우라는 조건을 다시 추가했다. 법화경은 분량이 만만치 않는데도 사내들은 기를 쓰고 외워댔다. 마(馬)씨네 집 아들 마랑(馬郞)이 사흘만에 다 외우고 달려와서 법화경을 줄줄 다 외웠다. 여인이 반갑게 말했다.

"내가 참으로 남자를 만났습니다. 좋습니다."

급한 마음에 마랑은 일사천리로 결혼을 했다.

그런데 결혼식이 끝나고 축하객들이 채 헤어지기도 전에, 신방으로 들어간 신부가 갑자기 격렬한 복통(腹痛)을 호소하더니 그대로 숨을 거두는데 놀라운 일은 그 아름답던 여인의 육체에서 금방 진물이 흐르면서 썩기 시작했다는 것이다.

아무리 아름다우면 무엇하나. 죽고 죽어서 썩으니 그만이다. 마랑은 절세미인을 도리없이 관에다 넣어 장사지내고 숨기운으로 며칠을 보냈다. 하루는 스님 한 분이 찾아와서 마랑을 물끄러미 보더니 물었다.

"일전에 처녀가 하나 죽었을텐데, 그 묘소가 어딘가?"

마랑이 묘소로 안내하니 스님이 석장으로 봉분을 탁 치는데 묘가 둘로 갈라지는 것이 아닌가. 두쪽으로 갈라진 묘안에는 며칠전에 묻은 여인이라고는 생각할 수 없을 정도로 살은 다 썩고 남은 누런 황금뼈가 누워 있었다.

금쇄골(金鏁骨)이다. 경에서 말씀하시기를 보살이 죽으면 금쇄골이 된다 하였다. 누우런 금빛 뼈 마디 마디가 고리로 연결된 듯이, 석장으로 머리부분을 추켜드니 발가락 뼈까지 금쇄 울리는 소리를 내면서 끌려 올라왔다. 줄레줄레 같이 따라간 마을 사람들의 입이 딱 벌어졌다. 그때 스님이 말했다.

"너희들은 알겠느냐?"

"모르겠습니다."

"그 처녀가 관세음보살이시다. 이곳 협서성 사람들의 믿음이 없어서 너희들을 제도하기 위하여 관음보살이 처녀의 몸으로 오셨다 가신 것이다."

말을 마치고 스님은 허공으로 날아가버렸다.

이것이 유명한 금사탄두마랑부(金沙灘頭馬郞婦)이니 금사탄 개울가의 마씨 부인이라는 뜻으로 널리 알려진 중국의 고사(古事)다.

'금사탄두마랑부'라는 이야기는 보통 사람들의 입에서 나온 말이 아니고 선종의 가장 큰 종파인 임제종의 3세 적손(嫡孫)인 풍혈스님의 말씀이니, 거짓말이라고 단정하면 지옥에 떨어진다는 것이다.

36. 호유화(胡維華)라는 사람을 아시는가?

청나라 강희(康熙) 때의 일이라 한다. 헌현(獻顯) 땅에 살던 호유화(胡維華)는 반란을 꾀하다가 거사 직전에 발각되어 삼족이 불에 타죽는 참화를 입었다. 그러한 호유화의 아버지 시절에 다음과 같은 사연이 있었다.

36. 호유화(胡維華)라는 사람을 아시는가?

호유화의 집안은 이름난 부호였는데 인색하지는 않았고 남을 돕기를 좋아했다. 남에게 흠잡힐만한 처사를 하는 일이 없는 마음 너그러운 큰 부자였다. 그러나 한가지 남이 알지 못하는 가운데 극악한 죄를 범했다.

호(胡)의 이웃마을에 위로 큰딸과 아래로 어린 아들 셋을 거느린 장월평(張月坪)이라는 선비가 있었다. 이 딸이 용모가 수려하기로 소문이 자자해 국색(國色)이라는 평을 들을 정도였다.

사람 무던한 호영감도 장월평의 딸에 대해서만은 일어나는 음욕(淫慾)을 억제하기가 어려웠던 것이다. 이 장월평의 딸을 생각하면 일어나는 음욕이 호영감으로 하여금 무시무시한 죄를 저지르게 만들었다.

호영감은 원대한 계획을 세웠다. 우선 장월평에게 은혜를 베풀기로 하고, 장(張)을 스승으로 모셔다가 자기 집에서 글을 가르치도록 주선했다. 장에 대한 호의 대우는 극진했다.

그런데 장월평은 그의 부모가 요동에서 죽은 뒤로 그때까지 부모의 유해를 고향에 모시지 못해 늘 슬퍼하고 있었다. 이 사실을 안 호영감은 장의 부모의 유해를 모셔오도록 하였고 장지까지 마련해주었다.

장월평의 부모를 모신 장지 옆에는 작은 밭 하나가 있었는데, 웬일인지 장의 부모를 모신 뒤로는 그 밭에서 크고 작은 사건이 자주 발생했다. 그러던 어느날 그 밭에서 시체 한 구가 발견되었다. 죽은 사람의 신원을 알아본즉 평소에 장월평과 원한이 있던 사람이었다. 우선 장이 용의자로 체포되어 감옥에 갇히고 문초를 당했다. 이에 호영감이 백방으로 손을 써서 장이 무사히 풀려나도록 해주었다.
 두 번씩이나 큰 은혜를 입은 장과 그 가족들은 호를 신처럼 우러러보게 되었다.
 이러한 어느날 끔찍한 사건이 발생했으니, 장의 부인이 딸을 데리고 친정에 간 사이에 장월평과 어린 아들 셋이 불에 타죽은 것이었다. 불이 나자 장월평은 깜짝 놀라 어린 것들을 데리고 문 밖으로 나오려 했으나 문이 밖으로 잠겨있어 그만 빠져나오지 못했던 것이다.
 이는 호의 계획적인 방화(放火)였으나, 호는 크게 놀라며 슬퍼하는 모습을 보였다. 어찌 되었던 호의 주선으로 장의 장례가 훌륭하게 치뤄졌다. 호는 두 모녀를 위로하고 성심껏 돌보아 각별한 신경을 썼다.
 그뒤로 장의 딸에게 중매가 들어오기 시작했다. 장의 아내도 꼭꼭 호에게 상의를 했다. 그때마다 호는,
 "나이도 그리 많지 않으니 서두르지 마시고 매파의 말에 속지 마세요"
 하면서 은근히 방해를 하곤 했다.
 그러던 어느날 호는 드디어 본색을 드러내어 자기에게 딸을 주면 남부럽지 않게 호강을 시키겠다고 조용히 타이르듯 장의 부인의 의중을 타진해왔다.
 장의 부인은 어이가 없었지만 거절할만한 용기도 나지 않아 승낙을 하고 말았다. 그 말을 전해들은 딸은 펄쩍 뛰었다. 영리한 딸은 호가 지금까지 베풀어준 은혜와 아버지와 동생들의 죽음에 대하여 의혹을 품었다. 그날밤 딸은 꿈속에서 아버지를 만난다.

"호에게 시집가도록 하여라. 그래야만 이 아버지의 뜻이 이루어진다."

깨어보니 꿈이었으나 아무래도 심상치 않아 딸은 생각에 잠겼다. 하지만 아버지가 현몽까지 해서 시집가라고 할 때는 깊은 뜻이 있으리라는 생각에 결심을 굳혔다.

장월평의 딸은 호영감의 외첩이 된 후로 곧 아이를 낳았는데 그 아들이 호영감의 삼족(三族)을 멸하는 화(禍)를 불러일으킨 호유화(胡維華)이다.

그 호유화가 장월평의 후신(後身)이었는지는 알 수 없는 일이지만 호유화의 어머니는 유화를 낳고 얼마 안되어 세상을 떠났다 한다.

음욕이 불러일으키는 재앙으로서는 가히 상상을 초월하는 사건이다.

37. 함장식(含藏識)의 바다

§ 함장식, 그 무량한 정보(情報)의 바다

잠이 깊이 들어도 공부가 되는 상태 즉, 숙면일여(熟眠一如)의 경지에 들어서서야 비로소 수행이라 할 수 있다. 숙면일여가 안되면 비록 공부를 한다고 애를 써도 고생하는 줄은 알겠으나 헛수고하고 있는 셈이다. 의식의 장난(관념의 함정)에 아득히 속아 넘어간 것을 어찌하랴. 그러니까 은밀히 말하자면,

수행하고는 전혀 관계없는 도로(徒勞)인 셈이다. 시작이 없는 아득한 옛날로부터 더하고 또 더해와서 거대한 바다를 이루고 있는 무의식의 세계는 건드리지도 못하고 있다는 뜻이다.

무의식의 그 머리에 얹힌 하얀 포말(泡沫)이 깔깔대며 박꽃 같은 웃음을 터뜨리는 무량한 파도의 바다요, 태초(太初)와 태초가 뒤섞여 도도(滔滔)하게 넘실대는 거대한 함장식의 바다 말이다. 무량한 정보(情報)의 파도가 아지랑이로 물결치는 환화(幻化)의 바다 말이다. 태초라고 표현했다. 그 이상의 표현도 오히려 부족하다. 이 바다는 소멸하지 않는다.

어째서인가? 어째서 소멸하지 않는다는 말인가?

이 바다에는 무량한 세계의 무량한 시간과 공간이 녹아 들어가 있기 때문이다.

§ 유식철학

유식철학(唯識哲學)에서는 다음과 같이 논한다. 전체로서의 마음을 표층구조(表層構造)에서 심층구조(深層構造)로 또는 심층구조에서 표층구조로 관찰해도 마찬가지이겠지만 다층구조(多層構造)를 가진 것으로 이해하여, 마음이 심층에서 표층을 향하여 능동적으로 작용한다고 설한다. 그리하여 마음을 나누니 여덟 개의 식(識)이 된다.

§ 전(前) 5식

먼저 전5식(前五識)이라하여, 눈으로 보고, 귀로 듣고, 코로 냄새맡고, 혀로 맛보고, 몸으로 느끼는 다섯 가지 인식작용을 각각 안식(眼識) 이식(耳識) 비식(鼻識) 설식(舌識) 신식(身識)이라 한다.

다음으로, 제6의식과 제7말나식과 제8아뢰야식을 차례대로 말한다.

§ 6의식

제6의식이다. 마음이 삼계(三界)를 윤회하며 받는 생사와 선악의 인과(因果)는 바로 이 제6의 작용으로 말미암은 것으로, 그 행상(行相 : 작용과 모습)이 전체 여덟 개의 식(識) 중에서 가장 뚜렷하여 쉽게 알 수 있다.

전5식 즉 안식 이식 비식 설식 신식과 동시에 일어나거나 홀로 일어난다. 제6의식은 제7말나식과 제8아뢰야식을 자신의 주체적인 자아(自我)라고 집착한다.

§ 7말나식

제7말나식이다. 의(意)라는 뜻이다.

말나식은 아뢰야식 중의 종자(種子)가 전변(轉變)하여 생긴 것으로, 항상 아뢰야식을 의지하며 아뢰야식을 보고 자신의 주체적인 자아라고 집착하는데, 그러한 성향이 6의식보다 강하여 아견(我見) 아애(我愛) 아치(我癡) 아만(我慢) 등의 번뇌로 덮여있다.

6의식은 7식인 의(意)에 의지하여 파생(派生)하므로 이 두가지를 구별하기 위하여 전자를 의식(意識), 후자를 의(意)라 한다. 심의식(心意識)에서 심(心)은 제8식, 의(意)는 제7식, 식(識)

은 제6식에 해당된다.

§ 8무몰식

제8식이다. 저장(貯藏)이라는 뜻으로 소위 무의식이다. 의식과 말나식은 무시(無始) 이래로 이 제8식을 자신의 주체적인 자아라고 애착한다.

이 제8식의 다른 이름(이명異名)으로 아뢰야식 종자식(種子識) 이숙식(異熟識) 아다나식 (함)장식(藏識) 무몰식(無沒識) 등이 있다. 제8식의 여러 가지 성질에 따라 붙여진 이름이다.

그 의미를 새겨보면 이러하다.

일체를 종자로서 거두어(종자식) 저장하고(함장식) 잃어버리는 법이 없으며(아다나식 : 집지) 소멸하지 않되(무몰식) 다르게 변해서 익는데, 때를 달리해서 익고 종류를 달리해서 익는다(이숙식).

이 가운데에서 아뢰야는 저장을 의미 하므로 (함)장식과 같은 뜻이고, 이숙식은 생성현상(生成現狀)을 설명하고 있으며, 아다나(집지執持)식으로서의 제8식은 부처님의 과보(果報)에 이르러도 존속한다.

제8식은 5변행이라 하여 촉(觸) 작의(作意) 수(受) 상(想) 사(思)의 다섯 가지 정신작용이 있지만 그 행상(작용과 모습)이 지극히 미세하고 미약하여 알기 어렵다.

§ 8무몰식을 다루는 화두선

설명은 전5식에서 시작하여 8식에서 끝났다. 유식학에서 거론하는 8식이 바로 무의식으로 목숨의 뿌리에 해당한다. 그런데 함장식은 지극히 미세하고 미약하여 알기 어려운 관계로 교묘한 기술자라 하였다. 화두선은 이 교묘한 기술자를 잡아내는 보다 교묘한 기술(?)이다.

무몰식(無沒識)은 깊이 잠들어(숙면) 의식과 말나식이 일시적으로 소멸해도 홀로 남아있다. 남아있다기보다 숨어있다. 6의식의 인식범위를 넘어있기 때문이다.

공부가 어느정도의 경지에는 도달했다고 자부하는 사람도 잠이 들면 그 공부란 것이 흔적도 없이 사라진다. 공부가 의식의 범주를 넘어서지 못하여 무의식을 다루어 길들이는 작업에는 착수하지 못하고 있다는 증거이다.

§ 메마른 적멸을 산산조각낸다

의식이라는 번뇌는 거칠다. 하지만, 미세유주라 하여 극히 미세하게 흐르는 번뇌인 무몰식은 알아차리지도 못할 뿐만 아니라 도리어, 이 교묘하기 이를데 없는 도적에게 속아서 해탈의 세계로 잘못 알고마는 경우는 허다하다 하였다. 8무몰식은 메마른 적멸의 세계인데 이 메마른 적멸의 세계를 진정한 적멸로 잘못 알게 되기 때문이다.

그렇다면 메마른 적멸과 진정한 적멸은 무엇이 다른가?

8무몰식의 메마른 적멸은 적멸에 묶여서 꼼짝못하는 죽어있는 적멸이고, 진정한 적멸은 적멸에서 벗어난 살아있는 적멸이다. 8무몰식의 메마른 적멸이 적멸하면 이것이 진정한 적멸이다. 융합화두는 이 메마른 적멸인 무몰식을 뚫어서 메마른 적멸을 산산조각낸다.

§ 숙면일여가 되어야 하는 이유

그런데 잠이 들어도 무몰식은 남아 있으므로 무몰식을 뚫는 융합화두도 남아 있어야 함이 당연하다. 이와같이 숙면일여가 되어야 하는 이유도 간략하게 설명이 된다.

이러한 까닭에, 화두선의 진위여부(眞僞與否)를 밝히는 숙면일여라는 관문(關門)을 높이 세우고 서릿발 같은 화두선의 기치를 내다걸어 공부인이라면 누구에게나 이 관문의 통과여부를 묻게되는데 대답이 여의치 못하면 가차없이 배척당하니, 화두선의 숙면일여는 공부를 점검하는 만세(萬歲)의 수문장이라 할만하다.

깊이 잠든 상태에서는 화두가 없느냐? 숙면에서 화두가 없으면 무의식은 방치되어 있는 것이며, 무의식이 방치되고 있는 한은 화두가 없다. 화두는 무의식에 파고들 때 비로소 융합화두로 돌연변이를 일으켜서 의정이 되기 때문이다. 즉 <융합화두=의정>이라는 등식이 성립한다.

깊이 잠든 상태에서도 화두가 있느냐? 숙면에서 화두가 있으면 무의식이 융합화두에 잡힌 것이다. 무의식이 잡혀들어와 꼼짝달싹 못하게되면 융합화두는 있고, 성성역역한 융합화두, 그 상태가 확정되면 융합화두는 융멸화두가 되면서 영겁(永劫)에 있게된다.

<문자화두---붕괴화두---함몰화두---융합화두---융멸화두>, 화두가 밟는 이러한 변신(變身)의 과정에서, 융합화두가 8무몰식을 깨뜨리는 것과 동시에 융합화두는 융멸화두로 몸을 바꾼다. 이 융멸화두가 9진여식이다.

37. 함장식(含藏識)의 바다

§ 카메라 플래시 같은 무의식의 통신

화두선에서 해결 해야하는 난제(難題) 중의 난제인 무의식, 일상생활에서 무의식이 감지되는 때가 있기는 있는가? 의식은 무의식을 감지 하기 어렵다. 화두선에서 무의식이 화두에 걸려드는 경우에도 그 사실을 아는 것은 의식의 몫이 아니다.

무의식의 작용의 산물(産物)이었다고 느껴지는 경우는 얼마든지 있다. 몇가지 실례를 살펴보자.

순간적으로 엷은 잠이 덮치면서 깜박 졸거나 가뭄에 빗방울 같은 망중한(忙中閑)을 즐기며 일시적으로 멍하니 앉았을 때가 있다.

이때 문득, 생각하지도 않았던 과거가 퍼뜩 스쳐 지나가거나, 고심(苦心)에 고심을 거듭해도 풀리지 않아 일단 덮어두었던 문제의 해결책이 불쑥 머리를 쳐들고 나타나거나, 까맣게 잊어버린 약속 같은 것이 홀연히 뇌리에 떠오르거나, 미래의 일을 앞당겨서 보기도 한다. 이런 일은 어떻게 설명해야 하는가. 이러한 현상이 일어나기까지에는 세가지 분명한 선행조건이 있다.

§ 통신의 3가지 전제조건

(1). 이러한 현상이 일어나기 전에 어떠한 이유에서건 어떠한 방식으로건 의식이 무의식에게 필요한 정보를 요구한 사실이 있었다는 것이다.

(2). 육체와 영체(靈體)가 일치하지 못하고 어느 정도 이상으

로 어긋나 있었다는 점이다. 이 두 번째 경우는 영체와 육체가 어긋난 상태로 태어나는 선천적인 영매체질 또는 몸에 병이 있거나 또는 정신적인 고뇌 육체적인 과로 등 어떠한 이유에 의하여서든 영체와 육체의 관계가 느슨해져 딱 들어맞지 못하고 영체와 육체 사이에 간격이 생겼음을 뜻한다. 영체가 육체에서 어느 정도 이탈하면 육체의 장애에서 그만큼 벗어나게 되므로 무의식의 활동은 놀랄만큼 향상된다.

(3). 6의식, 더 정확히 말해서 8무의식 앞의 전(前)7식이 그때 순간적인 소멸을 맞았다는 사실이다. 전(前)7식이 순간적으로 소멸하는 찰나에 거대한 정보의 집합체인 무의식의 세계에 저장되어 있던 정보중의 몇 개가 퍼뜩 떠올라 의식의 요구에 보답할 것은 보답하고 미리 알릴 일이나 사건은 알렸던 것이다.

전(前)7식이 순간적인 죽음을 맞으면서 무의식의 문(門)이 퍼뜩 열렸다 닫혔는데 그 틈을 이용하여 몇 개의 정보가 카메라 플래시처럼 튀어나와 번쩍 스쳐지나간 것이다. 순간적인 소멸을 맞았던 6의식이 살아나면서 8무의식이 보낸 정보를 받아들였을 때는 무의식의 문이 닫힌 후였다.

§ 주재성(主宰性)도 없이

광대무변(廣大無邊)하고 절대적인 힘을 지니고 있는 무의식과 비교하면 의식이란 실로 한심하기 짝이 없는 존재다. 태어나 살아가면서 제도 교육기관과 일반사회생활에서 이루어지는 교육으로 닦여지면 의식은(사람은) 제법 지혜로워 보이고 지성적으로 보이고 제법 의젓해 보일 수도 있다.

하지만, 6의식의 세계 너머에는 놀랍도록 적나라한 함장식의 바다가 방치되어 있다. 아무도 손댈 수 없는 함장식의 바다는 바로 그런 까닭으로 노골적이고 적나라하다.

제도 교육기관에서 가치있는 것으로 여기는 것들 예컨대, 예의 염치 지성 감성 동정심 도덕관념 준법의식 사랑 헌신 신념 소망 문학 철학 더 나아가서 종교정신 같은 것도 정말이지 어이없을 정도로 힘이 미약해서 기껏해야 6의식의 세계나 다스릴 수 있을뿐 8함장식의 세계에는 거의 영향을 미치지 못한다.

전(前)7식이 소멸하여 떨어져 나가면, 종교도 없고 철학도 없고 지성도 감성도 예의도 없으며 신념도 소망도 사랑도 헌신도 문학도 염치도 도덕관념도 없이, 오직 하나 8무의식의 세계가 무량겁(無量劫)의 시간과 공간을 층층이 쌓아올린 채로 대지에 배를 깔고 끊임없이 밀리는 거대한 적운(積雲)처럼 주재성(主宰性)없이 흐르고 또 흐른다.

참선이란 적운과도 같은 이 무의식을 다루는 공부다. 오매일여(寤寐一如)가 그것이다. 잠이 깊이 든 때에도 공부가 되는 것, 그 때가 비로소 무의식을 다루기 시작했음을 알아야 한다. 그 전까지는 공부가 아니다.

38. 은행나무 바리때와 제경행상

해인사 강원의 스님들이 장경각 뒤쪽에 있는 잣나무 숲으로 잣을 따러 갔다. 그런데 잣나무가 워낙 높아서 올라갔다가 다시 내려와서 다른 나무로 올라가려면 힘이 드니까 이 나무에서 저 나무로 건너뛰는 일이 많았다. 이 위험한 공중곡예를 하던 한 스님이 그만 잘못되어 밑으로 떨어져 죽었다는 것이다. 땅 위에는 낙엽이 수북히 쌓여 다치지는 않았다 한다.

 죽은 스님이 속가의 집으로 갔다. 집안에 들어가자 식구들이 모두 머리가 아프다며 드러누웠다. 이상한 생각이 들어 서 있는데, 그 동네 객귀(客鬼)를 물리치는 할머니가 바가지에 김치국밥을 풀어 살살 다가오더니 스님의 머리에 확 끼얹은고는 소리쳤다.

 "네 이놈 객귀야, 어서 나가거라."

 김치국밥 세례를 받고 깜짝 놀란 죽은 스님이 뛰어나오며 외쳤다.

 "에잇 빌어먹을 집구석. 내 생전에 다시는 안온다. 중이 된 몸으로 내가 뭣하러 집에 왔던가? 더군다나 사람 대접을 이렇게 하는 집에."

 그리고는 해인사로 돌아가기 위해 한참을 걸어가다보니 젊은 남녀가 꽃밭에서 노래를 하면서 재미있게 놀고 있었다. 그 중에 한 여자가 다가와서 놀다 가라며 가사자락을 붙잡고 늘어졌다.

 "중이 어떻게 그럴 수 있겠소."

 "에잇, 그놈의 중! 평생 중질이나 해먹어라."

 뿌리치며 돌아서는 그를 보고 여인이 욕을 했다. 욕을 하든 말든 다시 절을 향해 걷는데, 이번에는 길가에 서 있던 예쁘장한 여자가 또 붙잡고 매달렸다. 다시 뿌리치며 오는데 이번에는 선비들이 잡은 노루를 구워 먹으면서 같이 먹자고 붙잡았다. 간신히 선비들을 뿌리치며 해인사에 도착하니 재가 있는지 염불소리가 들려왔다.

그런데 아무래도 그 소리가 이상하여 가까이 다가가서 유심히 들어보았다. 그랬더니 목탁을 두드리는 스님은 목탁을 두드리면서 '은행나무 바리때 은행나무 바리때 뚝딱 뚝딱' 하고 있었고, 요령을 흔드는 스님은 요령을 흔들면서 '제경행상 짤랑 짤랑 제경행상 짤랑 짤랑' 하고 있었다는 것이다.

세상에 참 이상한 염불도 다 한다고 생각하면서 열반당 간 병실로 가보니 자기와 완전히 닮은 스님이 누워있는 것이 아닌가. 그래서 발로 툭 차는 순간 분리되었던 영체와 육체가 합쳐지면서 죽었던 스님은 다시 살아났다.

다시 살아난 스님은 염불하던 친구에게 물어보았다.

"아까 염불했을 때 들으니 너는 은행나무 바리때만 찾았고 너는 제경행상만 찾던데 도대체 그것이 무슨 소리냐?"

그러자 은행나무 바리때를 찾은 친구는 죽은 친구를 위해 염불을 하면서 죽은 친구의 은행나무 바리때를 가질 생각만 했고, 제경행상을 찾던 친구는 죽은 친구를 위해 염불을 하면서 죽은 친구의 제경행상(諸經行相)이라는 책을 가질 생각만 하였다는 것이었다.

선비들이 놀던 장소로 가보니 큰 벌집에서 벌들이 나비와 메뚜기를 잡아다 뜯어먹고 있었고, 고운 여자가 붙잡고늘어지던 곳에는 뱀 한 마리가 또아리를 틀고 있었으며, 젊은 남녀들이 노래하며 놀던 곳에는 비단개구리들이 모여 울고 있었다 한다. 만일 그들의 유혹에 빠졌다면 벌이나 뱀이나 개구리로 태어날뻔 했다는 뜻이다.

이상의 이야기는 염불을 할 때 지성으로 하지 않고 잡념이 있는 상태로 입으로만 하게 되면 영가(靈駕)가 어떻게 알아차리는가를 단적으로 드러내는 사례라 하겠다.

39. 구름 위의 지공화상(誌公和尚)

지공화상은 신통력이 뛰어났다.

양(梁)나라 무제(武帝)는 이상한 행동으로 사람들을 미혹케 한다 하여 지공화상을 잡아서 감옥에 가두었는데, 사람들은 여전히 거리를 자유롭게 다니는 지공화상을 볼 수가 있었다. 옥졸이 감시를 잘못하여 그런가 해서 감옥에 가보면 지공화상은 감옥 안에 그대로 앉아 있었다는 것이다.

크게 놀란 무제는 지공화상을 궁중에 모셔놓고 사과를 했다.

"스님, 감옥에 모실 것이 아니라 대궐에 모셔야 할 어른을 몰라본 죄가 참으로 큽니다. 앞으로 이 대궐에 머무시면서 법문을 베풀어 주셨으면 합니다."

지공화상은 무제의 요청을 받아들여 궁중에 머물렀지만, 그전에 계시던 절에서도 여전히 지공화상이 제자들에게 설법을 했다. 그럴 리가 없다며 가서 알아보니 과연 사실이었다. 이에 양 무제는 크게 발심하여 천자(天子)로서 세상을 다스린 40년 동안 불교를 더없이 융성케 하였다.

지공화상이 타계하실 즈음에 무제가 물었다.

"우리나라가 얼마나 오래 가겠습니까?"

"내 탑이 무너질 때까지---"

지공스님이 돌아가신 뒤에 무제가 몸소 종산(鐘山) 정림사(定林寺)에 가서 탑을 세우고 그 안에 지공의 전신(全身)을 모셨다.

그리고 제사를 지내는데, 지공화상이 구름 위에 서서 내려다보았다는 것이다. 수많은 불교신도들이 직접 눈으로 확인한 역사적 사실이다. 구름 위의 지공화상을 목격한 그때 그 사람들의 환희심이 어떠했겠는가는 짐작이 가고도 남음이 있다.

무제는 그 일을 기념하여 개선사(開善寺)라는 절을 짓고 천하에서 으뜸가는 탑을 세우도록 하였는데 급한 생각에 목탑(木塔)을 세우고 말았다. 목탑이 완성되자 무제는 그제서야 비로소 '아뿔사' 잘못했구나 싶은 생각이 머리를 세차게 후려쳤다.

지공화상이 타계하면서 자신의 탑이 무너질 때 나라가 망한다고 예언했는데, 목조탑이 가면 얼마나 오래 가겠는가, 생각이 여기까지 미치자 무제는 목탑을 헐고 석탑(石塔)으로 바꿔 세우기로 마음을 바꾼다.

목탑을 헐기 시작했을 때 후경(喉剄)이 쳐들어와서 양 무제는 망하고 말았다.

양 무제가 어느 때 지공화상에게 물은 적이 있었다.

"나라에 무슨 어려움이 없겠습니까?"

그러나 지공은 아무런 말 없이 손가락으로 목의 두 곳을 가리키기만 했는데, 그때 무제는 생각하기를 무슨 말씀인가 모가지가 달아나기라도 한다는 뜻인가 하고 의아해 했다.

나중에 후경이 쳐들어오는 위기 상황에 다달아 비로소 무제는 지공의 말을 이해하게 된다. 지공이 손가락으로 목을 두 번

가리켜보인 것은 바로 목 후(喉)자, 목 경(剄)자 즉 모가지라는 이름을 가진 자(者)가 나타나서 양나라를 무너뜨린다는 뜻이었으니 세상만사 정해진 순서를 바꿀 수는 없는 모양이야.

40. 극히 미세한 융합화두가 극히 미세한 목숨뿌리를 끊는다

§ 예컨데 2가지 관념의 함정

무문관38칙의 우과창령(牛過窓櫺)을 다른 각도에서 다시 본다. 오조법연이 말한다.

"소가 창 밖을 지나간다. 머리와 네 다리가 모두 지나갔는데 어째서 꼬리가 지나가지 못하는고?"

우과창령에 대한 다음과 같은 풀이가 있을 수 있는데, 이는 곧 빠지지 말아야 할 관념의 함정이니 주의해야 한다. 사람이 어떻게 관념의 함정에 빠져드는지 살펴보자.

§ 언어에는 항우장사라도 걸려 넘어진다

먼저, 문제시하지 않고 코웃음친다는 견해가 있다.

왜 꼬리가 지나가지 못하는고 하니까 그말에 걸려서 꼼짝을 못하는데, 선(禪)이란 말에 걸리면 해결이 되지 않으므로 일대(一大) 용기를 내어 그런 말들을 걷어차버려야 이해할 수 있다는 뜻이다.

틀린 답은 아니다. 말(관념)을 그야말로 걷어차버릴 수만 있다면, 걷어차서 산산조각낼 수만 있다면 옳은 말이다. 말을 걷어차서 산산조각낼 수만 있다면 오죽이나 통쾌하겠는가. 인간은 언어의 동물이라 상대방의 한마디 말에 울고 웃는 존재다. 상대방의 한마디 말이 가슴속에 오래오래 남아 깊은 영향을 받는 존재가 인간이다.

쉽게 말해서 인간정신은 관념의 덩어리다. 관념의 덩어리가 관념놀이로서 관념을 격파할 수 있을 듯 한가.

따라서 꼬리만 지나가지 못하다니 말도 안되는 수작하지 말라며, 다시는 그런 얼빠진 논설 따위는 풀어놓지 말라며, 큰소리 치고 잊어버렸다 하더라도 나중에 다시 돌아보면 여전히 소꼬리는 지나가지 못하고 있음을 어찌하지는 못하는 법이다.

어째서 꼬리가 지나가지 못하는고? 하는 말 그 자체에는 천하에 없는 항우장사라도 걸려서 넘어지게 되어 있다. 이 말 자체를 격파할 수 있는 사람은 아무도 없다는 뜻이다. 해탈한 사람을 제외하고는.

말이 사람을 얽어매고, 사람이 말에 얽매이고, 말과 사람이 서로 얽어매고 얽매이는 데에는 꼼짝 못한다. 말은 관념의 넝쿨이다. 관념의 넝쿨인 말이 사람을 얽어매는 데에는 속수무책이다. 칡넝쿨이 소나무를 얽어매듯이.

§ 어떻게 해볼 도리 없는 소꼬리

그 다음에, 이런 풀이도 있다.

우물쭈물할 것 없이 즉시 소의 전체로 파악한다는 것이다. 역시 틀린 답은 아니다.

그러나 소의 전체로 파악하여 '지나가지 못하는' 소꼬리까지 즉시 매끈하게 문제에서 빠져나가본다 하더라도 돌아보면 역시 소꼬리는 지나가지 못하고 있음을 어떻게 해 볼 도리는 없는 것이다. 이것이 관념이요, 관념의 함정이다. 이런식으로 공안을 해결했다면 불교는 이미 옛날에 망했을 것이다.

§ 백번 죽었다 깨어나도 소꼬리는 지나가지 못한다

어떤 수작을 시도해도 절대로 소꼬리는 지나가지 못하게 되어있다. 8식까지는 망상이다. 망령된 생각을 가지고 조사스님의 9식에서 나온 공안이 해결될 듯 한가. 별별 궁리를 하고 설사 백번 죽었다 깨어나더라도 소꼬리는 못지나가는 것을 어찌하겠는가.

해결방법은 오직 하나 있다. 이 공안을 따라서 9식까지 들어가는 일이다. 이 방법뿐이다. 그러니 공안을 해석이나 하는 어슬픈 수작을 믿어서도 안되고 더욱이 따라가서도 안된다.

의식은 습관적으로 논리의 사다리를 밟으려한다. 사람이 태어나서 성장하며 받는 교육의 거의 대부분이 논리를 다지는 교육이기 때문이다. 공안(公案)은 이치를 따져서 설명하면 설명하는 동안에는 깨달은 듯도 할 것이다. 그 깨달은 듯함을 화두선에서는 지극히 꺼려하고 멀리한다. 그것은 깨달음이 아니라 사량분별이요 망상이기 때문이다.

§ 절단된 논리의 닫힌 문

깨달은 듯해도 되돌아보면 공안이 여전히 논리를 절단해놓고 사람을 바라보고 있는데에는 당해낼 재간이 있을 수 없다. 사람 환장하게 만든다는 말이 그냥하는 말이 아니다. 어떠한 코웃음이나 용기나 기술이나 논리로도 공안의 '절단된 논리의 닫힌 문'은 뚫지 못하게끔 되어있다.

생각해보라. 우선 언어자체가 논리임을 간과(看過)해서도 안 되겠지만, 논리의 사다리가 끊어진 곳을 무슨 수로 논리가 통과하기를 바라는가. 철로가 끊어진 곳을 기차가 통과하기를 바라는가.

§ 지나가지 못한다면 지나가지 못하는 것인 줄 알아야 한다

그렇다면 공안해결의 방법은 자명(自明)해진다.

모든 것을 버리라는 말이다. 화두가 모든 것을 끊어버리지 않았는가. 화두는 그것만으로도 부족하여 마침내는 명근(命根 : 목숨의 뿌리)까지 내놓기를 요구한다. 화두가 문을 닫기 시작하면 명근(8무의식)은 문을 열기 시작한다. 절단된 논리의 닫힌 문이 목숨의 뿌리를 뚫고지나가기를 요구하기 때문이다.

이 우과창령에서 무어라고 설명하기 고약한 재미를 느끼는 사람을 위해서 말한다. 그 사람은 이 화두를 들면 성공할 가능성이 높다.

오조법연은 중국 불교사에서 극히 뛰어난 인물로 알려져있다. 이 인물이 지나가지 못한다고 하면 지나가지 못하는 것으로 고지식하게 받아들이라는 말이다. 아니 그놈의 영감이 사람을 궁지에 밀어넣어 죽일 작정인가 싶으면 궁지에 빠져죽겠다는 각오가 필요하다. 화두의 궁지에 빠져죽는다 싶을 때 살아날 길이 열리기 때문이다. 화두의 궁지에 빠져죽지 못하면, 죽어서 살아나지 못하면 화두는 풀리지 않는다 했다.

그렇다고 해서 정말로 죽는 것은 아니므로 그 점은 걱정 안 해도 된다. 정신적으로 일대전환이 일어나는 시점(時點)이 반드시 있다는 뜻이다.

§ 혜성(彗星)

그리고 무엇보다도 사람이 화두의 궁지에 빠져들지 않는다는 점을 명심하라. 화두의 궁지에 빠져들어 어떻게 되는 건가 하는 식의 발상은 세상일반의 전혀 엉뚱스런 오해다. 사실은 그와는 정반대 현상이 일어난다. 사람이 화두에 빠져드는 것이 아니고, 화두가 사람의 마음속을 파고들기 때문이다.

'절단된 논리의 닫힌 문'이 신령스럽게 살아나서 마침내는 밤하늘의 혜성(彗星)처럼 일목요연하게 업장 덩어리인 마음을 뚫고 지나간다. 혜성 즉 빗자루 별이 출현하여 아주 명쾌하고 요요(耀耀)하게 관념 덩어리인 마음을 뚫고 지나가면 마음은 성스럽고 신령스런 융합화두라는 혜성에 의하여 깨끗이 정화되어 마치 흑요석과 흡사한 겨울밤하늘 같아진다. 세상 사람들은 혜성을 두려워 하지만 화두는 진실로 좋은 의미에서의 혜성(彗星)인 것이다.

§ 극미세(極微細)한 목숨뿌리에 가서 박히는 극미세(極微細)한 화두

40. 극히 미세한 융합화두가 극히 미세한 목숨뿌리를 끊는다

그대는 돌대가리를 모르시는가.

천하에 다시 없을만큼 융통성 없는 돌대가리가 되어라.

세상 사람들에게는 다 '지나가는 소꼬리'가 나만은 지나가지 못하는 것이다. 누가 뭐라든 나만은 지나가지 못하는 것이며, 지나가지 못하고 꼼짝달싹 못하는 나를 누가 있어 뜯어말리지도 않는다. 소꼬리가 지나가지 못하는 나를 감히 뜯어말릴 사람은 세상에 아무도 없다. 이와같이 조사스님의 말씀에 대한 철석같은 신심(信心)에서 비롯된 수행이라면 불가사의한 문은 반드시 열린다.

"어째서 꼬리가 지나가지 못하는고?" 하는 말 자체가 어느 날 문득 혜성인 듯 불시에 뭉치고 뭉치는 것과 동시에 혜성처럼 상상을 불허(不許)하는 신묘(神妙)함으로 마음속에 깊이 박히기 시작한다.

오조법연이 이 소꼬리를 어째서 지나가지 못하는고? 하고 고의적으로 꼬부려놓았기 때문에 이 꼬리는 절대로 지나가지 못할뿐만 아니라, 시간이 흐를수록 이 <어째서꼬리가지나가지못하는고?>는 오히려 더 꼬부라지다가 마침내는 아예 쪼그라들어서 겨자씨보다 더욱 작아지는데, 이때쯤 찾아보면 겨자씨보다 더 형편없이 작아진 <어째서꼬리가지나가지못하는고?>는 목숨뿌리에 가서 박혀있음을 알아차리게 되는 것이다.

<어째서꼬리가지나가지못하는고?>는 한번 마음속에 걸려들면 안빠질뿐만 아니라 점점더 마음속 깊이 파고들면서 안으로 안으로 꼬부라지기만 하다가 마침내는 제 스스로 완전히 오그라들어 극히 미세한 의정을 이룰즈음엔 극히 미세한 목숨뿌리를 귀신처럼 찾아내어 끊는다.

의정(융합화두)이 지극히 미세해진 연후에야 목숨 최후의 극히 미세한 목숨뿌리를 찾아내어 끊는 일이 가능해진다.

§ 면적도 부피도 없는 화두초점(話頭焦點)

세상에 화두가 쪼그라들어서 만들어지는 융합화두만큼 작은 것은 없을 것이야. 융합화두는 분자보다 더 작고 원자보다 더 작고 전자 양자 등 그 어떤 소립자보다 더 작다니까! 분자 원자 양자 전자 등은 그래도 크기가 있고 형태가 있고, 또한 그 크기라는 것도 상대적인 것이어서 얼마든지 확대될 수 있고 축소될 수 있지만, 융합화두는 크기도 형태도 모양도 없어서 수학에서 정의하는 면적없는 점(點)과 같은 것이라고나 할까. 여러번 이야기한 화두초점(話頭焦點)이 바로 부피도 면적도 없는 초점이지, 굳이 부피나 면적으로 따지자면.

화두가 쪼그라지다가 더 이상 쪼그라질 수 없어서 도달하게 되는 최후의 상태인 화두초점의 이치가 이와같으므로, 화두초점은 소리소문 없이 하늘도 귀신도 모르게 능히 목숨뿌리를 끊어버리는 것이야. 화두초점 맺히는 이런 지극히 신묘하고 비밀스런 현상을 가리켜 융합화두의 심심해저행(深深海底行)이라 칭하지 않았던가.

§ 미세해질수록 또렷해지는 화두

선문(禪門)에서 말하는 의정 또는 의심이란 물건이 바로 화두가 문득 녹아들면서 뭉치고 뭉치면서 심층심리로 파고들어 가물가물하는 상황을 뜻한다. 그러나 가물가물한다 해서 흐려지는 것이 아니고 사실은 더욱 또렷해지는 법이다. 부연하면 화두가 나날이 더 미세해진다는 뜻은 그만큼 더 또렷해진다는 의미이니, 화두선을 처음 시작했을 때의 거칠었던 마음씀과는 비교가 되지 않을 정도로 진보하고 있다는 증거다.

억척스럽게 화두가 가는 곳을 정밀하게 살펴서 놓치지 말라는 것이다.

공부의 이러한 이치는 굳이 비유하자면, 먼 산너머 흰 구름 속에서 번쩍이는 번개와도 같고, 바위 밑을 흐르는 물소리가 젖지 않음과도 같다. 이것이 무공용(無功用)의 공부(저절로 되는 공부)의 시작이다. 듣지 못하였는가.

"재8부동지 보살은 무공용의 지혜로 저절로 살바야(일체지 : 一切智)의 바다로 흘러든다."

라고, 설하신 경(經)의 말씀을 듣지 못하였는가.

§ 숨이 끊어진 때

굉지록(宏智錄)에 이런 말씀이 있다.

"숨이 끊어진 때와 자취가 없어진 곳에서 참으로 바른 안목을 가져야 한다. 거기서 분명하여 가라앉지 않고 신령스러워 마주할 대상이 끊어지면 그때는 천하를 활보하며 자유롭게 행하고 널리 응하리라."

이 말씀에서, 숨이 끊어지고 자취가 없어졌다 함이나, 거기서 분명하여 가라앉지 않고 신령스러워 마주할 대상이 끊어진다 함은, 화두선의 입장에서 보면 불가사의하게 미세해진 화두의 작용으로 불가사의하게 미세한 마음의 뿌리가 철저하게 홀연히 뚝 끊어져 다함을 뜻한다.

41. 카르마의 중력과 수면

§ 카르마는 무의식이다

수면은 카르마(업장 : 業障)라는 중력(重力)의 자성(磁性)에 끌려들어가는 정신작용의 침몰현상이다. 시작함이 없는 아득한 옛날로부터 지어온 무겁고 꺼먼 업(業)이 납덩이와 같은데 강력한 자성을 띠고있어 청량한 정신작용을 흡수한다.

'납덩이와 같은 수면이 덮친다'와 같은 류(類)의 표현을 대하는 것이 처음은 아닐 것이다. 사람들은 그렇게 느끼기도 하겠지만 무의식적으로 그런 종류의 표현을 사용하기도한다. 무의식적으로 사용하는 그 표현이 무의식적인만큼 옳다. 무의식이 자신을 가리켜 납덩이라고 말한다는 뜻이다. 무의식이 꺼먼 납덩이라면 납덩이다.

카르마는 무의식이다.

§ 무의식은 무량한 세계해이다

무의식이란, 무량겁(無量劫) 동안을 무량한 세계해(世界海)를 윤회하면서 체험한 무량한 세계해와 무량겁 바로 그 자체이다. 의식적이든 무의식적이든 일체의 인식작용과 사유작용은 지워지는 법이 없다. 남김없이 저장되어 무의식을 더한다. 의식의세계 일체가 추호의 훼손(毀損) 없이 그대로 무의식으로 남는다는 뜻이다.

그래서 체험하고 생각하는 모든 것을 잃어버리지 않고 그대로 저장(貯藏)한다 하여 무의식을 함장식(含藏識)이라고도 하고, 무의식으로 저장되는 일체의 것이 소멸하지 않는다 하여 무몰식(無沒識)이라고도 한다.

§ 카르마의 부피와 무게

천태학(天台學)에 일념삼천(一念三千)이라는 유명한 말이있다. 한 생각 속에 삼천 가지의 법계(法界)가 들어있다는 것이다. 문득 일어나는 한오라기 생각이라 할지라도 삼천의 세계와 인연지어져 있다는 뜻으로, 이로 미루어 무량한 세계가 그대로 훼손되지 않고 쌓이고 겹쳐있는 것이 무의식인 줄을 능히 짐작할 수 있다.

천태종 내부에는 성악설(性惡說)까지 있다.

부처님이라 할지라도 지옥 아귀 축생 아수라 인간 천인 성문 연각 보살 부처까지의 성품을 모두 지니어서, 비록 행위로서의 악은 단절했지만 성품으로서의 악성은 그대로 지니고 있다는 주장이다. 이와같은 성악설은 화엄종은 물론 천태종 내부에서조차도 거센 비난을 받기도했다. 현실주의적인 사고에 근거한 교리이다.

지장경(地藏經) 말씀에도,

"생각 한번 하는 것, 손가락 하나 움직이는 것, 이 모든 것이 죄 아닌 것이 없다"

하셨으니, 모든 것이 낱낱이 앙상하게 남아있어 무너지지 않음을 뜻하고, 잡아함경에서는 모든것이 공(空)하고 모든것이 머무른다(住) 하여 무너지지 않음을 설하셨고, 남전대장경에서도 일체가 허망하지 않아 무너지지 않고 서로 의지하여 존재한다 하셨다.

§ 삼아승지겁은 무의식이다

연기법(緣起法)은 모든것의 생성원리가 아니고 존재원리로서 전체로서는 나지도 않고 없어지지도 않으며(불생불멸), 늘지도 않고 줄지도 않아서(부증불감) 모든것이 서로 의지(依支)하며 서로 장애하지 않고 존재함을 설한다.

연기법이 이러 하여서 누가 만들 수 있는 것도 아니며 누가 파괴할 수 있는 것도 아니다. 서로 의지하여 존재하며 결코 무너지지 않으매 연기법이며 연기의 세계이니 이는 곧 무의식의 세계이기도 하다.

무의식의 세계가 이러하고 이러하니, 과거 현재 미래의 삼아승지겁을 뭉치면 무의식 하나가 되고, 무의식 하나를 펼치면 과거 현재 미래의 삼아승지겁이 된다. 이와같아서 무의식 즉 카르마(업 : 業)의 부피와 무게를 계산해내는 일은 불가능하다. 허공을 한 입에 빨아들이면 빨아들였지 무의식의 세계에 저장된 정보의 양을 상상하기는 불가능하다. 이 무의식이 거대한 납덩이다. 악마라면 악마가 따로 존재하는 것이 아닌줄 알아야 한다.

삼아승지겁 이전의 아득한 과거 일이라 해도 무의식 속에 철저하게 녹음되어있고 철저하게 사진으로 찍혀있어 펼칠 수만 있다면 펼쳐서 다시 그대로 현재가 된다. 아승지겁 이후의 일도 마찬가지다. 펼칠 수만 있다면 펼쳐서 그대로 현재가 된다. 공간의 덩어리이기도 한 시간의 덩어리가 뽑혀나올 때.

§ 융합화두에 무의식이 끊기면 시간도 공간도 탈출하지 못한다

본래 시간은 없고 일의 앞뒤순서만 있다는 뜻이다. 순서가 시간이 아니라면 무엇이 시간이냐고 묻는 사람도 있으리라.

화두에 의하여 무의식이 끊겨나가면, 너 나 할 것 없이 우주가 한덩이가 되어 뽑혀나오는데, 이 한덩어리는 단일(單一)하여 언제나 동시(同時)요 지금으로서 비록 순서라고 말은 해도 시간이 탈출하여 시간적인 간격이 벌어지는 일은 없다. 한덩어리가 되어 뽑혀나온 공간이 탈출하지 못하기 때문이다.

시간과 공간은 지폐의 앞뒤면처럼 불가분(不可分)의 관계로 이해해야 한다. 공간이 시간이고 시간이 공간이다. 공간을 쭉 늘이면 그것이 시간이고, 공간을 접으면 시간도 소멸한다. 시간을 쭉 늘이면 그것이 공간이고, 시간을 접으면 공간도 소멸한다.

이와같이 무의식이 뽑혀나와 이루어진 단일(單一)이므로 어떤 것도 탈출할 수 없게 되어있다. 시간도 공간도 탈출하지 못한다. 새지 않는 마음 즉 무루심(無漏心)이나 비밀장(秘密藏)이라는 말이 바로 이것을 의미한다. 그래서 공간의 덩어리이기도 한 시간의 덩어리가 뽑혀나올 때라고 표현했다.

§ 이 괴(塊)?

그러나 시간의 덩어리이기도 한 공간의 덩어리를 덩어리로만 이해하면 안된다. 마음이 끊어져서 출현하는 이것은 이미 마음도 아니지만 공간도 시간도 아니다. 마음이 갈 때까지 가다가 끊어져서 출현하는 이 괴(塊 : 덩어리)는 물건도 아니지만 마음도 아니란 뜻이다.

그러나 인간정신으로서의 마음을 영원히 벗어나므로, 비로소 이것은 진정한 마음이라 할 수 있다. 이 진정한 마음이 곧 공이요 진공이요 필경공이요 9식이다.

§ 진공의 세계는 무너지지 않는다

필경공은 무너지지 않는다. 이것이 필경공으로서의 연기법(緣起法)이 무너지지 않는 이유다.

지금 이 순간의 세계 위에 다음 순간의 세계가 지속적으로 겹쳐지고 그리하여 세계해와 세계해가 뒤섞이고 겁(劫)과 겁이 뒤섞이고 세계해와 겁이 뒤섞여서 낱낱이 연기(緣起)하여도 무너지지 않는다. 연기법의 자성이 진공이기 때문이다. 진공의 세계가 어떻게 다시 무너질 수 있겠는가.

어떠한 몸(신체)과 정신을 가지고 어떠한 방식의 삶들을 살아왔든 간에, 세세생생(世世生生) 윤회를 거듭하면서 거쳐온 무진장한 시간과 공간은 무너지지 않는다. 중중첩첩(重重疊疊) 겹치고 쌓여있어 결정코 무너지지 않는 시간과 공간 그 자체가 무의식인 것이다. 무너지지 않는 연기(緣起)의 세계가 무의식인 것이며 무의식의 세계가 이러하며 무의식의 중력이 이러할 것이다.

§ 무의식이라는 '진공의 세계'가 납덩이다

무의식이 납덩이요 중력(重力)이다. 집중력이 오래 지속되지 못하고 권태를 느끼고 하품하며 시간만 있으면 꾸벅꾸벅 존다. 무의식이라는 납덩이의 중력에 빨려들면서 집중력이 파괴되고 정신작용의 함몰(陷沒)이 일어날 때 나타나는 현상이다. 사흘 굶으면 굶었지 천하에 다시 없는 장사라도 사흘 안자고는 못 견딘다.

꿈에 과거의 일을 보는 것은 내가 그 과거일 보기를 원했던 때문이기도 하지만, '과거의일'의 자성(磁性 : 잡아당기는 힘) 때문이다. 과거의 일이 끌어당기니까 불가항력적으로 끌려간 것이다. 내가 이러한 상황에 처해있음은 내가 이러한 상황을 창조한 원인이라 할 수 있지만, 역(逆)으로 인과의법칙에 의하여 내가 이러한 상황에 잡혀든 것이기도 하다.

지장경 말씀에 숙세(宿世)에 지어온 업이 능히 도업(道業 : 수행)을 막는다 하셨다.

하지만 카르마 즉 무의식의 중력권에서 이탈(離脫)하고 수면을 극복한 예는 얼마든지 있다.

§ 무중력과 수면

먼저 수월(水月)스님의 예를 보자.

도(道)를 얻은 이후로 만주의 간도지방으로 가서 농사를 짓고 장작을 패며 오가는 길손들에게 밥을 대접하고 짚신을 제공한 전설적인 일화로 유명한 수월스님은 잠을 자는 일이 없었다고 전해진다. 카르마로부터 이탈(離脫)하여 카르마의 중력을 벗어나면서 무중력(無重力)상태에 접어든 것이다.

카르마의 체성(體性)이 본래 공적(空寂)하여 환화(幻化)와

같은 것임을 깨달았던 것이다. 그분은 사람들에게 천수경(千手經)을 읽어서 숙세에 지어온 업장(業障) 녹이기를 간절히 권하셨다. 그분 자신도 천수경을 무의식적으로 외우다가 천수경삼매에 들어 도를 얻었다. 천수경에는 업장을 녹이는 강력한 염원, 수면을 녹이는 지극한 서원(誓願)이 녹아들어있다. 수월스님 자신이 천수경삼매로부터 일어나 도를 깨치면서 "잠을 쫓았다"고 외친 분이었다.

조사스님들이 걸어가다가 열반하고 서서 열반하고 물구나무 서기를 해서 열반하고 태연히 앉아서 열반하는 모습을 보이심은 그분들이 카르마의 중력, 구체적으로는 지구중력권에서 벗어났음을 의미한다.

§ 지구중력권

등은봉의 도화(倒化 : 거꾸로 서서 열반하는 것)를 보자. 이분이 어느날 제자들이 모인 자리로 가서 고승(高僧)들은 어떤 모습을 하고 열반했는가에 대하여 이야기를 나누었다.

"도를 얻은 사람으로서 앉아서 가는 사람이 많은데 이런것이야 그리 신통할 것도 없고, 서서 갔다면 좀 신기하다 할 수 있을까?"

"그렇습니다. 하지만 삼조 승찬대사께서 큰 나무 밑에 선채로 대적정(大寂靜)에 드셨다는 기록이 있지 않습니까?"

"참 그렇지. 그렇다면 거꾸로 서서 갔다는 사람은 없는가?"

"네. 그런 말은 아직 들어본 적이 없습니다."

"그래. 그렇다면 나는 거꾸로 서서 가야겠다."

말을 마친 등은봉은 즉시 두 손으로 땅을 짚고 두 다리를 공중으로 번쩍 들어올리더니 거꾸로 선채 열반하였다 한다. 더욱 신기한 일로, 제자들이 벌어진 입을 다물지 못한 것은 등은봉의 가사장삼이 조금도 밑으로 흘러내리지 않았다는 점이다.

이야기가 여기에서 끝나지 않는다. 제자들이 장례식을 올리기 위하여 스승의 시신을 아무리 밀고 잡아당겨도 도화(倒化)한 그 자세로 꼿꼿이 서서 꼼짝달싹도 안했다는 것이다. 그도 그럴것이, 등은봉은 지구중력권에서 벗어나 지구를 집어든 자세로 열반했음에도 불구하고, 제자들은 지구중력권에 잡힌채 거꾸로 지구에 붙어 있었기 때문이다.

거울의 영상을 모르는가. 등은봉은 이미 거울속의 사람이었는데 제자들은 지구중력권에 잡혀 무거운 삶을 살아가는 사람들이었다는 뜻이다.

역시 출가하여 승려가 된 여동생이 나와서, 여래(如來)에게 실례가 되고 모든 중생을 놀라게 해서야 되겠느냐고 나무라면서 손끝으로 슬쩍 미니 힘없이 넘어졌다 한다.

업장소멸을 통하여 지구중력권에서 벗어나면 수면은 사라지고, 수면이 사라지면 지구중력권에서 벗어난다.

42. 과연 의심(疑心)이 불덩이처럼 일어나는가.

§ 만길 바다속에 떨어진 융합화두

의심이 불덩이처럼 일어난다는 말은 화두선에서 심심찮게 나타나는 표현이다. 그러나, 그렇지 않다는 사실을 알아야 한다. 바르게 알고 바르게 말해야 한다. 분명히 밝히건데, 의심은 불덩이처럼 일어나지 않는 법이다.

고봉(高峰)의 선요(禪要)에 다음과 같은 내용이 나온다.

"만약 진짜 참선을 하고자 할진대는 만 길 깊은 물 속에 돌맹이 하나를 던진 것과 같이 하여, 꼭대기에서 바닥까지 털끝만한 간격도 없이 내려가게 하라."

고봉화상의 선요의 이 부분을 나의 방식으로 풀이 하겠다.

의정=화두의 붕괴+함몰+융합+융멸

화두선의 의정이란 화두의 붕괴(崩壞)에서부터 융멸(融滅)까지의 전체과정을 의미하는 것이라고 나는 철저하게 밝혔다.

<의정=화두의 붕괴+함몰+융합+융멸>이라는 등식(等式)이 엄연하게 성립한다는 말이다.

화두가 함몰하면서 융합하여 심층심리를 꿰뚫고 나가다가 심층심리가 융합화두(融合話頭)에 의하여 끊어지는 지점(?)에서 융합화두 또한 융멸한다.

심층심리를 통과하는 것은 붕괴화두도 아니고 함몰화두도

아니고 융멸화두도 아니다. 심층심리를 통과하는 것은 화두가 무너져 하나로 뭉치는 융합화두이다. 그러므로 화두선에서의 의정 또는 의심이라는 물건은 융합화두가 되지 않을 수 없다.

화두가 융합하여 심층심리로 잠입(潛入)하는 융합화두가 되면 이미 그 존재는 느끼기도 힘들만큼 지극히 미세해지고 미세해진다. 의심이라는 것이 이런 성질의 것일진데 여기에 무엇이 있어 불덩이가 되어 불덩이처럼 일어나겠는가. 고봉화상의 만길 물 속은 심층심리요, 돌맹이는 융합화두가 되는 셈이다.

§ 울화병과 상기병(上氣病)

그렇다면 흔히 말하는 그 불덩이의 정체를 밝혀보자.

불덩이처럼 일어나는 것이 있다면 그것은 의심이 아니다. 속효심(速效心) 즉 공부를 빨리 완성하려는 마음이 불덩이라면 불덩이다. 조사의뜻을 알아낼 방도는 전혀 보이지 않고, 갈피를 잡지 못하여 이리저리 황황히 헤매고있는 의식이 부글부글 끓고있는 상황을 '불덩이'라고 표현하고 있을 뿐이다.

심화(心火)라는 말을 모르는가. 가슴 속에서 끓어오르는 울화(鬱火)말이다. '이것'은 그야말로 치밀어오른다. 그래서 불덩이처럼 '일어난다'는 표현이 동원된 것이다. 불덩이처럼 일어나는 것이 있다면 의심(疑心)이 아니고 심화(心火)인줄 알아야 한다.

가슴 속에서 끓어오르는 '울화'가 머리로 자리를 옮겨 끓어오르면 이것이 이른바 '상기병(上氣病)'이다. 알겠는가. 마음이 시원하게 확 열리지 못하고, 사방이 꽉 막힌 듯 답답해서 환장할 듯한 상태, 이것이 심화이다.

의심이 불덩이처럼 일어난다고 말하면 그것이 사실은 의심이 아니고 의심과는 아무런 상관도 없을뿐더러 도리어 일종의 병(病)인 심화(心火)인줄 알아야 한다. 말하자면 불덩이 같은 의심은 일종의 병(病)인 셈이다.
　심화를 그런대로 다스린 결과 가슴 속에서만 끓어오르면 '울화'가 된다. '심화'를 '의심'으로 착각한 결과 '이 의심'을 단단히 다지자는 욕심으로 더욱 채찍질하여 눈을 부릅뜨고 헛애를 쓰게되면 머리로 혈액이 과다하게 쏠린다. 이때 '울화'가 따라 올라가 머리에서 불이 붙는데 이것이 상기병(上氣病)이다. 급하게 공부를 성취하려는 속효심(速效心)에서 생기는 병인데, 공부가 본궤도에 오르기만 하면 불덩이는 저절로 모습을 감춘다.
　그러므로 화두선 하는 사람들은 '불덩이같은 의심---운운(云云)'에 속지 말아야 한다. '불덩이 같은 의심---운운'에 속아서 정말로 불덩이 같은 의심을 일으키려고 애쓰면 안된다는 뜻이다. 그렇게 공부를 하다가는 울화병이나 상기병이라는 고약한 선물을 얻게 된다.

§ 융합화두는 모든 병을 치유하는 힘을 가지고 있다
　생각해보라.
　모든 병의 근원은 무의식에 있다. 융합화두는 무의식을 끊는다. 그러므로 무의식을 끊어나가는 융합화두에는 모든 병을 자연적으로 치유하는 위력적인 힘이 실제로 있는 것이다.
　공부가 바르게 되면 그 위력적인 정신작용에 의하여 어떠한 병도 도리어 자연치유(自然治癒) 되는데 없는 병이 생겨날 듯

한가. 올바른 의심이 일어나면 몸과 마음이 가볍기가 새털 같아진다. 그런데 불덩이 즉 심화가 일어날 것 같은가. 울화나 상기병의 증세를 보이는 사람은 자기자신의 공부방식에 잘못이 있음을 자각해야 한다.

화두공부가 익지 않아 뱃속에서 불덩이가 끓어오른다면 도리 없는 일이며 어떤 의미에서는 그런 과정을 겪어봄이 바람직하다 할 수도 있다. 그러나 뱃속이든 가슴속이든 머리속이든 불덩이는 하나의 시행착오 과정으로 끝나야지, 조금도 권할만한 물건이 아님은 물론이다.

문제는, 다른 사람들 말만 듣고 그야말로 의심을 일부러 불덩이처럼 일어켜볼려고 애쓴다면 그 과정에서 공연히 울화병이나 상기병을 얻을 수도 있다는 점이다. 울화이든 상기이든 알아차리면 물리칠 수 있을 것이다.

§ 바위 밑을 흐르는 물소리처럼

'의심'이라는 용어가 적절하다는 생각은 아니지만 '의심'이라 하자. 진정한 의심은 절대로 불이나 불덩이 하고는 상관이 없는 법이다. 진정한 의정은 깊은 바위 밑을 흐르는 물소리 같다. 근대 한국의 고승 방한암선사의 오도송에 이런 구절이 있다.

"---바위 밑을 흐르는 물소리 젖는 일 없음이여."

깊은 바위 밑을 흐르는 물소리는 외부에 들리는 일이 없다는 말로서 깊은 마음에 비유하였는데, 화두가 이와같이 깊고 깊은 마음속으로 잠입(潛入)하면 화두가 있는지 없는지조차 분간하기 힘든 세밀하고 세밀한 경지로 들어가게 된다.

43. 원왕생(願往生) 원왕생(願往生)

§ 번금영

관정스님은 1924년 중국 복건성 보전현 성관진 동대로 140호에서 태어났다. 태어날 때 서쪽 하늘에 금광(金光)이 빛나고 대지가 황금빛을 발하는 이적(異蹟)이 있어서 번금영이라 이름 지었다. 나이 일곱에 복권성 고출사로 출가했고 15살에 허운 노화상을 스승으로 섬겼다. 17살에 관동성 남화사에서 구족계를 받고 강서성 운고산에서 허운 노화상의 정법안장을 계승하여 제49대 전법제자가 되었다. 여러 절 주지를 역임하다가 1980년 복권성 선유현 선회사 주지로 있었는데 12월의 참선수행에서 출정하였을 때 선유현이 진동하여 귀의한 제자가 3000여 명이나 되었다.

1967년 음력 10월 25일 복권성 덕화현 미륵동에서 좌선했을 때 홀연히 관세음보살의 인도를 받아서 자취가 사라지고 서방정토를 체험하고 돌아왔는데 그 시간이 하루를 지난 것처럼 느껴졌다고 한다. 그러나 인간세상에 돌아오니 1973년 4월 8일이었다는 것이다. 인간세상의 시간으로 계산하면 장장 5년 5개월이 소요된 셈이다.

당시 미륵동에서는 좌선하던 스님의 행방불명으로 이미 극락세계에 왕생하신 것이 아닌가 하고 비통해했으나, 관정스님의 육신은 사람들의 눈에 띄지 않은채로 관음보살의 가호를 받아 미륵동에 그대로 머물러 있었던 것이다. 널리 알려졌을

이 이야기를 서방정토를 믿는 사람들은 의심하지 말기를 바랄 뿐이다. 그밖에 무슨 말이 필요하겠는가. 믿는 사람은 믿어서 추호의 의심도 갖지 말라. 다음은 관정스님의 글을 요약한 것임을 밝힌다.

§ 나한동(羅漢洞)

눈앞에 일찍이 본 적이 없는 큰 절이 나타나는데 매우 웅장하고 화려하였다. 절 안으로 들어가서 초목과실이 울창한 뜰을 지나 법당 앞에 도달하니 법당 위에 한문도 영어도 아닌 신기한 형상의 '중천(中天)나한'이라는 글자가 쓰여 있었다. 사람들의 피부색은 다양하였으며 황인종이 제일 많다. 무술을 연마하든, 노래하고 춤을 추든, 정좌양신을 하든 모두들 기쁨에 차 있었다. 법당 앞으로 나아가자 큰 글자 네 개가 보이는데 관음보살은 '대웅보전'이라 설명하신다. 그런데 기이한 점은 법당(法堂)안에 단 한분의 불상(佛像)도 모셔져 있지 않고 공양물만 가득히 쌓여 있었다. 객청에서 머리는 두가닥으로 땋고 녹색 옷에 금대를 맨 동자승이 두잔의 물을 가지고 와서 대접하는데 마시니 몹씨 청량하여 피로함을 느끼지 못하였다.

도솔천으로 가는 도중에도 길은 하얗고 은은한 빛을 발하는 돌로 깔려 있었으며, 기이한 꽃과 풀의 향기가 바람결을 따라 코속으로 스며들었고, 웅장하고 장엄한 금집과 보배탑 등이 모두 빛을 발하고 있었다.

§ 황금빛 다리

눈앞에 중간만 있고 시작도 끝도 없이 허공에 떠있는 금빛의 거대한 다리가 나타난다.

"이 다리를 어떻게 건너야 합니까?"

관음보살께서 말씀하셨다.

"네가 평소에 독송하는 경이 있느냐?"

"묘법연화경과 능엄주를 지니어 독송합니다."

"그럼 그것을 독송하라."

관정이 능엄주 20~30 글자를 독송하니 눈앞에 다리의 시작과 끝이 나타난다. 중천나한교(中天羅漢橋)인 듯 하였다. 다리를 건넌 후에 관정이 여쭈었다.

"어째서 주문을 외워야 다리가 나타납니까?"

"주문을 외우는 순간 너의 업장이 사라지고 너의 자성(自性)이 청정해져서 원래의 일체경계가 나타난 것이다."

관정이 다시 주문을 외우니 다리 아래에서 홀연히 연꽃이 생겨나 관정의 몸을 싣고 날아간다.

§ 사왕천(四王天)의 남천문(南天門)

사천왕(四天王)이 다스리는 사왕천(四王天)은 인간세계 바로 위, 도리천(忉利天) 밑에 위치하는 세계다. 흰색과 은색으로 빛나는 남천문은 북경의 천안문처럼 높았는데 웅장하고 화려한 모습이 대단했다. 이 성안에는 남녀노소(男女老少)가 다 있고 사람들의 복장은 청나라 시대의 복장과 같았으며 문무(文武)의 옷이 각기 특색이 있어서 무장(武將)은 갑옷을 입었다. 그들이 문옆에 정열하여 합장의 예를 갖추고 관음보살과 관정스님을 맞았다. 관음보살은 사왕천에서 한층을 올라가면 도리천인데 그곳이 옥황대제(玉皇大帝)의 처소로서 사방 32천(天)을 관리

한다고 하셨다.

§ 도솔천

이 도솔천에 이르러 관정은 자신을 인도하시는 분이 관음보살이시라는 사실을 알았다. 도솔천에도 남녀노소가 다 있으며 사람들의 복장은 명나라 때의 모습이었다. 도솔천 사람들의 몸집은 3장 정도였다. 이때 관정스님의 크기도 도솔천인과 같이 3장이 되었다 한다. 이윽고 관정은 도솔천 내원(內院)에 들어가서 미륵보살에게 예배드린다. 미륵보살께서 거처하시는 대전(大殿)안의 웅장하고 화려함은 형언할 수 없다. 우리 사바세계에서는 만면에 미소를 띄고 배는 뿔룩 튀어나온 분을 미륵보살로 표현하는데, 감히 상상도 할 수 없는 이 못된 무례(無禮)를 누군가가 저질렀다는 사실을 알아야 한다. 관정이 도솔천 내원에서 예배드린 미륵보살은 한없는 위엄이 서린 모습이었다 한다. 미륵대전(彌勒大殿)의 복도에는 빛나는 홍색가사를 입은 보살들이 자기의 연화좌(蓮花座)에 앉아있거나 혹은 서있었다. 선녀(仙女)가 대접하는 꿀로 만든 과자를 관정은 먹었는데 그 감미로움이 대단했다. 천상(天上)의 사람들은 꿀로서 음식을 삼는데, 이 꿀을 먹으면 병을 물리치고 장수(長壽)를 한다. 미륵보살은 장래에 용화세계에 강림하여 불법을 설하리라는 말씀을 하셨다. 도솔천에서 관정은 목영대사로부터 다음과 같은 말씀을 듣는다. "인간세계로 돌아가면 그들에게 고하라. 계로서 스승을 삼고 옛날과 같이 수행하며 승려제도를 고치지 말라."

§ 서방정토

 관음보살의 재촉하심을 받고 도솔천을 나와 다시 능엄주를 외우니 연꽃이 나타나 관정을 싣고 극락세계로 향하였다. 잠시후 연화가 내려와 닿으니 땅은 금모래요 찬란한 나무들은 높이가 10장이나 되고 잎사귀는 3각 5각 7각형으로 빛을 발하며, 몸에서 찬란한 빛이 나는 새들은 두 개 혹은 여러개의 머리가 있고 일곱색깔의 난간 주위를 자유로이 날면서 아미타불 염불을 하고 있었다. 관음보살께서,

 "아미타경에 말씀하신 7겹 비단 그물과 7줄로 늘어선 나무가 모두 이러한 경계를 말씀하신 것이다."

 하고 말씀하셨다. 아미타불의 몸의 크기는 미국의 110층 빌딩 앞에 선 개미처럼 까마득하게 높았다고 기술되고 있다. 인간세계에서 사왕천 도리천 도솔천 등 보다 수승한 세계로 올라갈수록 사람들의 몸의 크기는 엄청나게 커진다는 사실이다. 층층이 쌓인 연꽃에서 천만가지 빛을 뿜어내는 가운데 아미타불께서 금빛광명 중에 단정히 앉아계셨다. 이때 관음보살은 아미타불의 어깨까지 이르셨고, 관정스님은 아미타불의 배꼽 정도의 높이까지 커졌다고 하는데 이때의 광경은 어떤 말로서도 표현할 수 없다고 관정은 기술하고 있다. 아미타경에 의하면 서방정토는 10만억 국토를 지나야 있는데 시간으로 계산하면 150광년이어서 사람은 도저히 도달할 수 없는 거리이다. 단지 왕생발원에 의해서만 찰나간에 문득 도달한다고 한다.

 관정은 몸집이 커지자 비로소 서방정토의 모습이 한눈에 들어오는데 그때의 정경은 인간으로서는 상상을 초월하는 것이었다. 아미타여래께서 관정의 예배를 받으신 후에 말씀하셨다.

"관세음보살이 너를 이곳으로 데려와 여러 곳을 참관하게 할 것이니 너는 자세히 보고 반드시 인간세계로 돌아가야 한다."

관정이 인간세계로 돌아갈 뜻이 전혀 없어 극락세계에 머물기를 원하였으나, 아미타불께서는 관정이 이미 2겁 전에 극락세계에 왕생했다는 것과 대대로 부모 친척을 제도하여 서방정토에 함께 돌아오기를 서원했으므로 인간세계로 돌아가야 함을 설하셨다. 그때 관정은 2겁 전에 극락세계에 왕생했던 전경이 눈앞에 떠올랐다.

관음보살의 인도를 받아 대문을 나온 관정이 살펴본 회랑 연못 난간 산 땅 등 일체가 칠보(七寶)로 이루어졌고 찬란한 빛을 발하는 모습이 마치 네온사인 같았다 한다. 가장 기이한 점은 형상 있는 물건들이라도 빛이 서로 통과하는 것이었다. 대문 위에는 네 개의 큼직한 금글자가 있는데 관음보살께서 설명하시기를 '대웅보전'으로 읽고 무량수불(無量壽佛)로 해석한다고 하셨다. 금벽으로 휘황찬란한 대전(大殿)은 만명은 족히 들어갈 정도로 웅장하였다. 거기에는 금빛으로 투명한 보살들이 서 있거나 앉아 있었고, 대전 안과 밖을 거닐기도 하는데 크기는 아미타여래에 비하여 왜소하였다. 보살 중에는 대세지 상정진 등 대보살도 계셨다. 이어서 관정은 관음보살의 안내로 서방정토 하품하생(下品下生)에서 상품상생(上品上生)까지의 유람에 나선다. 같은 서방정토라도 하품에서 상품으로 올라갈수록 사람의 몸집은 커진다.

§ **하품연화(下品蓮花)**

하품 연화지(蓮花池)의 이곳저곳은 모두 황금으로 이루어져 은은한 빛을 발하여 투명하기도 하다. 넓은 광장에 13, 14세쯤 되어보이는 여자 아이들이 모여있는데, 이 여자 아이들은 하나같이 머리를 두갈래로 따았고 자주색 꽃을 머리에 꽂았으며 맑은 녹색 옷에 봉선화색 소매요 허리에는 금대를 매고 있었다. 이때 관정도 여자아이로 변해 있었다 한다. 이곳은 한분의 보살님이 주재하시는데 그분께서 남자로 변하면 모두 남자로 변하고, 여자로 변하면 모두 여자로 변한다. 실제로는 남녀의 변화에 관계없이 연화(蓮花)에서 화생(化生)한 것이요 원래의 몸은 아니다. 원래의 몸은 백색 수정으로 투명함이 유리와 같다. 이와같이 관음보살께서 말씀하신 뒤로 관정의 몸도 피부 손톱 뼈 혈 모두가 백색 투명한 수정으로 변하였다. 하품하생에 왕생하는 사람은 전부 업(業)에 매인채 이곳에 오며 남녀노소를 불문하고 연화에 화생한 후 13, 14세의 어린아이가 된다. 하품하생은 연화에 화생한 후 그 안에서 생활하는데 이곳의 하루는 여섯 때로 나뉜다. 그 중에서 한 때는 대보살께서 주재하시며 시작할 때는 범종을 한번 울린다. 그러면 연꽃 안에 있는 사람이 다 모이는데 남자나 여자 중에서 한 모습으로 통일된다. 색깔도 한결같이 녹 홍 황색이다. 낮에는 연꽃에서 나와 노래 춤 예배 예불 독경 유희 등을 하고 휴식 시간에는 각자의 연꽃에 돌아가 쉰다. 즉 낮에는 연꽃이 열리고 밤에는 닫힌다. 휴식할 때에는 연꽃 안에서 어떤 사람은 예불 기도하기도 하며, 또 어떤 사람은 과거의 업이 망령스럽게 반영되어 기괴한 꿈을 꾸기도 한다. 연화지(蓮花池)에 들어가 몸을 씻어도 옷이 젖지 않고 수영을 하지 못해도 오르내림이 자유로우며

물을 움켜쥐고 입에 넣어면 입안이 매우 상쾌하고 몸은 날아 갈 듯이 경쾌하다. 이 연화지 안의 물이 바로 팔공덕수(八功德水)로서, 연못 안에는 많은 연꽃이 있는데 염불하고 있는 것은 찬란히 빛나고 그렇지 않는 것은 마르고 끊어져 있다. 하품하생 왕생자(往生者)는 사바세계에 있었을 때 일찍이 각종의 악업을 지었는데(살인 도박 사기 비방 모해 양설 사음 등 10악), 이 사람의 덕행을 논한다면 업이 많아 왕생이 불가능했겠지만 그가 임종의 시기에 선지식의 도움으로 염불경도 배우고 아미타불의 성호(聖號)도 일심으로 염하니 아미타불의 원력가피를 받아서 하품하생 중의 연꽃에 태어나게 된 것이다.

그런데 9품연화는 하품하생(下品下生)에서 상품상생(上品上生)까지 도달하는 세월이 약 12겁이 걸린다(1겁=1679만 8000년). 12겁의 긴 시간을 수행하면 능히 상품상생에 태어날 수 있고, 수행과정은 시작부터 끝까지 극락의 상태로 지내게 된다. 극락세계에는 설사 하품하생에 태어나도 인생팔고(人生八苦)가 없으므로 극락이라 한다.

하품하생의 연꽃은 인간세계의 연꽃과 같지 않고, 일리(一理)에서 삼리(三理)까지 굵기에 따라서 그 크기가 다르며 높이는 3, 4층인데 모두 빛을 발한다. 이 속에 왕생한 사람이 자기의 연꽃 안에서 각종 망상을 일으키면 연꽃이 시들고 광채가 없어지며, 망상이 없으면 연꽃이 문득 찬란한 빛을 내뿜는다. 극락세계는 즐거움만 있고 고통은 없으므로, 부모를 생각하면 부모가 오고 처자를 생각하면 처자가 오고 산해진미를 생각하면 산해진미가 온다. 생각하는대로 물질화되어 나타나지만 꿈과 같아서 깨고 나면 없어지는 망상이다. 알고보면 업(業)을 지닌채 하품하생에 왕생하는 사람은 인간세상에 있었을 때 망상이 많았고 욕심이 많았다. 사바세계는 물질적 세계라 많은 물건을 갖고자 구해도 다 얻지 못하는 고통이 따르지만, 극락세계는 생각하는대로 물질이 나타나고 또한 그것을 쓰고 써도 다함이 없다. 극락세계의 성질은 허공성이기 때문에 구하면 구하는대로 얻고, 천계(天界)는 신(神)의 성질이기에 비록 5신력이 있으나 어떤 때는 구해도 도리어 얻지 못하고, 인간세계는 물질계이므로 구하는대로 다 얻지 못한다.

인간세계의 사람이 빈부 귀천 선악 지우 남녀 노소 등에 상관없이 염불하고 수행하면서 불종자(佛種子)를 심으면 서방정토 하품하생 연화지(蓮花池)에 이 사람의 연꽃이 생겨나는데 이 인간세계의 사람이 더욱 간절하게 염불하고 수행하면 정토의 연꽃이 성장하고 임종시에는 자연히 아미타불의 인도를 받아 그 연꽃 가운데 화생한다. 이 인간세계의 사람이 사바세계의 명예와 이익을 얻는데 정신을 빼앗기고 수행과 염불에서 멀어지면 극락세계의 하품하생 연화지에 생겨난 자기의 연꽃이 시들고, 이 사람이 인간세계에서 나쁜 일을 많이 저지르면 연꽃은 꺾이고 죽게된다. 하지만 이 사람이 깊이깊이 참회하고 다시 지극정성으로 염불하고 수행하면 꺾이고 죽었던 연꽃이 다시 살아나 생기를 되찾고, 서방정토에 왕생하기를 바라는 그 마음을 끝까지 바꾸지 않고 물러서지 아니하면 인간세계에서 목숨이 다할 때 아미타불의 인도를 받아 극락세계의 하품 연화지에 이미 생겨나 있는 자기의 연꽃속에 문득 왕생한다.

입으로만 염불하지만 마음은 독이 많은 지네와 같아서 암암리에 사람을 헤치면 정토에 왕생하지 못한다. 그러나 이런 사람도 선근(善根)은 심은 것이 되므로 죄업을 깊이 참회하고 착한 업을 지으면서 염불수행하면 정토의 연화지에 생겨난 이 사람의 연꽃이 생기를 얻고 광명을 발한다. 왕생의 열쇠는 정토를 간절히 생각하여 끝까지 마음을 바꾸지 않는데 있다. 염불을 열심히 하기는 하되 하다 말다 하면 연꽃이 비록 열려도 아름답지 않을 뿐만 아니라, 더구나 악업(惡業)을 지어서는 왕생하지 못하고 6도에 윤회하게 된다. 지금 여기에 기술되는 내용은 한결같이 관음보살께서 관정스님에게 들려주신 말씀을 요약한 것이다.

이때 종치는 소리가 들려오자 헤아릴 수 없을만큼 많은 남자 아이들이 열을 지어 모여 들었다. 머리는 쌍발로 땋고 허리에는 금띠를 매고 붉은 옷을 걸친 복장이 똑같았으며 온몸이 백색 투명한 수정이었다. 이윽고 하늘의 음악이 들리며 천상의 새들이 염불하는 가운데 빛을 내는 한 보살이 나타나는데 그분은 대락보살(大樂菩薩)로서 자신이 설법하는 날이므로 시방(十方)의 제불(諸佛)께 예배하러 가는 것이라고 관음보살께서 설명하셨다.

하품(下品)에는 굉장히 큰 정관탑이 있는데 하품의 중생들이 자유로이 오르내릴 수 있다. 어떤 것도 탑 표면에 비추어볼 수 있는데, 가령 지구나 태양을 보고자 하면 모래알만한 크기로 보인다. 또 이 탑은 작은 것을 크게 확대해볼 수도 있어서 아시아를 확대해 보고자 하면 아시아가 확대되고 심지어 한 집안의 벽에 박힌 못까지도 확대되어 보인다. 말하자면 우주 천문대이다.

§ 서방정토 중품(中品)

중품의 연꽃은 크기가 대략 중국의 성 하나와 같은 7, 8백리 정도로 거대하고 이곳에 왕생한 사람의 체형 또한 웅장하다. 성인(聖人)과 범인(凡人)이 함께 머문다. 이들은 사바세계에 있을 때 삼계(三界)를 떠나고자 부지런히 수행하고 불교사업을 적극적으로 했으며 경론을 인쇄하는 등 불법을 펴는 일을 한 사람들이다. 아울러 보시를 하고 계(戒)를 엄하게 지니고 자비희사(慈悲喜捨)를 베풀었기에 임종시에 서방정토 삼성(三聖)께서 이끌어 중품중생에 왕생하는데 다만 그들의 수행에 차이가 있어서 상중하(上中下)로 나눌뿐이다.

중품의 연화지는 하품과 비교할 수 없을 정도로 뛰어나서 사방의 식물은 칠보(七寶)로 이루어져 있고 연못 안의 연꽃의 아름다움은 극치에 이르렀다. 연꽃이 여러 층을 이루었는데 층마다 정자 누각 보탑(寶塔) 등이 있어 그것들이 몇십종의 빛을 내뿜으며, 연꽃 위의 사람은 투명한 금빛이고 의복은 모두 같은 모양이고 나이는 20세 전후로 어린이나 노인은 없다. 이때 정관스님도 20대로 변하였다.

극락세계의 모든 찬란한 빛은 아미타불의 힘에 의한 것으로, 아미타불의 무량광명이다. 극락세계에 왕생하는 모든 사람도 한결같이 아미타불의 힘에 의하여 왕생이 이루어짐을 잊어서는 안된다. 극락세계가 아미타불의 48대원에 의하여 건립되었기 때문이다.

중품 연화(蓮花)에도 빛을 발하지 않는 인간세상 부호의 저택같은 누각이 있는데 이것은 인간세계의 부모 형제 처자를 잊지 못하여 생각하게 되면 즉시 인간세계의 정황이 이곳에 나타나기 때문이다. 그러나 인간세상의 망상이 사라지면 그러한 정경도 누각(樓閣)도 사라진다. 그때 홀연히 설법시간을 알리는 종소리가 장엄하게 울리자 두고온 인간세계의 망상에 사로잡혔던 집주인도 갑자기 20세 청년으로 변하여 수많은 사람들과 함께 웅대한 강당으로 들어간다. 웅대한 강당은 휘황찬란하고 향기는 그윽하며 아름다운 새들이 장엄한 음악에 맞추어 춤춘다. 강당의 가운데에는 커다란 누각이 있는데 그 주위에 둘러앉은 보살들은 조용히 경을 듣고 있었고 대세지보살은 주석의 자리에 앉아계셨다. 대세지보살께서 설법회를 시작한다고 선포하자 상정진보살께서 대세지보살께 예배한 후에 묘법연화경을 설하셨다고 한다. 설법회가 끝나니 하늘에서 하늘꽃이 내려오고 장엄한 음악이 다시 울리면서, 홍색 옷차림의 무수한 청년들이 일어나 몸을 한번 흔들자 일제히 옷소매는 도화색, 허리에는 금색띠를 맨 녹색옷의 여인들로 변하여 춤을 추는데 그 즐거움은 어디에도 비할 바 없었다 한다. 그들이 또한 둥근 연꽃으로 변하여서 각각 아름다운 빛을 발하자 돌연 연꽃 위에 한 보살이 나타나셨다. 그러자 모든 탑들이 빛을 내며 주변은 아름다움으로 가득찼다. 그때 갑자기 녹색 옷을 입은 수백의 여인들이 허공에서 표표히 내려오는데 어느 곳에도 걸리지 않아 마치 공기와 같았다. 아미타불의 원력으로 형성된 극락세계는 투명하여 물질이 아니기에 사물에 추호의 장애도 없다 .

중품하생(中品下生)에는 팔대경산(八大景山)이 있는데, 시방세계의 모든 것을 낱낱이 보고 듣고 냄새맡고 촉감으로 느끼고 알 수 있다.

§ 중품중생(中品中生)

중품중생의 왕생자는 사바세계에 있을 때 불법에 대한 이해와 수행이 상당히 심오하고 전력을 다하여 보시하여 상당한 성과를 거둔 사람들이다. 하늘에서 내리는 꽃은 얼마나 아름다운지 인간세계의 꽃은 여기에 만분의 일도 미치지 못한다. 하늘의 음악 또한 말로 형용할 수 없을 정도로 훌륭하다. 불경에 의하면 사바세계 만가지 음악이 도리천 음악 하나만 못하고, 도리천 음악 만가지가 제6천왕의 음악 하나만 못하고, 제6천왕의 만가지 음악이 극락세계의 음악 하나만 못하다고 하였다. 중품중생의 왕생자는 신체가 모두 금홍색으로 투명한데 생전(生前)에 대공력이 없는 사람은 이곳 사람이 되지 못한다. 중품하생은 꽃 꿀 등을 요구하지만 중품중생은 근본적으로 다른 물건을 필요로 하지 않는다. 중품중생은 자리에 앉아서 화장세계 전람관을 볼 수 있는데 이 전람관은 지장보살 관음보살 문수보살 보현보살 가섭불 약사여래 등의 모든 불보살의 성불과정을 보여준다.

§ 상품상생(上品上生)

이곳에 왕생하는 사람은 이미 보살(菩薩)의 경계에 도달한 사람으로서 계(戒)를 지닌 것이 마치 밝은 구슬과 같았으며 열가지 악을 끊고 열가지 선을 행하며 철저히 수행하다가 수명이 다하면 찰나간에 상품 연화에 왕생한다. 상품 연화지의 장엄한 아름다움은 이미 극에 달하며 연못은 아주 커서 끝이 보이지 않고 연꽃도 얼마나 큰지 제일 작은 것이 세 개의 성을 합쳐놓은 것만 하였다. 연꽃 안에는 층층마다 보탑이 있고 정자와 누각이 빼어나게 아름답다. 연꽃 위의 사람은 황금색으로 투명하고 옷은 여러 가지 빛을 발하며 음식을 먹고자 하는 욕망이 거의 없거나 아예 없는 듯이 보였다. 설법시간에는 천만억이나 되는 보살들이 누각(樓閣)이나 보탑(寶塔) 등에서 직접 아미타여래의 설법을 듣는다. 인간세계의 사람도 망상이 사라지고 마음이 허공과 같아지면 서방정토를 볼 수 있다. 상품상생에는 아미타불 대탑(大塔)이 있는데 최소한 몇만층 정도로 지구를 몇십만개 합쳐놓은 것보다도 더 크게 보였다. 탑은 몇 개의 각을 이루고 있는데 탑 전체가 무수한 황금빛을 내뿜고 탑 속에서는 나무아미타불의 염불소리가 은은하게 나오며, 상품에 왕생한 무량무수한 왕생자들을 공양한다. 탑 속에는 화장세계의 모든 중생과 정경이 다 보이고 몇백억 제불(諸佛)정토와 그 중생의 수승한 경계까지도 보이는데 글로서는 만분의 일도 전할 수 없다.

　이 연화탑(蓮花塔)에 들어가자 엘리베이터를 탄 것처럼 한층 한층 위로 올라가는데 각 층이 모두 투명했고 염불소리가 끊이지 않았으며 30세 정도의 남자가 각 층마다 모여있는데 그 옷은 같지 않았다. 이곳엔 오직 남자만 있다. 이곳의 정진(精進)은 여섯때로 나뉘며 두때는 염불을 하고 두때는 선정(禪定)을 익히고 두때는 휴식한다.

§ 아미타여래의 가르침

관음보살의 안내를 받아 서방정토를 참관한 관정스님이 이윽고 다시 아미타불 앞으로 나아가 삼배를 드리자 다음과 같은 가르침을 주셨다.

"중생의 불성은 모두 평등하다. 의식이 전도되어 환(幻)을 진(眞)으로 잘못알고 인연과보로 인하여 6도에 출몰하는데 윤회를 끊지 않으면 고통이 만가지다. 내 48대원(大願)으로 중생을 제도하니 남녀노소가 믿음과 서원을 가지고 수행하면 반드시 왕생하리라."

아미타여래께서는 관정이 다시 가르침을 청하자 말씀하셨다.

"서가여래의 8만4천 법문이 모두 진실하니 서가여래의 바른 가르침을 잇거라. 모든 종교는 서로 비방하지 말고 서로 돕고 서로 장려하라."

관정이 여러번 감사드리고 길을 나서자 관정을 실은 연꽃이 허공을 날아가기 시작했다고 한다.

§ 사바세계로 되돌아오다

관정스님이 돌아올 때에는 절 보살 사람 천인 등을 보지 못하고 단지 극락세계에서 20시간을 보낸 기억만 났다. 그리고 나서 관정은 자신이 하나의 돌 위에 앉아있음을 느꼈다. 오래지 않아 날이 새고 정신이 점점 깨어나자 관정이 하늘을 향해 삼배한 후 소리치고 곡하였으나 아무런 소식이 없었다. 그후 이십여리 쯤 산에서 내려와 적수가에서 사람을 만나 이야기를 나누다보니 그날이 1973년 4월 8일이라는 사실을 알았다. 자그마치 5년 5개월의 시간이 지나간 것이었다.

44. '화두타파(話頭打破)'라는 표현의 허구성을 논한다

§ 선어(禪語)선택의 중요성

부정확한 언어선택이 공부하려는 사람을 미궁(迷宮)속으로 밀어넣는다. 항차 고도의 정신작용인 공안선이야말로 두말할 필요도 없다. 공부과정에서 불교서적을 참고해야 할 때, 부주의하게 선별되어 활자화된 부정확한 언어와 문장 때문에 뭐가 뭔지 모르게 되어 헤매는 사람들이 많을 것이다. 적어도 사용하는 언어와 문장선택에서 정확을 기한다면 화두선한다고 하는 고생의 상당량을 줄일 수 있을텐데도 말이다. 하지만 현실은 그리 간단하지 않으니 어찌하랴.

불교에 관심 없다 할지라도 어지간한 사람이라면 화두라는 용어는 알고있고 쓰고있다. 화두타파라는 용어 정도를 알고는 있는 사람도 상당수에 이를 터이다. 관습적으로 쓰고있는 선문(禪門)의 제1관심사인 화두타파라는 용어를 보기로 한번 살펴보자. 화두타파라는 용어를 사용함으로서 크게 두가지 오류를 범하고 있다

§ 화두를 타파하는 것이 아니고 화두에 타파당한다

해석을 하라고 하면 누구라도 화두를 타파하는 것이라고 말할 것이다. 화두에 타파당한다고 보는 사람은 아마 없으리라.

선문(禪門)에서 화두를 타파한다고 하니까 모두들 앵무새처럼 따라서 그렇게 노래할 뿐이다.

그러나 사실은 화두를 타파하는 것이 아니고 화두에 타파당하는 것이라고 말하면 아는 사람은 부정하지 못하게 되어있다. 화두가 심층심리를 뽑아내기 때문이다. 마치 살아 있기라도 하는 듯이 화두가, 사람의 마음을 간파(看破)한다면 간파하는 것이지, 사람이 화두를 어찌하지는 못하는 법이다. 화두 화두 하는 것도 따지고 보면 화두에 이와같이 불가사의(不可思議)한 위력이 있기 때문이다.

그런데 화두타파라는 말은 사람이 화두를 타파한다는 뜻으로 이해된다. 화두가 사람을 녹여버리는데 말이다. 사람이 화두에 의하여 타파당하면서도 사람이 화두를 타파한다고 말하는 이유는 어디에 있는가. 하기야 말은 사실과는 다르게, 사실과는 반대로 함으로서 그 효용성을 높이는 방법이 없잖아 있다.

그러나 화두선은 다르다. 장난이 아니란 말이다. 몇 년, 며십 년, 경우에 따라서는 평생동안 끌고가는 화두선이 장난이 아님은 물론이다. 그러기에 특히 저술(著述)활동을 통하여 화두선 방법론을 다루는 사람은 정말로 책임감이 투철해야 한다. 문장 하나 하나는 말할 것도 없고 단어 하나라도 심혈을 기울여서 선택해야 한다. 자기가 저술한 책을 읽고 엉뚱한 길로 접어드는 사람이 있을 수 있다는 심각한 문제를 염두에 두고 글을 쓰더라도 쓰야한다. 사람에 따라서는 별것도 아닐 수 있는 화두타파라는 용어문제를 장황하고 까다롭게 이야기하는 이유는 이런 점에 있다.

그러고보면 말이 좋아 화두타파이지 사실은 사람타파인 셈이다.

§ 타파하는 것이 아니고 끊어버리는 것이다

화두에는 타파라는 말을 쓰면 안되도록 되어있다. 화두는 사람의 마음을 뚫고 끊으면 끊었지 타파하는 것은 아니기 때문이다.

화두의 기능은 관념의 논리를 절단하고, 절단된 논리의 닫힌 문을 공부하는 사람의 눈 앞에 들이밀어 보이는데 있다. 화두가 스스로 논리를 끊고 문(門)을 닫을 때는, 화두의 닫히는 문이 화두를 보는 사람의 마음의 뿌리에 파고들어 끊으려 하기 때문이다.

화두는 논리를 끊되 끊어서 끝나는 곳을 화두자체에서 보여주는 것이 아니므로, 사람은 화두가 논리를 끊을 때 끊어서 끝나는 곳을 화두자체에서 보려 하면 안된다. 화두의 논리가 끊어지는 곳은 화두자체에는 없고 전혀 엉뚱한 데 가서 있기 때문이다. 화두가 스스로 논리를 끊을 때는 화두의 논리 끊는 작용은 벌써 사람의 마음속을 파고들고, 파고들어 사람의 마음이 끝나는 곳 즉 마음의 뿌리를 찾아서 끊어버린다. 즉, (논리) 끊어지는 작용은 화두에서 시작되지만 엉뚱하게도 마음의 뿌리가 끊어짐으로서 끊는 일은 완료된다.

화두의 기능은 논리절단(切斷)과 마음뿌리끊기(심근절단) 두가지로 요약되지만 이 두가지 기능이 별개의 것이 아니고 동시에 일어나는 한가지 작용이다. 논리끊기가 마음끊기요, 마음끊기가 논리끊기인 것이다. 한가지 작용을 두가지 입장에서 보는 것이라 할 수 있다. 사람의 입장에서 보면 화두의 논리가 끊어짐이요, 화두의 입장에서 보면 사람의 마음의 뿌리를 찾아서 끊어버리는 것이다. 이때 이것을 정확하게 알아보는 안목(眼目)만 있다면 (화두를 보는 사람의) 마음의 움직임은 멎고 (화두의 기능에 의하여) 마음의 뿌리는 끊어진다.

이것이 화두선의 핵심(核心)이다. 사실이 이러한데 어째서 타파라는 용어를 쓰는 것일까.

타파(打破)는 때려서 파한다는(부순다는) 뜻이지만, 화두선의 어느 과정에도 타파해야 하는, 말하자면 때려서 깨뜨려야 할 구석은 없다. 두서없이 까마득하게 쌓이고 얽히고 뒤섞이고 뭉쳐진 거대한 실 뭉치와 같아서 도저히 풀어볼 방법이 없는 업장(業障)은 가위로 싹둑 잘라서 해결한다. 화두의 기능도 이와같아서 무의식 즉 마음의 뿌리를 화두가 뚝 끊어버린다. 깊고 깊게 한번 '뚝' 끊어버리는 것으로 일은 완료되어, 영겁이전의 일과 영겁이후의 일이 한꺼번에 해결된다. 이렇게 되면, 한가한 노인이 토란국에 점심밥을 배불리 먹고 마루기둥에 기대앉아 졸면서 가려운 등이나 긁는다. 이 이야기의 어느 구석에 타파 즉 때려부수는 소리가 들리는가. 화두선의 어느 과정에도 집안 시끄럽게 때려부수는 소리는 안들린다.

§ 누가 있어 말렸겠는가

잘 알아야한다. 화두선이 무르익고 무르익어, 마음의 뿌리가 확인되고 또 확인되어 때가 이르면 정확하게 한번 '뚝' 끊어버림으로서 거울속의 사람이 된다는 사실을. 화두하고 타파는 아무 상관없다. 누군가로부터 얼토당토 않는 타파라는 말을 사용하기 시작하여 마침내는 선문(禪門)의 모든 사람들이 앵무새처럼 그 말을 따라하게 되었던 것이다. 나중에 화두선에 입문(入門)하는 사람들이 어떤 선입관(先入觀)을 가지고 공부를 시작하게 될 것인가는 조금도 배려한 흔적은 보이지 않는다. 누군가가 외쳤을 것이다.

"나는 화두를 깨뜨렸다."

화두에서 벗어났으니 가슴 속이 조금 후련했겠는가. 세상에 이보다 더한 기쁨, 이보다 더한 시원함은 없다 하였다. 사정이 이러하고 보니, 화두타파했다고 말하는 도인(道人)을 누가 있어 감히 말릴 형편도 못되었을 것이다. 화두를 타파했다고 말하는 사람 자신도 '타파하고 말았다' 싶은 느낌은 조금도 들지 않았을텐데 말이다.

다만 화두는 타파하는 것이 아니라는 점을 밝히고 싶고, 따라서 화두타파는 허구(虛構)라는 사실을 분명히 하고 싶을 따름이다.

45. 짙은 산국화 향기 속에서
(나는 숨기지 않노라)

§ 공자의 '나는 결코 숨기지 않노라'

황산곡(黃山谷)은 중국 송나라 시대의 서화(書畵)에 능한 선비였다. 황산곡은 어느날 황매산의 회당조심(晦堂祖心)을 찾아 법(法)을 묻는다.

"법을 말씀해 주소서."
회당은 유학자인 황산곡에게 지그시 말을 건넸다.
"논어에 공자께서 제자들에게 이르셨습니다.
너희들은 내가 무엇인가를 숨기고 말하지 않는 것처럼 생각하느냐? 나는 결코 숨기지 않노라.
선생은 공자의 이 말씀을 이해하십니까?"
회당의 질문에 모골이 송연해진 황산곡은 할 말을 잊었다. 평생 공부한 것이 조사(祖師)의 한 말씀 끝에 도무지 쓸모없는 짓거리가 되고 말았기 때문이다. 황산곡은 논어의 내용을 알고는 있었으나 체득하지는 못하였으니 조사의 위엄 서린 질문에 대꾸할 도리가 없었던 것이다.

§ 산국화가 아낌없이 온 몸을 풀었을 때

그후 얼마간을 황산곡은 황매산에서 머물며 회당의 지도를 받는다.

황매산 자락도 단풍으로 타오르는 어느날 황산곡은 스승 회당을 모시고 느릿느릿 산놀이에 나선다. 가을날 산기운은 더할나위없이 청량한데 여기저기 무더기로 피어나 흐드러진 산국화, 그 산국화가 내뿜는 향기는 지극하였다.

황산곡은 걸음을 멈추었다. 어쩌다 한번씩 미풍이 가을 햇살에 무르익을대로 무르익은 산국화 향기를 그의 코끝으로 가득히 가득히 실어나를 때는 황산곡의 마음은 깊은 유열(기쁨)에 젖어 혼(魂)이 금방이라도 떠나갈 듯 하였다. 누우런 국화가 온 몸을 풀고 만개(滿開)했을 때 내뿜어 진동하는 그 향기는 숨김없이 주고 아낌없이 주는 대자대비(大慈大悲) 그 자체였다.

 산국화 향기의 무량한 대자대비의 인도를 받아서 따라가다가 마침내 갈 때까지 간 황산곡의 마음은 끊어져 다하였다. 마음은 돌아갈 곳과 돌아갈 것을 잊었다. 마음에 뿌리가 없음이니 돌아갈 곳을 잊었음이요, 마음에 부족함이 없음이니 돌아갈 것을 잊었음이라. 그토록 지극한 기쁨에 취한 나머지 그는 태어나서 처음으로 자신이 목숨의 뿌리조차 포기하고 있음을 느끼고 있었다. 국화 향기에 취한 나머지 황산곡의 깊이 묻혀만 있던 마음은 남김없이 드러나서 낱낱이 국화 향기처럼 피어났다.

§ 끊어진 마음이 확 날아올랐다

 그때 회당의 음성이 낭낭히 울려퍼졌다.
 "나는 너희에게 숨기지 않노라."
 스승이 제자를 위하여 증명하신 것이다. 마음뿌리가 적나라하게 드러난 제자의 정신상태를 알아차린 스승이 드디어 금강보검을 한번 번쩍여서 제자의 마음뿌리를 단숨에 잘라버렸다. 순간 황산곡의 마음은 확 날아올랐다. 확 날아오르면서 알게 되었다. 그제서야 그는 아무것도 숨기는 것이라고는 없게 되었음을. 그는 목숨의 뿌리가 잘리고 난 후에야 비로소 숨기는 것이라고는 전혀 없어지고, 낱낱이 모습을 드러낸 자기자신을 통째로 보게 되었던 것이다. 해탈의 감격에 젖어 황산곡은 스승에게 두 번 큰절을 올렸다.

§ 노당당(露堂堂)

드러나고 드러나서 더 이상 드러날 것이 없음이여. 남김없이 낱낱이 다 드러났으니 누가 언제 무엇을 숨겼다는 말인가. 내가 내 마음을 철저히 다 보지 못하여 숨어있는 마음이 남아 있으므로 '나는 너희에게 숨기지 않는다'는 말씀을 이해하지 못하는 것이다.

노당당이 되어 숨기는 것이 없어진 황산곡은 마침내 돌아갈 곳과 돌아갈 때를 잊을 수 있었다.

46. 코뼈 속에 새까맣게 뭉친 백장의 무의식

§ 저것이 무엇인고?

경우에 따라서는 무지막지한 솜씨를 전광석화처럼 휘둘러 운명을 창조해내는 인물의 존재를 재미있는 일화(逸話)를 통해서 만난다. 남염부제(南閻浮提)의 중생은 성질이 강강(强强)하여 조복받기 어렵기 때문이다.

어느날 백장(百丈)이 마조대사(馬祖大師)를 수행하여 강변길을 걷는다. 인기척에 놀란 수십 마리의 들오리떼가 날개 치는 요란한 소리를 내며 길가의 풀숲에서 일제히 날아올랐다. 과히 볼만한 풍경이었다. 마조가 시자(侍者) 백장에게 물었다.

"저것이 무엇인고?"

"들오리입니다."

백장은 시선을 멀어져가는 들오리에 실어두고 무심히 하는 대답이었다.

"어디로 가는고?"

"날아갑니다."

어디로(방향)를 묻는 마조의 질문에 (그냥) 날아간다고만 대답하는 정황으로 봐서 백장의 관심은 줄곧 비상(飛翔)하는 들오리떼에 실려가고 있었던 듯하다. 마조의 말을 흘려듣고 질문의 요지를 파악하지 못할 정도로 순간적으로 들오리에 정신이 팔려있지 않았다면 그런 엉뚱한 대꾸가 나올리 만무하다. 들오리에 빠진 백장은 일종의 방심(放心)상태에 들어간 것이다. 방심이란 문자그대로 마음이 풀릴대로 풀려있는 상태로서 순간적으로 주어지는 충격에 깜박 마음의 뿌리까지 뽑혀나오는 반응을 보이는 경우가 있다.

§ 코뼈 속으로

이 사실을 간파한 마조는 순간적으로 깊은 방심상태에 들어가 혼이 빠진 제자를 요리하기로 작심한다. 날아간다는 제자의 무심한 대답이 떨어지기가 무섭게 호시탐탐 노려오던 먹이감에게 덤벼드는 호랑이처럼 마조는 으르렁거리며 백장에게 달려들었다. 백장의 코를 향하여! 달려들어서는 백장의 코를 잡아 힘껏 비틀었다. 힘껏 비틀므로서 세월좋게 들오리에 실려 떠가던 백장의 마음을 불시에 나꿔챌 수 있었던 것이지.

"꿰액!" / 백장은 코가 조금 아프고 말았겠는가.

코가 꺾이는 듯한 지독한 고통에 못이겨 백장의 벌어진 입에서는 비명이 터져나오고 놀란 두눈은 왕방울처럼 불거져나왔다. 들오리 날개에 실려 팔자좋게 날아가던 백장의 마음이었건만, 찰나간에 되돌아와 마조에게 비틀려잡힌 코뼈속으로 새까맣게 몰려들어가 뭉쳤다. 깊이깊이 숨어있고 잠겨있던 백장의 무의식까지 몽땅 뽑혀나와, 마조의 손아귀에 비틀려잡힌채 부르질 듯한 고통을 호소하는 코뼈속에 까맣게 엉겨붙었다. 벌이 분봉(分蜂)할 때 새로운 여왕벌 주위로 붕붕거리며 까맣게 모여들 듯이 말이다. 물론 그의 마음속에서 날고있던 들오리떼는 흔적을 감추었다. 일은 마조가 짜놓은 각본대로 된 것이지 뭐.

§ 이뭣고?

이때 마조는 또한번의 기회도 놓치지 않았다. 마조는 혹시나 놓칠새라 무의식이 뽑혀나와 뭉친 <백장의 코 = 백장의 무의식의 덩어리>를 여전히 억세게도 꽈악 움켜쥔채로 놀라움과 고통으로 왕방울처럼 불거져나온 백장의 눈에다 대고 벽력같은 고함을 내질렀던 것이다. '카아!' 벽력같은 고함의 일격과 함께 마조는 자신의 손아귀 속에 움켜잡힌 한줌의 새까만 백장의 무의식의 덩어리를 백장의 불거진 두 눈 앞에 달랑 들이밀어보여주었다.

"어째서 일찌기 날아갔던가!(이것은 무엇이냐? 이뭣고?)"

아직도 날아가지 않고 남아있는 것이 있었더냐 이놈의 들오리 같은 녀석! 여기 달랑 뽑혀나와 내손아귀에 잡힌 너의 이 무의식을 보아라, 이뭣고?

엎친데 덮친 격으로, 마조의 이 두 번째 불시의 습격을 받고 백장의 무의식은 완전히 항복의 백기(白旗)를 들고 말았다. 영겁의 세월을 두고 깊고깊이 박혀서 억세고도 끈질기게 버티던

강강(强强)한 마음의 뿌리가 자신을 포기하면서 청천백일(靑天白日)이 되었던 것이다. 백장은 마음을 훤히 보았다고 전해진다. 비틀어잡은 코로 그사람의 마음까지 낚아채어 세상 사람들에게 구경시키는 마조의 솜씨를 누가 있어 다시 흉내내겠는가.

§ 코가 아파서 운다

이와같이 마조의 무지막지한 교화(敎化)에 힘입어 마음이 몽땅 뽑히고 만 백장의 다음 수작 또한 볼만하다. 백장은 외출에서 절로 돌아오자 동료 스님들 앞에서 목놓아 섧게섧게 울었다. 대중들이 걱정이 되어 물었다.

"이 사람아, 웬일인가?"

"아무것도 아닐세. 아이고 아이고---"

"이사람아 그래도 속시원하게 말이라도 좀 하게, 왜 그러는가?"

"여보게들 코가 아파 죽겠네. 큰 스님에게 어찌나 무지하게 코를 잡혀 비틀렸는지--- 아이고 대이고!"

"쯧쯧 어쩌다가 그 지경이 되었나?"

"난들 어찌 알겠나. 자네들이 가서 직접 여쭈어보게나. 와이고 대이고 내코야!"

대중들이 방장실로 몰려가 여쭈었다.

"큰 스님, 회해(백장) 시자가 외출에서 돌아오자 말자 코가 아프다고 저리도 소리치며 우는데 혹시 큰 스님께서 알고 계시는가 해서 여쭙니다."

"내가 무엇을 알겠는가. 그런 일이라면 회해가 잘 알고 있으리라."

마조의 대꾸는 담담하기만 했다. 대중은 하는 수 없이 되돌아와 백장에게 다시 물었다.

§ 터지는 웃음소리

"여보게. 스님께서는 도리어 자네가 알고있을 것이라 말씀하시니 도데채 무슨 까닭인가?"

"으헤헤헤 깔깔깔---"

그러자 슬피울던 백장이 이번에는 갑자기 미친 듯이 웃어댔다. 눈물이 찔끔찔끔 나오고 침이 질질 흐르도록 웃고 또 웃었다. 백장이 보이는 이런 행태에 대중은 어이가 없었다.

"이 무슨 짓인가? 갑자기 또 왜 그러는가? 미쳤는가? 아까는 그렇게 섧게 울더니만 지금은 또 뭐가 그리도 우습단 말인가, 응?"

"아까는 울었고 지금은 웃는다. 내가 운 것은 진실로 서러워서 울었고 내가 웃은 것은 진실로 기뻐서 웃었다."

백장의 이 말 끝에 대중은 망연해져서 그의 얼굴만 멍하니 바라볼 뿐이었다.

그렇다. 백장은 마음이 몽땅 뽑혀나온 사람! 코가 너무너무 아프니 목놓아 울었고, 서럽게 서럽게 목놓아 울어도 전혀 장애가 없어 너무너무 자유자재하다는 사실이 또한 통쾌하기 그지없어 웃고 또 웃었던 것이다. 여기에 무슨 또 덧붙일 말이라도 있는가?

47. 화두는 방편설(方便說)인가

§ 화두는 진언이다

　제행(諸行)이 무상(無常)하여 세상일이 모두 부질없어, 믿고 의지할 곳을 찾으니 오로지 불보살님들과 조사님들의 가르치심 뿐이라. 이러히 마음을 써서 가장 확실하고 빠른 깨달음의 길인 화두선에 들어서니 나머지 세상일은 목숨을 이어가기 위한 의식(衣食)을 구하고자 함일뿐 도무지 관심조차 없다. 마음은 오직 화두에만 있다.
　"귀명진시방(歸命盡十方)---"
　(목숨을 들어 돌아가나이다---) 목숨을 들어 시방의 부처님들에게 돌아간다는, 대승기신론의 서두에 나오는 귀경편의 노래이다. 이와같이 목숨을 들어 화두선의 세계로 접어드니 그 밖에 무슨일이 대장부(大丈夫) 마음에 미련으로 남아 있겠는가.
　그런데 화두선을 얼핏 관념을 깨는 요령터득이나 도를 얻는 기술 정도로 인식하는 사람들이 있다면 반성해야 한다. 화두선에서 삶에 필요한 어떤 도움을 받고자 할 것이 아니요, 자신의 삶을 화두선의 방식으로 바꾸어나가야 한다는 점이다. 화두선 방식으로 인생관을 바꾸라.
　화두는 방편설이 아니다. 화두는 진언(眞言)으로서 조사스님의 인생관의 핵심을 언뜻 내비친 것이다. 거듭 말하건대 화두는 조사스님들의 인생관, 우주관의 한 노현(露現)이다. 조사스님과 같이 대인격(大人格)에는 방편이나 요령 따위가 발을 못 붙인다. 그분들의 말씀은 한결같이 그때 그곳에서는 반드시 있었어야 할 진언(眞言)이었을 뿐이다. 대인격에는 방편설이 없다.

불가(佛家)에는 방편설이라는 말이 있다. 그러나 그 방편설도 그때 그 장소에서는 진언이었다. 그래도 방편설 운운(云云) 하는 사람이 있다면 이렇게 말해주겠다. 엄밀히 따지면 어떤 진언도 방편설이라고.

§ 진참회(眞懺悔)

예를 들어 동산수상행(東山水上行)을 보자.

동산이 물위로 간다는 말이다. 언어의 유희 즉 말의 장난으로 본다고 문제가 해결되는 것일까. 단순한 말장난이므로 말에 걸리지 않으면 문제는 해결되는가. 실제로 이런식으로 공부해보았자 말에 잡히지 않을 수도 없지만, 말에 잡히지 않게 되었다 해도 그것은 그야말로 단순한 착각일 뿐이다.

화두의 해결은 인생관의 변화와 더불어 찾아야지, 총명한 머리로 화두의 해결을 추구하면 영원히 풀리지 않게끔 되어있다. 요령으로 화두를 풀고자 하는 동안은 화두의 영향권에서 벗어날 도리가 없다는 의미다. 인생이라는 문제를 영리한 머리를 굴려서 한두가지 요령쯤으로 해결할 수 있을 듯한가. 인생문제의 해결은 인생관의 전체적인 변화가 선행(先行)되어야 한다.

그러고보면 참회와 기도라는 면에서 본다해도 화두선만큼

뛰어난 참회와 기도방법도 없다. 화두선이야말로 그밖의 어떤 방식도 감히 따라올 수 없는 투철한 참회방식이요 기도방식임을 체험한 사람은 알고 있을 것이다. 요약하면 화두선은 자기자신의 목숨의 뿌리를 뽑아 내던지는 것이다. 그 이상의 참회나 기도가 어디 있는가. 진참회(眞懺悔)의 길이기도 한 화두선을 혹시나 방편설 정도로 인식하고 관념을 깨뜨리는 수단쯤으로 삼으려 한다면 애석한 일이다.

따라서 화두선에 접근하는 사람은 모름지기 세상의 모든 요별망상을 끊고 진실로 참회하는 마음으로 조사의말씀(공안,화두)을 받아 일심전력으로 참구해야 한다.

§ 아! 동산이 물위로 가다니?

동산수상행(東山水上行).

동산이 물위로 가는 것이다. 동산이 물위로 간다는데 그밖에 세상의 무슨일이 기이할 것이 있으며 조금의 의미라도 있다는 말인가. 세상만사가 의미를 잃고 세상의 어떤 말이나 이야기도 빛을 잃는다. 동산이 물 위로 간다는 사실만 존재한다. 이사람에게는 동산이 물위로 가는 것이다.

동산이 물 위로 가다니?

동산이 물위로 가다니?

동산이물위로가다니?

동산이물위로간다.

동산이물위로간다.

이렇게 몇 달, 몇 년을 계속하다보면 세상만사는 관심 밖으로 완전히 밀려나가버리고 <동산이물위로간다>는 화두마져도 홀연히 녹아서 마음속으로 사라지는 날이 온다. <동산이물위로간다>의 8글자 전체가 어느날 홀연히 스스로 함몰하여 융합하면서 무몰식에 꽂히고 무몰식을 뚫고나가 무몰식의 뿌리를 끊으려 시도한다.

이것은 <동산이물위로간다>가 문득 무너져서 있는지 없는지조차 모를 정도로 겨자씨보다 더 작은 몸으로 變身(변신)하여, 소위 미세하고 미세하기 짝이없는 <의정>이라는 물건으로 얼굴을 바꾸었음을 알아야 한다. 이때를 놓치지 말고 화두를 끝까지 집요하게 추적해가며 결코 화두를 놓치지 말라. 그야말로 진정한 의미에서의 인생관의 일대전환이 일어난다.

화두선은 기술이 아니다. 화두선은 삶을 바라보는 눈을 바꾸는 정신혁명이다.

48. 개울가 꽃날리며 산새가 운다

여기에 대단한 풍류시인이 있다. 장사경잠(長沙景岑)이 그분이다. 장사(長沙)는 중국의 풍광이 수려한 동정호 연안 부근에 위치한 곳이다.

하루는 장사가 느릿느릿 산놀이 갔다가 돌아온다. 제자가 나아가 물었다.

"스님, 어디를 다녀오십니까?"
"산놀이 갔다 오는 길이다."

장사의 얼굴과 몸에는 짙은 산기운이 배어 있었다. 제자가 다시 물었다.

"어디에 가셨습니까?"

"갈때는 푸른 풀섶 우거진 곳을 따라 갔다가, 올때는 펄펄 날리는 꽃잎을 따라서 오는 길이다."

"봄 냄새가 물씬 풍깁니다."

"가을에 이슬이 연꽃에 맺힌 것 보다야 훨씬 낫지."

개울가에서는 꽃잎을 날리며 산새가 울었다.

봄놀이에서 천천히 돌아오는 장사경잠의 시야에는 우거져서 비단결 같았던 풀숲과 하염없이 계속되던 낙화(洛花)가 쉽게 지워지지 않았다. 이 인물, 이 보살정신은 봄날 오후가 좀 기울어서 외출하여 어둑어둑 저물어가는 저녁무렵에야 흙먼지 일으키는 어지러운 꽃바람에 장삼자락을 날리며 돌아온다. 이 보살정신은 꽃바람 어지러운 인간세상의 사월의 오후를 결코 잊지 않는다.

장사경잠은 매우 다혈질한 인물이었다. 어느날 앙산과 함께 달구경을 하는데 앙산이 달을 가리키며 이렇게 말한다.

"모두들 저런 마음을 지니고 있으면서도 다만 사용하지를 못합니다."

"그런가. 그렇다면 그것 좀 빌려쓰면 안되겠나?"

"언제든지 사용해 보십시오."

말이 끝나기가 무섭게 장사경잠은 앙산을 걷어차 쓰러뜨렸다. 그리고는 천연스럽게 달구경을 했다. 쓰러졌던 앙산이 털고 일어나면서 말했다.

"사숙께서는 금방 호랑이 같은 분이 되셨습니다. 껄껄껄."

이렇게 격렬한 성격의 장사경잠이 화창한 봄날을 맞아 홀로 꽃놀이 갔다가 지는 꽃잎 하염없이 날리는 저무는 길을 따라서 돌아오는, 짙은 감성(感性)을 노출함은 참으로 귀한 일이다.

49. 차(茶) 한잔의 공덕

§ 저항선의 돌파

보통 선행(善行)을 하면 복덕(福德)을 짓는다고 하지 공덕이란 말은 쓰지 않는다. 공덕(功德)은 그 행위가 정신적이든 물질적이든 최종적으로 해탈과 인연이 맺어지는 성질의 것일 때 사용하는 것으로 이해하면 좋겠다.

선행을 쌓아도 이루기 힘든 공덕을 한잔의 차(茶)가 이루는 때가 있다. 절 집안에서 녹차를 즐겨 마시는 이유도 여기에 있다. 조선조의 초의(草衣)선사는 동다송(東茶頌)이라는 저서까지 후세에 남겨서 차의 공덕을 알리고자 했다. 차는 몸에 유익할 뿐만 아니라, 특히 각성제로서의 효능이 뛰어나 옛날부터 수행자들 사이에서 사랑을 받아온 것이 사실이다.

수행과정에서 진실로 투명한 정신상태가 요구되는 時間帶(시간대)가 존재한다. 말하자면 차라도 한잔 마시면서 수행의 어디가 어떻게 잘못되어 이렇게 진보가 없는지 돌아보고 싶은 경우가 있을 것이며, 저항선의 돌파가 필수적이라고 여겨지는 수행의 어떤 고비에서 보다 예리한 정신력이 절실하게 요구될 때 여유를 가지고 마시는 한잔의 차가 공덕을 이룬다.

§ 제행무상

　오랜 수행에도 불구하고 공부가 언제나 그렇고 그렇기만 해서 더러는 잠들고 잠들어 휴식을 취한 후에 깨어 일어나면 오후가 저물어간다. 저물어가는 시간에 늦은 낮잠에서 깨어날 때면 제행무상(諸行無常)이 뼈에 사무친다. 날은 날마다 저녁으로 접어들며 어김없이 저무는데 정신은 혼혼침침(昏昏沈沈)하고 수행은 수행대로 언제나 그만그만해서 퇴보는 없다해도 그렇다고 특별한 진보도 없다. 하루 하루 세월은 흐르는데 공부에 대전환이 일어날 기미는 안보인다. 내일은 어떻게든 새로운 전기(轉機)를 마련해 보리라 결의를 다지지만 그날도 결국 공부를 완성하지 못한채로 하루를 허비하고 말았구나 싶은 참담한 심정은 진정한 수행자라면 누구나 매일 매일 마시는 쓴 잔이다.

　이렇게 무상(無常)이 뼈에 사무치는 시간에는 차 한잔이 더없이 좋은 약이 된다. 제행무상을 제행무상으로 보는 눈이 더욱 뚜렸해지기 때문이다. 몸과 마음의 평온을 유지하면서 차를 마시면 어떤 때는 정신의 청명도가 놀라울 정도로 높아지면서 자기의 공부가 한눈에 들어온다. 이 시간대에 아주 미세하게 공부를 점검해야 한다. 이런 반성과 진보의 시간이 없다면 화두선의 진보를 기약하기는 힘들지도 모른다. 자기의 정신력이 한눈에 들어오는 점검능력은 휴식과 차 한잔이 서로 만나는 이 시간대에 특이하게 잘 이루어진다.

　그러니 어찌 차 한잔의 공덕이라 일컫지 않겠는가.

§ 진화와 퇴화의 법칙

마땅히 알아야 한다. 정신의 피뢰침을 높이 세우지 않고는 번쩍이는 번개와 만날 수 없음을. 해탈의 순간이라는 극미(極微)의 시간에 진입하느냐 못하느냐의 여부는 정신의 청명도, 집중도에 달려있다. 공부의 성패여부를 말한다. 청명도 99%의 수준으로는 청명도 100%을 필요로 하는 심근절단(心根切斷)을 성취하지 못함은 자명(自明)하다. 화두를 십년 이십년 해도 거의 대부분이 안되는 이유는 진행되는 수행의 정도에 비해서 정신의 투명도와 집중도가 따라서 높아지지 못하기 때문이다.

세상에는 관성의 법칙이 있고 진화와 퇴화의 법칙이 있다. 인과의 법칙을 누가 만들거나 누가 파괴할 수 없듯이, 진화와 퇴화의 법칙도 누가 창조하거나 누가 파괴할 수 없다. 수행에 수행이 쌓이고 정신의 투명도가 높아져서 무공용(無功用)의 지혜를 획득하면 그로부터 공부는 가만히 놓아두어도 저절로 깊어진다. 이른바 화엄십지(華嚴十地) 중에서 제8부동지(不動地)를 말한다.

반면에, 흐릿한 정신으로 백년을 수행해도 공덕은 이루지 못한다. 나태한 정신은 권태와 졸음과 해탈에 이르고자 하는 의욕상실과 수면의 악순환으로 나날이 더 나태해져서 정신적인 퇴화가 관성으로 굳어질 가능성이 높아진다. 신명(身命)을 내던지고 화두선에 집중하려 해도 안되는 까닭이 여기에 있다.

무엇보다 먼저 신명을 내던질 능력도 없고, 따라서 신명을 내던져 법(法)을 얻을만큼 성숙한 기연(機緣)이 나타나지도 않을뿐더러 기연이 성숙해 있지도 못하다. 집중이 안되기 때문이며 집중이 안된다는 말은 세세생생에 수행에 게을렀다는 뜻이다. 세세생생(世世生生) 게을렀다면 당연히 주의산만하여 집중이 잘 안되며, 집중이 잘 안되면 법을 얻을 수 있는 결정적인 기연에 눈 어두워 쉽게 깨달을 수 있는 기연도 알아보지 못하고 수없이 밟고 지나치게 된다. 신명을 내던지고 화두선에 집중하려 해도 집중이 안되고, 집중이 안되는데 무슨 일에 무슨수로 신명을 내던져보겠는가.

§ 눈덮인 먼산 너머의 우레소리

화두선 과정에서 돌파해야 할 어떤 한계선에 접근하면 이미 수행에 수행이 쌓여서 눈 밝은 사람은 기꺼이 신명을 내던지고 한계선을 넘는다. 그로서는 '이것'이라고 손바닥 들여다보듯이 분명히 알고 있기에 그러하다. 그래서 신명을 내던지는 일이 가능하다. 화두선이 지극히 미세한 한계선을 넘는 수준에 도달해야 신명을 내던지는 일도 가능해지지, 정신이 흐려서 그 선까지의 접근이 불가능한데 무슨 재주로 어디에다 신명을 내던져 볼 것인가.

이런 꿈같은 이야기가 있다. 성질이 불같은 놈이 정확한 방법에 의하여 공부를 하면 3일 혹은 5일 혹은 7일이면 깨닫는다는 이야기 말이다. 그야말로 꿈같은 이야기지만 그것이 가능하다는 조사스님들의 말씀이다.

그런데 어떻게 된 일이 3년, 5년, 7년을 해도 안되며 몇십년을 끌어도 화두가 풀릴 기미를 보이지 않는가. 흐린 정신이 청명도, 집중도에 있어 한번도 완성의 순간에 근접(近接)해본 적이 없기 때문이다.

그런데, 화두선을 하다가 한번이라도 완성의 순간에 근접해가는 체험을 하게되면 그의 인생관은 그때부터 바뀐다. 신명을 돌보지 않고 화두에 매달리게 된다. 상상도 못해본 전혀 다른 세계, 즉 해탈의 세계와 실제로 직면하는 일이 가능하다는 사실을 알아차리는 것이다. 흐린 정신으로 하면 수행에 진보가 없다. 흐린 정신으로는 자기의 공부방법 어디에 잘못이 있는지 점검해 볼 도리가 없다. 왜 그런가. 자신은 수행하고 있다고 여길지라도 사실은 졸리는 정신이 망상(妄想)에 매달려 있고 망상에 시달리고 있을뿐 수행이 아니기에 하는 말이다. 정신이 깨끗해질 때 자기의 공부를 세밀하게 살펴야 한다.

결국, 청명도, 집중도가 높다는 말은 무엇을 뜻하는가. 얼마나 정밀하게 심층의식(深層意識)을 감지하는 일이 가능한가의 뜻이다. 모든 문제는 심층의식의 문제로 귀결된다.

화두를 들고도 새까맣게 모른다. 그런데 그렇게 새까맣게 모르는채 앉아만 있으면 안된다. 그것은 흑산(黑山)이다. 심층의식에 전혀 손대지 못하고 있다는 증거다.

심층의식이 적나라하게 드러날 정도로 정신을 지극히 예리하게 하고나서야 순간적으로 번쩍 번개가 내려와 꽂히는 법이다. 적당한 휴식 후에 천천히 한잔의 차를 마시면 꿈결처럼 굽이치는 눈덮인 먼 산맥 너머에서 나직하게 으르릉거리는 우레소리 들려올 것이다.

50. 화두초점(話頭焦點)이 잡히면 찰나에 우주를 확 꿰뚫는다

§ 화두는 잡는 것과 동시에 놓게 된다

　잡히는 것은 융멸화두(融滅話頭)이다. 화두의 일생에서 화두가 융멸의 과정에 진입해야 비로소 화두를 잡아보는 것이 되는데 융멸하고 마니 무슨 수로 화두를 잡아볼 것이냐. 결국 화두는 잡힌다고 알아보는 순간에 마음이 끊어지고 마니 융멸화두를 잡자말자 놓아버린다. 그리고 그것이 융멸화두인 줄 알아야 한다.

§ 끊는다는 표현을 쓰면 융멸화두(融滅話頭)는 안잡히는가

　화두를 처음 시작할 즈음에는 아무것도 모르지. 아무것도 모르다가 화두가 융합하면서 또렷해진다. 그것이 융합화두가 점점더 미세해지면서 더욱 또렷해지고 분명해지다가 융합화두가 마침내 그 몸을 녹혀서 소멸시키는 융멸의 단계에 이르면서 비로소 화두를 보고 화두를 잡게되는데 문제는 이 시점에서 융멸화두가 마음을 끊어버린다는 점이다. 마음이 끊어져 없어지는 상황에서 또 누가 있어 융멸화두를 나꿔채겠느냐는 말이지. 그러나 그렇지 않다.

§ 마음이 끊어지면서 화두를 잡는다는 역설(逆說)이 성립한다

화두란 천신만고 끝에 잡았다 싶으면 마음이 끊어져 마음이 끊어지고 말면 그뿐이라는 결론이 나올 법도 하지만, 마음이 끊어지면서 정말로 융멸화두가 영원히 소멸하지 않는다는 사실에 눈뜨게된다. 융멸화두를 잡았다 싶은 찰나에 마음이 끊어지니 이는 화두를 잡자말자 놓치게되는 것이지만, 융멸화두를 놓치게 될 때 비로소 융멸화두는 영겁에 존재하여 잃어버릴래야 도저히 잃어버릴 수 없다고 깨닫는다. 이것은 소위 역설(逆說)인데 역설이 엄연하게 성립하는 이유는 다음에 나온다. 일견(一見) 역설처럼 보이지만 내용은 그렇지 않다.

§ 마음의 궁절(窮節)이라는 용어를 쓰면 융멸화두를 얻게 된다

그리고 무엇보다 <마음의 궁절 = 융멸화두>라는 관계로 보면 역설이 아니었음이 드러난다. 즉 <마음의 궁절 = 화두의 궁절>이 되므로 도리어 궁절에서 만나서 역설이 아니다.

§ 마음 최후의 선이 끊기면서 융멸화두와 만난다

하지만 융멸화두가 마음을 끊는다는 말도 사실은 마음 최후의 선을 끊는다고 세밀하게 알고보면 <마음 최후의 선 = 마음의 궁절>이 되므로 마음이 끊어지는 지점(?)이 곧 융멸화두가 될 수 밖에 없는 것이다. <마음 최후의 선 = 마음의 궁절 = 화두의 궁절점>이 되어, 마음과 화두가 만나서 일치한다는 이치가 저절로 열린다.

§ 화두초점과 9진여식

화두초점의 이론에 의하면 <마음의 궁절점 = 화두초점(화두의 궁절점)=융멸화두>가 된다.

화두초점과 마음의 궁절점이 만날 때, 순간적으로 번개가 번쩍이듯이 화두초점이 전 우주를 확 꿰뚫는다. 화두초점의 이론에 의하면 융멸화두는 이름이 융멸일 뿐으로서 융멸화두가 영겁에 뻗쳐 존재하지 않을 도리가 없는 셈이다. 화두초점 이론에 의하면 융멸화두가 영겁을 꿰뚫지 않을 수 없다.

§ 무의식의 공(空)해지는 자성(自性)이 화두초점이요 융멸화두이다

이와같이 화두초점은 잡히는 순간이 놓아버리는 순간이요, 놓아버리는 순간이 잡히는 순간이 된다. 이러한 현상을 설명함에 의식과 무의식을 끌어와서 등장시켜보자. 잡히는 순간이 놓치는 순간이 되는 이유는 6의식과 8무의식의 자성(自性)이 공해져서 융멸화두를 잡을 주체가 소멸함을 뜻하며, 놓치는 순간이 잡는 순간이 되는 이유는 의식과 무의식의 자성이 공해지면서 그 공해진 무의식의 자성이 9진여식으로 동시에 화두초점이 되기 때문이다. 공해지는 8무의식의 자성이 9진여식이란 뜻이다. 이 9식이 동시에 화두초점이다. 이러한 의미에서 융멸화두는 잡으면서 놓치게 되고, 놓치면서 잡는 것이 된다. 즉 화두가 8무의식의 손에서 8무의식의 자성인 9진여식의 손으로 넘어가는 것이다. 8무의식의 세계에서는 융합화두로 있다가 융합화두가 8무의식을 깨뜨리면서 8무의식의 자성(自性)이 공(空)해져 9진여식이 되면 이것이 곧 융멸화두로서 영겁에 존재한다.

§ 의정 = 융합화두 = 불매화두 = 화두삼매

잡을 수도 없고, 놓을 수도 없다는 말은 무슨 뜻인가. 이것을 두고 의정이라 하지만 사실은 의정이란 <의정 = 융합화두>로서 문자화두(文字話頭)가 붕괴되고 융합하여 융합화두가 무몰식으로의 潛行(잠행)에 들어갔음을 의미한다. 이것이 진정한 의정이며 이러한 의정의 상태로 들어가 있는 현상을 가리켜 불매화두 혹은 화두삼매로 정의(定義)하기도 한다. 불매화두란 화두에 어둡지 않다는 뜻이니, 이것은 화두가 붕괴하여 융합하는 융합화두가 된 것이다. 하지만 융합화두는 어디까지나 화두에 어둡지 않다는 뜻일뿐 화두를 잡고 있거나 화두를 보고 있다는 뜻은 아니다. 융합화두는 정확하게 잡히지를 않는다. 화두초점이 잡혀서 화두의 낙처(落處)를 볼 때에 이르러서야 비로소 화두를 잡아서 화두를 보는 것이 되며 그 이전에는 화두를 잡는 일은 물론 화두를 보는 일이 불가능하다.

화두의 붕괴---함몰---융합---융멸의 과정에서 융멸의 단계에 와서야 화두는 정확하게 잡힌다. 화두의 일생을 간략하게 더듬어보자.

§ 4과정으로 인식되는 화두의 일생

<화두의 붕괴---함몰---융합---융멸>의 과정을 화두의 일생으로 본다. 크게 나누어 이 4과정을 거치는 화두에 꼭히 이름을 붙이는 것이 조금은 무리이기는 하지만 그래도 이름을 붙이자면, <붕괴화두---함몰화두---융합화두---융멸화두>라는 흐름으로 인식할 수 있겠다. 이것은 이미 여러번 논하였다.

§ 화두의 붕괴

화두선의 승패는 화두가 자연적으로 붕괴의 징후를 보이다가 붕괴과정으로 들어가는가에 달려있다. 언어로서의 화두가 만일 붕괴과정으로 돌입하지 않으면 화두를 잡고 의정은 의정대로 따로 일으키려고 애쓰는 방식으로 화두공부가 진행되는데, 누누히 밝힌 바처럼 이것은 화두공부가 아니다. 언어로서의 화두가 무너지면서 뭉치면 이 뭉쳐진 융합화두 자체가 의정이지 화두 따로 제쳐두고 일어켜야 할 의정 따로 있는 것 아니다. 화두붕괴 이론도 다른 단락에서 여러번 논하게 된다.

§ 화두의 함몰

여기에서 붕괴화두와 융합화두 사이에 함몰화두를 삽입한 이유는 붕괴가 단순한 붕괴로 끝나지 않고 안으로 향하는 붕괴, 화두 내부로 향하는 융합을 위한 붕괴임을 암시하기 위함이고 또 사실이 그러하다.

§ 융합화두의 의미

융합이란 녹아서 하나로 뭉침을 말한다. 융합화두는 화두의 함몰과정의 연속으로 인식할 수도 있겠으나 따로 융합(融合)이라는 용어를 쓰는 이유는 화두가 함몰에 뒤이어 하나로 뭉치면서(융합) 8무몰식으로의 잠행(潛行)에 들어간다는 사실에 있다.

화두가 붕괴와 자기함몰에 뒤이어 융합하면서 무몰식을 관통하는 현상은 화두선의 골수요 핵심이기 때문에 당연히 함몰화두에서 분리하여 융합화두를 배정해야 한다. 사실상 화두선은 그 내용이 융합화두에 있으므로 화두선에서 융합의 '융(融)'자의 의미를 체득하지 못하는 동안에는 화두를 모르는 것이 된다.

그리고 융합화두는 융멸을 향하여 나날이 더 미세해져간다.

§ 융멸화두(融滅話頭)는 영원히 존재한다

화두의 융멸은 단 한번 있는 행사이면서도, 융합화두의 융멸에서 나오는 이 단 한번의 융멸에서 융합화두는 융멸화두로 변신하여 영원히 존재하게 된다. 융멸화두는 이름이 융멸일 뿐으로 사실은 영원한 존재이다. 그러니까 융멸하므로서 도리어 융멸하지 않고 융멸화두로서 영겁의 세월에 뻗쳐 어둡지 않는 한가지 사실로 남는 것이다. 굉지록에 "만고에 뻗쳐 어둡지 않는 한가지 사실이 있다"는 말씀이 나오는데 융멸화두가 바로 그것이다.

내용은 그렇지 않으나 언어 자체만 따진다면 이것은 완전히 역설(逆說)이다. 융멸 즉 녹아서 없어짐으로서 도리어 영원히 존재하고 영겁의 세월을 뚫는다는 뜻이다. 융멸하는 것이 어떻게 영원히 존재하는 것일까?

§ '융(融)'자의 의미를 체득하면 '멸(滅)'쪽으로 번쩍 시선을 돌리라

융합화두의 그 '융(融)'자의 의미를 체득하면, 이번에는 눈을 반드시 '멸(滅)'쪽으로 돌릴 줄 알아야 한다. 융합화두를 계속 마음속에 품고 있는 듯이 생각해서는 안된다. 융합 뒤에는 융멸이 따른다. 융멸은 이미 마음속의 일이 아니다. 멸(滅)은 이미 마음이 아니다.

멸은 공(空)이요 필경공(畢竟空)이니 화두융합과 화두융멸의 작업은 마음을 떠나서 진행되는 일임을 깨달으라. 화두가 융(融)하면 시선은 이미 멸(滅) 즉 필경공쪽으로 번쩍 날아가야 한다. <융멸화두=필경공>이므로 융멸화두는 융멸하면서도 도리어 불가사의하게 존재하고 영겁의 세월을 꿰뚫는 것이다. 물론 오랜 세월의 수행이 필요하지.

§ <융멸화두=필경공>이라는 관계의 순관과 역관

화두는 필경공이라는 관계의 순관(順觀)과 역관(逆觀)이 필요하다는 말이 여기에서 나온다. 순관은 이러한 관계를 앞에서 뒤로 살피는 것이고, 그리고 역관은 뒤에서 앞으로 살피는 것이다. 화두가 필경공임에 눈 밝은 것이 순관이고, 거꾸로 필경공이 화두임에 눈 밝아 추호의 의심도 없음을 역관이라 한다.

순관이든 역관이든 추호의 의심도 없어야 하는데, 이런 신묘(神妙)한 관찰은 8무의식을 산산조각내면서 얼마나 정확하게 화두를 융멸시키는가, 무의식을 산산조각내는 융멸화두를 얼마나 정확하게 보는가에서 나온다. 이것 이외에는 없다. 융합화두가 융멸하여 융멸화두 되는 이치에 얼마나 눈밝은가에 달려있다. 화두가 융합하여 융합화두로 얼굴을 바꿀 때 시선이 번쩍 융멸쪽으로 향해야 함이다.

§ 망상

만일 <융멸화두=필경공>이라는 관계의 순관과 역관이 명백하지 못하면 자신의 화두공부가 망상에 지나지 아니함을 깨달아야 한다. 자기의 공부가 의식의 세계를 벗어나지 못하고 의식의 장난질에 속아넘어가 그 범위 안에서 온갖 탐색에 몰두하고 있음을 깨달아야 한다.

§ 융멸화두는 천문(天門)을 확 열어젖힌다

융멸화두는 북두성(北斗星) 속으로 들어간다. 북두성 속으로 들어감으로서 천문(天門)을 활짝 열어젖힌다. 그러니까 화두를 융멸시키는 융멸화두의 일은 마음을 떠나 진행되면서 하늘문을 확 열어젖히는 비밀 중의 비밀이다.

어쩔 도리없이 화두를 마음으로 잡는다고 하고 또 실제로 그렇게 하고 있지만, 화두가 융합하여 융합화두가 되면 이것은 이미 마음을 떠나서 이루어지는 작업인 줄 알아야 한다. 마음을 떠나서 천문을 열치는 이 신묘(神妙)한 작업에는 신묘라는 표현이 부족하다.

§ 무애자재

화두가 융멸하면 하늘문을 열어서 원효대사의 말씀처럼 영원히 떠난다. 융멸의 이치는 마음에서 이루어지는 것이 아니므로 화두융멸이 되면 마음에서 영원히 떠나는 것이 된다. 영원히 떠나므로 영원한 무애자재를 누린다. 누린다고 하면 '나'에 집착하게 될 터이므로 영원한 무애자재 그 자체가 된다고 표현한다.

§ 융멸화두와 화두의 낙처

화두융합과 화두융멸의 이론을 밟으면 화두가 마침내 떨어지는 곳 즉 화두의 낙처는 융멸화두 그 자체임이 명백해진다. <융멸화두 = 화두의 낙처 = 화두의 귀결처 = 필경공 = 9진여식>이라는 등식이 또한 명백하게 성립한다.

51. 불매화두(不昧話頭)라는 환절기(換節期)

§ 화두가 없으면 무기공이다

서산대사의 선문촬요에 다음과 같은 선경어(禪警語)가 나온다.

보제존자가 각오납자에게 보이셨다.

"고요함 가운데 화두가 없으면 무기(無記)라 하고, 고요함 가운데 화두에 어둡지 않으면 신령(靈)함이라 한다."

불매화두(不昧話頭) 즉 화두에 어둡지 않다는 의미이다. 화두선 하는 사람들로 하여금 목숨 떼어놓고 화두에 매달리게 하는 고비가 바로 이 불매화두라는 환절기다. 우주를 한입에 삼키느냐 마느냐의 문제의식으로 화두가 다가선다. 이 환절기에 접어들면 화두는 놓을 수도 없고 잡을 수도 없게 된다.

§ 어째서 불매화두라는 표현이 나왔을까?

보제존자는 어째서 <화두에 어둡지 않으면 = 불매화두>라는 표현을 사용했을까? 여기에는 2가지 분석이 나온다. 불매화두를 융합화두로 보는 경우와 융멸화두로 보는 경우이다.

먼저, 보제존자는 단순히 "화두가 있으면"이라는 표현 대신에 "화두에 어둡지 않으면"이라는 표현을 사용함으로서 화두가 융합 또는 융멸의 과정에 진입했음을 암시하고 있다.

이러한 이해 위에 불매화두를 융합화두로 본다면 이것은 의정이다. '불매화두=의정'이 된다. 그런데 융합화두의 상태로는 화두에 밝다고 할 수 없고, 화두가 융멸한 융멸화두에 이르러서야 화두가 정확하게 잡히므로 '어둡지 않는 화두'는 결국 융멸화두가 되어야 한다. 말하자면 화두의 의미를 알아맞춘 것이다. 이렇게 해석이 되어야 신령함의 그 령(靈)의 뜻에도 부합한다고 보겠다.

그러나 융합화두를 의미한다고 해도 무방하므로, 앞에서도 해설한 바와 같이 융합화두 즉 화두를 잡을 수도 놓을 수도 없는 환절기(換節期)로 논하고자 한다. 화두를 잡지도 놓지도 못하는 이 환절기를 화두와 사람이 서로 따돌리고 추적하는 상관관계로 파악해보자.

51. 불매화두(不昧話頭)라는 환절기(換節期)

§ 사람이 화두를 추적하는 솜씨 = 화두가 사람을 따돌리는 솜씨

이것은 사람과 화두가 서로 분리해나가는, 서로 떨어져나가는 현상으로 볼 수도 있다.

화두의 입장으로는 6의식에서 떨어져나가 함몰과정에 돌입하는 것이니 익은 열매가 꼭지에서 떨어져나오는 이치와 같으며, 6의식의 입장에서는 함몰과정에 돌입하는 화두를 놓치고 화두에서 떨어져나가는 것이니 꼭지가 익은 열매에서 떨어져나오는 이치와 같음이다. 이렇게 해서 6의식은 화두로부터 서서히 자유로워지고, 화두는 6의식으로부터 서서히 자유로워진다.

§ 바늘구멍에서 겨자씨로, 겨자씨에서 시야 밖으로

재미있는 화두를 선택하여 이것이 무슨 도리인가 하고 참구하고 참구하면 화두는 스스로 붕괴되어 그 바늘구멍보다 더 작은 몸을 감추면서 마침내는 사라지고만다. 그 바늘구멍보다 더 작아지는 화두를 잡으려고 오랜 세월을 두고 무던히도 애써왔다. 하지만 화두는 조금의 보답은커녕 도리어 겨자씨보다 더 작은 몸을 나날이 더욱더 작게 축소해가다가 마침내는 사람의 시야에서 벗어나고 만다. 그러나 바늘구멍이든 겨자씨든 하나의 비유에 지나지 않음은 이해해야 한다.

§ 번개처럼 소멸하는 화두

사람이 아무리 애를 쓰며 화두를 잡으려해도 소멸해가는 화두의 무한속도를 따라잡기는 힘에겨운 법이다. 화두라는 생각

이 머리에 떠오르기만 해도 화두는 다시 번개같은 속도로 소멸해가는 데에는 사람은 환장한다. 그러다가 바늘구멍보다 더 작은 화두는 그야말로 바늘구멍보다 더 작은 해결책 하나 남겨놓지 않은채 녹아 없어진다. 무심하기 짝이 없는 화두다.

사람은 처음부터 끝까지 그야말로 화두 한번 만나보지 못하고 짝사랑으로 일관하다가 짝사랑으로 종결되는 해괴한 짝사랑놀이다.

§ 화두를 추적하는 솜씨는 못속인다

이치는 이러하나, 이 시절은 짝사랑놀이로만 끝나지 않도록 마음을 지극히 세밀하게 사용해야 하는 시절이다. 얼마나 화두를 지독하게 연모(戀慕)했으면 잠자면서도 잊지 못하는 오매일여의 경지로까지 들어가겠는가. 오매일여의 경지로까지 들어가 잠자면서도 잊지 못하였건만 화두는 끝내 사람을 헌신짝처럼 차버리고는 뒤도 돌아보지 않고 녹아 없어진다.

하지만 이렇게 화두를 해온 사람이라면 비록 화두를 손아귀에 넣을 도리는 없으나 화두를 추적해가는 솜씨는 못속인다. 화두를 추적하는 비범한 솜씨는 이 사람을 성자(聖者)로 만들고도 남는다. 사실이 그렇다.

§ 인간정신 최후의 극미세(極微細)한 선(線)

아울러 분명히 하고 싶은 것은, 사람이 화두를 추적하는 솜씨는 화두가 사람을 따돌리는 솜씨라고도 할 수 있다. 동전의 앞면과 뒷면처럼 말이다. 세상에 그 누구도, 그 어떤 것도 화두보다 더 기막힌 솜씨를 보일 수는 없으리라. 화두가 인간정신 최후의 선(線)을 가만히 뚝 끊어버리면, 사람은 화두로부터 버림받고 화두로부터 내동댕이쳐지듯이 떨어져나와 하루아침에 어디에도 오갈데 없는 천하의 고아가 되는 셈이다. 이리하여 짝사랑놀이는 끝난다.

이것이 사람과 화두가 서로 버리는 소식이다.

§ 화두융합이 정밀하지 못하면 무의식에 걸린다

위에서 말했듯이 화두가 사람으로부터 떨어져나가 소멸하고 사람이 화두로부터 떨어져나와 천하에 다시 없는 고아신세가 되고말면 그것으로 일은 끝나 그만이지만, 보제존자가 말씀하시는 불매화두의 상태에서는 정말로 화두가 사람으로부터 떨어져나간 것은 아니라는 뜻이다. 철저하게 자유롭다 싶어도 사실은 철저한 것이 못되었다는 의미다. 화두의 완전소멸에는 이르지 못하였고 그리하여 화두가 마침내 돌아가는 곳은 그때까지는 못보았으니 불매화두 즉 화두에 어둡지 않은 상태가 지속되는 것이다. 화두가 무의식을 뚫지 못하여 무의식에 걸려있기 때문이다.

§ 융합화두에 실체가 있는 것은 아니다

그렇다고 하여 화두가 무슨 뚜렸한 몸을 형성하여 무의식을 뚫는 작용이라도 하는 듯이 이해하면 안된다. 그런 것은 단지 의식의 장난이요, 의식의 속임수에 불과하다. 관념놀이에 속아 넘어가는 일이 있어서는 곤란하다.

화두에 무슨 실체(實體)가 있어서 마음을 뚫는 것은 분명 아닙니다. 맹랑하기 천하에 짝이 없는 화두를 보고 사람의 마음이 스스로 열리는 이치이기는 하지만 결과적으로 심층의식이 간파(看破)당하게 되므로 화두가 심층의식을 뚫는다는 말이 나오는 것이다. 이것이 불매화두의 소식이다.

52. 백설미인(白雪美人)과 제바종의 섬광(閃光)

§ 동정호반의 설경

구름이 대지(大地)에 모여드니 편계(徧界)는 숨김이 없음이라
눈이 흰 갈대꽃을 뒤덮으니 차별상(差別相)이 끊어졌구나
냉혹함은 빙설(氷雪)같고 미세함은 지극(至極)함을 극(極)하였나니
깊고깊어 엿보기 어렵고 밀밀(密密)함은 측량하기 어렵도다.

벽암록 13칙 파릉은완리설(巴陵銀椀裏雪)에 나오는 수시(垂示) 전반부의 한문을 대의(大義)를 살리면서 번역해보았다. 수시는 물론 벽암록의 저자인 원오극근이 제13칙의 주인공인 파릉의 심정을 대변해서 부른 노래이다. 은완(銀椀)은 은주발이요, 리(裏)는 안(속)이라는 뜻이고, 설(雪)은 눈이며, 파릉은 파릉신개원(巴陵新開院)이라는 절 이름이다(여기에서는 파릉스

님을 가리킴).

'파릉은완리설'은 어떤 승이 파릉스님에게,
"어떤 것이 제바종(提婆宗)입니까?" 하고 질문한데 대하여, "은주발에 가득한 눈"이라고 대답한데서 연유한 공안이다.

은주발에 가득한 눈이라는 대답을 들은 그 승은 아무런 말도 없었다 한다.

파릉스님은 풍광(風光)이 수려한 동정호반에 자리잡은 파릉신개원에 머물면서 풍류적인 생활을 하고 있었다. 호반은 빽빽하도록 무성한 갈대숲이 뒤덮었다. 때는 겨울철이라 머리에 일제히 갈꽃을 이고 있는 대단한 갈대숲 위로 눈은 내리고, 내리는 눈은 갈꽃에 쌓이고 쌓여 얼어붙은 동정호반 일대는 절경을 이루었다.

'은주발에 가득한 눈'은 문자 그대로 은그릇의 눈으로 봐도 되겠고, 동정호반의 아름다운 설경(雪景)으로 봐도 무방하겠지.

§ 이 거대한 괴(塊)

'은주발에 가득한 눈'이든 '동정호반의 뛰어난 설경'이든 진리의 실상(實相)을 표현하기를, '너'고 '나'고 우주고 뭐고 할 것 없이 모두 한덩어리 되어 뽑혀나가떨어진 모습이 한점 흠 없는 눈같이 흰 살결의 미인을 너무나 연상하게 하므로, 이 거대한 한덩어리 이 거대한 塊(괴)를 백설미인에 비유하여 노래하고 있음을 알아야 한다. 백설미인(白雪美人)의 출현이다.

8식이 끊어지고 출현하는 무루심(無漏心) 혹은 법계(法界)라는 것이, 8식이 끊어지고 8식의 간섭에서 벗어남으로서 한 점의 홈도 없는 백설미인에 비유되고 있다는 뜻이지. 수시로서 등장하는 원오극근의 4행시(詩)가 또한 백설미인을 노래하고 있음이야.

"냉혹함은 빙설 같고, 미세함은 지극함을 극하였나니
깊고깊어 엿보기 어렵고 밀밀함은 측량하기 어렵도다."

이 4행시 후반부 두 줄은 한점 홈 없는 무루심을 '은주발의 눈'이나 '동정호반의 설경'을 동원하여 설명하겠다는 의도를 내비침이야. 냉혹함은 냉처요, 미세함은 세처요, 깊고 깊음은 심심처요, 밀밀함은 밀밀처라!

§ 8무의식이 끊겨져나갈 때

원오극근의 4행시에 나타나는 차갑고 세밀하고 깊고 꽉참이 비록 무루심이나 법계를 설명하기 위하여 등장하였다 하더라도, 한마디로 8식이 끊겨져나갈 때의 상황을 설명하는 것에 지나지 않는다.

8식이 끊겨져나간 다음의 세계를 법계라 하든, 무루심이라 하든, 은주발의 눈이라 하든, 백설미인이라 하든 그것은 사실 별문제야. 냉혹하고 세밀하고 깊고 깊으며 꽉차오르는, 8식이 끊겨져나갈 때의 그곳의 상황이 중요하다는 말이지. 이런 과정을 거쳐서 8식이 끊겨져나간 다음에 출현하는 은주발의 눈이 백설미인이라면, 백설미인의 조건은 8식이 끊겨져나갈 때의 상황과 일치하지 않으면 안되겠지.

§ '은주발에 가득한 눈'으로서의 백설미인의 살결의 조건을 나열하면

(1). 냉혹함이 냉혹함을 극하여야 한다.(냉처冷處)
(2). 세밀함이 세밀함을 극하여야 한다.(세처細處)
(3). 깊음이 깊음을 극하여야 한다.(심심처深深處)
(4). 꽉 참이 꽉 참을 극하여야 한다.(밀밀처密密處).

차별상(差別相)이란 결국 8식으로서, 미세한 망념인 8식이 차별상이니 8식이 공해지면 차별상이 끊어져서 은주발의 눈이나 동정호반의 설경 같은 백설미인이 나타나는데, 이 백설미인이 무루심이다. 은주발에 가득한 눈과 같은 백설미인이 출현하니 차별상이 끊어지고, 차별상이 끊어지니 이것이 곧 진리의 실상이다.

천하에 뛰어나다는 동정호반의 설경으로 미루어 짐작컨데 걸림없이 자유자재하다는 식의 역동적인 표현 대신에 냉처 세처 심심처 밀밀처라는 수시에 나오는 문장의 등장은 너무나 당연한 귀결이다.

§ 일체로서 떨어져나오는 9식

그런데 8식이 끊겨져나가고 현발하는 9식을 등장시켜보자.
(1). 9식은 절대무사(絶對無私)의 절대공기(絶對公器)이다. 9식은 사사(私私)로운 물건이 아니고 공적(公的)인 물건이니 이러한 까닭에 백설미인처럼 냉혹한 것이다.

9식의 무사(無私)함이 이와같아서 냉혹하기로 말하자면 빙설(氷雪)로도 비유가 안된다.
(2). 9식은 緣起(연기)의 세계의 자성(自性)이다.

연기의 세계가 이 9식에서 나오고 이 9식으로 들어간다. 연기의 세계 그 자체가 9식이다. 세밀함을 극한다는 말의 의미는

9식의 이러한 특성에서 나온다.

(3). 8식이 끊겨져나간 다음의 9식은 이미 마음이 아니다. 9식은 깊이깊이 끊겨져나간 세계다. 그러므로 9식은 마침내 얻지 못한다. 9식의 이러한 특성을 두고 깊고 깊다고 하는 것이다. 9식을 비밀장(秘密藏)이라 부르는 이유는 여기에 있다. 8식이 떨어져나가되 떨어져나간 흔적을 남기지 않기 때문이다.

(4). 8식이 떨어져나간 다음의 9식은 깊이깊이 끊겨져나간 세계다. 그러므로 8식이 떨어져나가면서 반대로 떨어져나온 이 9식은 진공(眞空)이면서도 바늘 하나 꽂을 자리도 없이 꽉 차있다. 8식이 끊겨져나갈 때 일체를 몽땅 넘겨주면서 끊겨져나갔기 때문이요, 일체를 넘겨받으면서 일체로서 떨어져나온 이것이 9식이기 때문이다. 9식의 이러한 특성으로 인하여 9식을 밀밀처(密密處)라 부르는 것이다.

하지만 차별상이 끊어짐을 이상의 네가지로 설명해보았을 뿐 결국은 서로 같은 것으로 다르지 않다.

§ 만고에 뻗쳐 어둡지 않는 한가지 사실

굉지록(宏智錄)에도 이런 글이 나온다.

"마음이 안온하며 꽉 차있고 살아날 방도가 차고(냉) 서늘한 때에 문득 겁이 공(空)함을 보아서 ---공허함이 지극하여 광명이 있고---만고(萬古)에 뻗쳐 어둡지 않는 한가지 사실이 있다."

마음이 안온하고 꽉 차있다는 뜻의 전지온밀밀처(田地穩密密處)에도 밀밀처가 나오고, 살아날 방도가 차고 서늘한 때라는 뜻의 활계냉추추시(活計冷湫湫時)에도 냉추추가 나온다. 화두가 8식을 깊이 사무쳐들어가면 마음이 점점 더 꽉차오름을 밀밀처라 해설하고, 8식의 뿌리가 서서히 들어남을 냉추추 즉 '차고 서늘한 때'라고 분명히 해설한다.

이 상태에서 문득 겁이 공함을 본다는 말은, 마음이 꽉차고 꽉차서 마침내는 8식이 끊어짐으로서 마음이 절대로 새어나갈 수 없다는 최후의 사무침을 돌파해나갈 때 나오는 말이다. 만고에 뻗쳐 어둡지 않는 한가지 사실이란, 8식이 끊어져서 공해질 때 나타나는 9식이다.

여기까지가 제바종을 물어온데 대하여 파릉이 은주발에 가득한 눈이라고 대답한 사연을 풀어본 것이다.

§ 가나제바 존자와 섬광(閃光)

다음에 불교의 한 종파로서 제바종을 살펴보자.

부처님의 법맥(法脈)을 이어받은 14조인 용수보살의 제자에 가나제바존자가 계신다. 가나제바존자는 불조정전(佛祖正傳) 15조가 되며 이분의 사상의 골수가 제바종으로 일어나서 후세(後世) 불교계를 풍미(風味)한다.

외눈(片目)을 의미하는 가나와 하늘 또는 신을 의미하는 제바의 가나제바존자는 문수보살과 같은 지혜와 폭포수처럼 쏟아지는 변재(辯才 : 말솜씨)를 구비하고 중남부 인도의 외도(外道) 및 소승교파를 파죽지세로 설파(說破)하여 대승불교를 크게 일으켰으나 외도의 원한을 사서 비장하고 성스런 순교(殉敎)를 하였다.

인도의 중관파(中觀派)를 중국에서는 삼론종(三論宗)이라 부르는데 제바보살은 그의 스승인 용수보살과 함께 삼론종의 개조(開祖)로서 추앙받고 있다. 가나제바존자는 지혜와 변설(辯舌)로서 외도와 소승교파를 격파한 후에는 섬광의 깃발을 들고 개선하였다. 이 위대한 인물은 외도와 소승을 깨뜨리고 불일(佛日)을 빛내기 위하여 처음부터 섬광처럼 번쩍이는 깃발을 내걸었으리라 생각된다.

제바종의 기본교리는 파사현정(破邪顯正)을 지향한다. 파사(破邪)란 삿된 것을 깨뜨린다는 뜻으로 외도와 소승의 바르지 못한 견해를 깨뜨림이요, 현정(顯正)이란 바른 것을 드러낸다는 뜻으로 무소득의 진공을 드러냄이다. 아울러 파사가 곧 현정이고 현정이 곧 파사라고 주장했다. 불교역사상 파사현정이라는 대의(大義) 아래 섬광의 깃발을 내걸고 외도와 소승의 사상을 적극적으로 격파한 종파(宗派)는 제바종 이외는 없다. 그만큼 제바종은 보살행에 충실하였던 것이다.

§ 진공묘유

그런데 뜻밖에도 한가지 흥미로운 사실과 만나게 된다. 섬광(閃光)의 제바종을 파릉스님은 '은주발에 가득한 눈'이라고 말한 사실이다. 말하자면 깃발의 섬광과 백설(白雪)의 대조이다. 그러나 섬광과 백설은 진실로 어울린다. 샛하얀 섬광에 흰 눈 이상으로 어울리는 그 무엇이 따로 있겠는가.

불교의 핵심이요 골수(骨髓)는 진공묘유(眞空妙有)이다. 공은 공이되 묘유(妙有)의 공이요, 유는 유이되 진공(眞空)의 유이다. 없음은 없음이되 묘하게 있음의 없음이요, 있음은 있음이되 묘하게 없음의 있음이다. 연기법은 자성(自性 : 뿌리)이 없어 공하지만, 서로 의지하여 마침내 무너짐이 없으니 불가사의하게 존재한다(묘유 : 부사의하게 있음)는 뜻이다.

연기법은 자성이 공한 진공의 세계인데, 진공의 세계가 다시 무너질 듯 한가. 진공의 세계는 더 이상 무너질래야 무너질 도리가 없는 것이다. 이 더 이상은 어떻게도 무너질래야 무너질 도리가 없는 연기의 세계, 진공의 세계를 비유하는 데에는 은주발에 가득한 눈이나 새하얀 섬광의 깃발 이상의 표현어구도 찾기 힘들 것이다.

§ 섬광(閃光)의 깃발과 동정호반의 설경

'더할나위없이 숭고한 순교의 꿈'이라는 문(門)으로 들어선 제바보살은 여러 깃발 중에서 자신의 눈 앞으로 가까워오는 불꽃처럼 날름대는 혓바닥(변설)의 깃발을 물끄러미 바라보다가 추호의 망설임도 없이 빼어 잡았다. 그리고 순교의 길을 밟았다. 섬광의 깃발을 뽑아 높이 들고 적극적으로 외도와 소승을 침몰시키며 천하를 평정한 후 순교를 열반의 방편으로 선택한 사람은 제바보살 한 사람뿐이었다. 이 날름거리는 불꽃같은 변설의 천재 제바보살 이전에도 없었고 이후에도 없었다.

그러나 후세 사람들은 다르다. 불교는 이미 중국으로 넘어와 동양정신문화의 정수(精髓)를 이루었다. 그리하여 중남부 인도의 외도를 침묵시키던 제바종의 깃발은 동정호반에 자리잡은 신개원의 은주발의 눈으로 돌아간다.

거대한 산맥으로 일어섰던 제바보살의 제바종은 꿈결 속에 묻혔지만, 이제는 돌아와 파릉신개원의 방문을 열고 바라다보는 파릉스님의 시야에는 제바종의 섬광이 백설이 되어 동정호반의 갈대숲 위로 하염없이 쌓이고 또 쌓인다.

53. 극미세(極微細)한 화두와 극미세한 마음이 만나는 곳이 화두초점이다

§ 4월 훈풍에 지는 복사꽃

암자 마루에 홀연히 혼자 앉아 사월(四月) 훈풍에 흰눈인 듯 날리는 도량의 복사꽃을 목도(目睹)하고 홀연히 마음이 끊긴 대장부가 있다. 영운지근(靈雲志勤)은 위산영우의 제자로서 돌이 대나무 치는 소리를 듣고 해탈한 향엄지한의 후배이기도 하다. 도량에 날리는 복사꽃과 더할나위없이 희유한 인연으로 만난 영운은 회심(回心)의 시(詩) 한 수를 짓는다.

"삼십년 검(劍) 찾던 나그네여
몇번이나 잎지고 가지 돋아났던가
복사꽃 한번 본 후
이제 다시는 의심 없도다."

삼십년 동안을 마음 끊을 검 찾던 나그네가 지는 복사꽃 보고 홀연히 마음이 끊겼다는 내용의 오도송이니 그 감격이 어떠하였겠는가. 삼십년을 찾아 헤맸으니 스물 아홉번이나 복사꽃은 피고 졌으리라.

§ '홀연히'는 '갑자기'가 아니다

마음이든 화두이든 '홀연히' 끊긴다. 그런데 '홀연히'는 '갑자기'라는 뜻이 아니다. 마음과 화두가 갈 때까지 가서 미세해질대로 미세해져 있어야 '홀연히'가 가능하기 때문이다. 홀연히라고 하여 때도 되지 않았는데 갑자기 끊어진다는 의미가 아니란 말이다. '홀연히'는 인연이 이미 익을대로 익어 있었다는 의미로서 결코 '갑자기'를 뜻하는 것이 아니다. 이와같이 화두는 홀연히 녹고말아 시간적인 간격이 없다.

§ 목숨과 일치하는 화두

화두와 마음이 만나는 이치는, 화두이든 마음이든 둘 다 갈 때까지 가서 극미(極微)의 상태 즉 더 이상 미세해질 수 없는 상태에 이르러야 마침내 화두와 마음은 만나고 만나서 끊어지고 만다. 극미(極微)의 화두와 극미의 마음이 만나서 하나가 될 때 동시에 끊어진다. 극미의 화두와 극미의 마음이 만나는 곳이 화두초점(話頭焦點)이다. 그전까지는 화두와 마음은 한번도 만나지 못했던 것이다. 이러한 현상을 가리켜 화두가 목숨과 일치한다고 말한다.

봄바람에 흐드러지는 복사꽃이 영운지근의 마음을 끊은 사실은 영운지근의 마음이 이미 갈 때까지 가서 최후의 미세함에 사무쳐 있었기 때문에 가능했다는 뜻이다. 적멸하는 화두의 안내를 받아서 마음이 최후의 선(線)까지 가 있었다. 이와같이 인연이 익을대로 익어 준비가 되어 있어야 '홀연히'가 가능해진다.

§ 남해에 떠오르는 보름달을 한입에 삼킨 초의선사

동다송(東茶頌)의 저자이기도 한 조선시대의 초의(草衣)선사는 월출산의 모습이 마냥 좋아서 땀을 흘리며 무작정 산정(山頂)까지 올랐다. 전하는 바에 의하면 말이지.

그런데 말이다. 월출산 산정에 오르니 산정에서 멀리 바라다 보이는 확트인 남해(南海)에서는 때마침 한아름은 족히 되고도 남을 큼직한 보름달이 두둥실 떠오르고 있었다는 게야. 문제는 그 정경이 너무나도 숭엄(崇嚴)했다는 사실에 있었어.

초의는 상상도 하지 못했던 그 장엄한 광경을 목격하고는 얼키고 설킨 세상만사에 대한 일체의 의심이 홀연히 풀리고 녹아 없어지는 미증유(未曾有)의 불가사의를 체험했다는 게야.

초의선사의 경우도 마찬가지다. 세상 모든 일이 인과의 법칙에서 벗어날 수는 없다는 뜻이야. 즉 남해에 떠오르는 한아름이나 되는 보름달을 고스란히 한입에 삼킬 수 있을만큼 초의의 마음이 거울처럼 비워져 있었을 거라는 추측이지. 세상만사 잡동사니 부스러기가 마음을 가득히 메우고 있었다면, 준비가 되어 있지 않았다면 어찌 '홀연히'가 가능했겠는가.

§ 마음은 갈 때까지 가야 한다

영운이 마루에 앉아 봄바람에 날리는 복사꽃을 보고 홀연히 마음이 끊긴 것도 마음이 갈데까지 가 있었기 때문에 홀연히 끊기는 일이 가능했었다. 마음이 최후의 선(線)까지 밀려가 있었다. 그의 시선을 통하여 마음 속으로 날아들어오는 복사꽃이 마침내 마음을 가득히 가득히 메우고 또 메웠을 때, 한 오라기가 되어 끊어질 듯 끊어질 듯 남아있던 마음의 선이 문득 툭 끊기고 말았던 것이지. 그 순간 마음은 복사꽃처럼 툭 터져 흐드러지면서 복사꽃으로 복사꽃으로 날리고 또 날렸겠지.

§ 물결 따라 흔들리는 달 그림자

박산무이(博山無異)의 참선경어(參禪警語)에 나오는 내용이다.

현사가 말씀하셨다.

"가령 가을 물에 비친 달그림자처럼 물결따라 흔들리며 흩어지지 않고, 고요한 밤에 들리는 종소리처럼 치는대로 틀림없이 들린다 하자. 그러나 그것도 아직은 이쪽 언덕에서 일어나는 일이다"

이쪽 언덕의 일이라는 말은 화두가 무의식을 뚫지 못하여 무의식에 걸려 있다는 뜻이다. 이쪽 언덕이란 무의식이다. 그리고 이어서 화두가 최후로 떨어지는 곳을 설명하기를,

"시방세계의 어디에도 그림자가 없고 삼계(三界)에도 자취가 끊어졌으며, 오고가는 인연속에 떨어지지도 않고 중간에도 머물 뜻이 없다. 이 가운데에서 실오라기만큼이라도 미진(未盡)한 부분이 있으면 마왕의 권속이 될 것이다. 이것이 곧 '이 한 구절이 하늘에 닿으니 팔 만의 문(門)에 생사(生死) 뚝 끊겼다' 하는 소식이다."

§ 화두는 녹아서 어디로 가는가

화두가 붕괴된다고 해서 없어지는 것은 아니며, 화두가 융멸한다고 해서 녹아서 없어지는 것은 아니다. 없어진다 해서 정말로 없어지는 것이 아니란 말이다. 먼저 화두가 융멸하여 없어지는 조목을 보자.

"시방세계 어디에도 그림자가 없고
삼계에도 자취가 끊어졌으며
오고가는 인연 속에 떨어지지도 않고
중간에도 머물지 않는다."
이상이 화두가 붕괴되고 녹아서 없어짐을 밝히는 전반부다.

§ 화두는 하늘에 닿아 있다

하지만 화두가 녹아서 없어져도 마침내 없어지지 않음을 증명하는 후반부를 보자.
"이 한 구절이 하늘에 닿으니…"
하는 부분이다. 시방세계 어디에도 그림자가 없지만, 마침내 화두는 하늘에 닿아있는 것이다. 화두가 천문(天門)을 연다.

§ 묘하게 있음의 없음

연기(緣起서로 인연하여 일어나는 것)의 세계를 설명하는 진공묘유(眞空妙有)라는 말을 모르는가. 없음은 없음이라도 묘하게 있음의 없음이요, 있음은 있음이라도 묘하게 없음의 있음이다. 공은 공이되 묘유의 공이요, 유는 유이되 진공의 유이다. 화두의 융멸은 '묘유의 공'으로 이해해야 한다. 없음은 없음이라도 묘하게 있음의 없음으로 이해해야 한다는 말이다.

§ 융멸화두는 찬란한 빛으로 살아 움직인다

박산은 현사의 이 말씀을 평가하기를,
"과연 찬란한 빛으로 살아 움직이는 경지"라고 했다.

화두가 융멸한다고 해서 그야말로 아무것도 없는 텅빈 단멸공(斷滅空)이 된다고 알면 절대로 안된다. 화두는 융멸하여 드디어는 찬란한 빛으로 살아 움직이는 것이다.

54. 구중궁궐(九重宮闕)에서 보내오신 효봉(曉峰)스님의 편지

§ 아방궁 속의 진시황(秦始皇)

화두가 북두성(北斗星) 속으로 들어가면 불가능한 일이 없어진다. 화두가 북두성 속으로 들어가서 마침내 무의식을 산산조각 내면 실제로 쇠나무에 꽃피고 거북이 등에 털 난다.

이런 웃지도 못할 일이 언어의 영역에서만 가능하다는 생각이 그래도 참선을 좀 했다고 하는 사람들조차 가지고 있는 단단하게 굳어진 관념이다. 실제로 쇠나무에 꽃핀다고 대답하는 사람을 찾는 일이 불가능한 일까지는 아닐테지만 천리 만리를 가봐도 만나기 힘들 것이다.

그러면 우리 모두 구중궁궐(九重宮闕)에 들어가 앉으신 효봉(曉峰)스님께서 보내온 편지를 꺼내 읽어볼까.

"바다속 제비집에 사슴이 알을 품고
타는 불속 거미집에 물고기가 차 끓이네
이집안 소식을 뉘라서 알리오
구름은 서쪽으로 달은 동쪽으로."

맹세코 하는 말이지만 이것은 둘레가 1000리를 넘었다는 진나라의 궁궐 아방궁(阿房宮)에서 보내오는 진시황(秦始皇)의 편지야. 진시황이 아니고서야 그 누가 이렇게 깊고깊은 구중궁궐 한복판을 향하여 일직선으로 날아가 꽂힐 수가 있었겠나. 구중궁궐 한복판으로 날아가 꽂힌 인간이 아니고서야 어떻게 무슨 수로 이런 해괴망칙하고 발칙한 서신을 감히 보내온단 말인가.

§ 희미하게 깜박이던 섣달밤의 먼 별빛

　그런데 이 편지를 효봉스님께서 보내셨다는 게야. 내 감히 공언하거니와 효봉스님 같은 분이라면 아방궁 같은 곳에 열몇 번은 더 태어나실 것이야, 마음만 먹는다면 말이다. 껄껄걸. 효봉스님은 도대체 구비구비 몇구비를 돌고 또 돌아 아방궁에 도착하신 것일까?

　산 넘고 물 건너 또다시 벼랑을 만나고 벼랑끝에서 온몸을 날려 따이빙해서 만길 벼랑 아래로 뛰어내리고 그것도 모자라서 또 짙은 흙냄새를 실어나르는 남풍(南風)이 끊임없이 남녘으로부터의 화신(花信)을 전해올 때면 4월의 라일락 꽃가지 옆을 지나고 창밖에 황사(黃紗)가 밀리는 4월의 밤을 불안과 초조로 잠 못이루고 5월의 연두색으로 눈시린 관목숲을 통과하고 7월의 뇌우(雷雨)와 함께 먼산 너머로 물러가는 간헐적인 뇌성(雷聲), 북서풍이 호호거리며 갈라진 얼음장 사이로 긴 휘파람을 나직히 불어대는 섣달, 그 섣달밤의 칠흑같은 들녘을 더듬어 나무숲을 울리는 밤바람 소리에 멀리 탐조등처럼 희미하게 깜박이는 별빛을 따라서 흘러가다가 --- 마음이 갈

때까지 갔다는 뜻이지.

§ 화두는 북두성(北斗星) 속으로

그야말로 효봉스님은 천신만고 끝에 이르런 북두성 속의 황궁(皇宮)에서 한 소식 전해오신 것이야.

화두를 뭉쳐서 무의식의 벽을 넘지 못하면, 무의식의 벽을 넘어서 진여식(眞如識)에 이르지 못하면 알아들을 도리는 전혀 없는 셈이다. 그래서 오도송의 끝구절에 '이집안 소식을 뉘가 알겠는가' 하고 말씀하지 않았던가. 이론으로 따져서 가능하고 못하고의 문제가 아니다. 화두가 북두성으로 들어가면 가능하지 못한 일이 없어진다. 그러나 현실적으로는 불가능하지 별수 있겠느냐고 비실비실 웃는 사람도 있을 수 있다. 밝혀둔다. 현실적으로도 얼마든지 가능함을!

§ 우주는 허공 중에 떠있다

기적은 얼마든지 있다.

예컨데 우주는 虛空(허공) 속에 建立(건립)되어 있다. 말하자면 우주는 허공 중에 떠있다. 어떤 것도 뿌리나 근거 따위가 있을수 없다. 우주를 포함하여 그 어떤 것도 허공 속에서 건립되는 것이지 허공을 떠나서 건립될 수 있는 것은 어디에도 없다.

극락세계도 천국도 지옥도 허공 속에 건립되어 허공 속에 그냥 붕붕 떠있는 것이야. 도데채 삼라만상의 뿌리는 없는 법이야. 삼라만상이 허공에서 나와서 허공 속에 그야말로 허황

하고 황당하게 붕붕 떠있는 거라구. 세상에 이런 法(법)도 있나. 그러나 말도 안되는 이 法(법) 밖에는 다른 法(법)이고 뭣이고 아무 것도 없다구.

이러한 현상은 삼라만상이 眞空(진공)에서 나온다는 사실을 너무나 잘 증명하고 있는 것이다. 우주가 허공 중에 떠있듯이 <우주와 우주가 떠있는 이 허공>이 모두 眞空(진공)에서 나오며 眞空(진공) 그 자체라는 사실을 아무도 부정 못한다. 필경공(진공)에서 삼라만상이 나온다. 이밖에 또 무슨 기적을 말해야 하는가. 우주가 허공 중에 떠있는 기적을 제외하고 또 무슨 소소하고 시시한 기적을 말해야 하는가.

§ 살아 있는 것은 필경공 뿐이다

내 이야기가 실감이 나지 않고, 내 이야기에서 만족을 얻지 못하면 송광사와 상원사의 기적을 찾아가보자.

송광사의 기적은 보조국사가 짚고 다니다가 꽂아놓은 마른 나무 지팡이가 다시 살아나서 큰 나무가 되었음이요, 상원사의 기적은 한암스님이 짚고 다니다가 꽂아놓은 단풍나무 지팡이가 다시 살아나서 큰 나무로 자랐는데, 두 그루의 나무 모두 거꾸로 서 있다는 사실이다. 나무 지팡이는 거꾸로 짚고 다니니까 그렇다.

이 이야기를 조금만 설명하면 생명현상은 진여식 즉 진공(眞空)에서 나오는 것이요, 결국 생생하고 찬란하게 살아있는 것은 진공뿐이라는 사실이다.

그러한 까닭으로 두분의 성자(聖者)가 짚고 다닌 마른 나무 지팡이는 두분의 성자가 실현한 眞空(진공) 즉 畢竟空(필경공)

에서 생명력을 얻어 다시 살아난 것이다. 두분 성자의 손을 통해 들어간 진공의 힘이 마른 나무지팡이에 생명력을 불어넣은 것이야. 생명 혹은 생명현상은 진공에서 나온다. 생명의 自性(자성)이 진공이기 때문이다. 살아있는 것은 진공 뿐, 진공 이외에 살아있는 것은 어떤 것도 없다.

§ 자의식과 생명과 영혼

그럼 살아있는 것으로 생각되는 이 자의식은 무엇인가? 그 살아있는 自意識(자의식)의 自性(자성)이 진공이야. 살아있는 것은 진공 뿐으로 진공으로 들어가면 당장에 그 자의식이란 것도 幻化(환화)로 떨어진다.

그럼 생명은 무엇이며 자의식은 무엇인가?

시간과 공간을 동전의 앞뒤면과 같은 것으로 이해하듯이, 자의식과 생명도 동전의 앞뒤면처럼 결합해서 이해할 일이지 결코 따로 따로 떨어진 별개의 현상으로 이해하면 안된다. 생명이 움트면 자의식도 서서히 움트는 것이요, 생명력이 꺼지면 자의식도 소멸한다. 거꾸로 자의식의 성립은 생명현상의 성립이요, 자의식의 소멸은 생명현상의 소멸이다.

그렇다면 영혼현상은 어떻게 설명하는가? 영혼은 본래 죽어있었던 육체를 벗어버린 더욱 뚜렸해진 자의식이요 더욱 뚜렸해진 생명현상이다.

이런 결론이 나온다. 육체와 영체는 처음부터 죽어있는 껍질에 불과하며, 자의식과 생명은 지폐의 앞뒤면과 같은 관계로 이해되며, 살아있는 것은 진공 뿐이다. 자의식이든 생명현상이든 그 自性(자성)은 진공이다.

§ 서가여래의 우협와(右脇臥)

하지만 한가지 사실은 짚고 넘어가야 한다. 즉 보조국사와 한암스님으로서는 기적같은 것은 염두에도 없었다. 앞에 나온 보조국사와 한암스님의 나무 지팡이만 하더라도 그분들이 그냥 던져두다 싶이 한 말라빠진 나무 지팡이에서 저절로 싹이 나고 잎이 돋아난 것일뿐, 그분들은 그런 일에 관심조차 없었다.

서가여래께서는 우협와(右脇臥)의 자세 즉 오른쪽 옆구리를 땅에 대고 누우신 자세로 열반하셨다. 서가여래께서는 의도적으로 일반 세상사람들이 눕는 자세와 똑같은 자세를 취하고 열반에 드신 것이다. 앉아서 혹은 서서 혹은 걸어가다가 혹은 거꾸로 서서 열반하는 모습을 보이기 시작한 것은 서가여래 이후 제자들의 일이다. 후세로 내려오면서 사람들의 믿음이 약해지므로 도리없이 내보인 이적(異蹟)이다.

서가여래와 셀수없이 많은 조사스님들이 기적을 보이기로 작정을 했다면 이 세상에 일대 혼란을 가져왔을지도 모른다. 그러나, 기적과 같은 그런 하찮고 지엽적인 현상에 관심이 쏠린 나머지 마음 닦는 올바른 일에 눈멀게 된다면 이야말로 혹세무민(惑世誣民)하는 큰 죄를 어디에도 참회할 곳이 없을 것이다. 그래서 불가(佛家)에서는 수행이 무르익어 저절로 나타나는 경우의 기적은 모르되 옴오른 여우들이나 부리는 요망스런 기적을 지극히 멀리하고 경계한다.

§ 꿈결 속에서

54. 구중궁궐(九重宮闕)에서 보내오신 효봉(曉峰)스님의 편지

벽암록 제50칙에 운문진진삼매(雲門塵塵三昧)가 나온다. 어떤 승이 운문문언에게 물었다.

"화엄경에 진진삼매라는 말이 있는데, 이는 대체 어떤 말입니까?"

"밥은 밥그릇 속에 있고, 물은 물그릇 속에 있다"

이것이 제50칙의 내용이다. 진(塵)이란 티끌이다. 진진삼매란 티끌 하나하나도 모두 깨달음의 세계요, 해탈의 세계 그 자체라는 뜻이다. 해탈의 세계는 진공의 세계다. 처음부터 끝까지 몽땅 진공으로서 진공 아닌 것이 없다. 진공이라는 이 꿈결의 세계에서는 밥그릇이나 가리켜보이고 물그릇이나 가리켜보일 일이다.

운문문언은 선종5가 중의 하나인 운문종(雲門宗)의 개조(開祖)로서 기상이 뛰어나게 웅위하고 식견이 참으로 고매하였다. 그 종풍(宗風)이 '번쩍이는 붉은 깃발'에 비유되는 운문종의 개조인 이 운문대사의 입에서 나오는 대답의 내용이 고작 밥그릇의 밥과 물그릇의 물 정도로 검소하다.

북두성 속으로 들어가는 화두가 마음 하나 산산조각 내고나면 진진삼매의 세계가 열린다. 누구는 진리가 일상생활 가운데 있다는 투의 말을 하지만, 그것은 옳은 견해가 못된다. 진리가 일상생활 가운데 있다는 뜻이 아니고, 일상생활 자체가 낱낱이 진리로서 진리 아님이 없다는 뜻이다. 이것이 진진삼매이다.

§ 가늘디 가는 먼지 하나 움직이지 않는다

이와 유사한 이야기가 또 나온다. 조주스님이 말하였다.

"나는 30년 동안 쓸데없는 마음을 쓰지 않았다. 옷 입고 밥 먹는 것 빼고는 모두 쓸데없이 마음을 쓰는 일이다."

아예 마음을 쓰지 말라는 얘기가 아니라 쓸데없는 마음을 쓰지 말라는 뜻일 뿐이다. 조주의 말씀도 바로 옷 입고 밥 먹는 검소한 일상생활 이야기로 검소하기 짝이 없다. 조주라고 하면 '옛 부처'라고 하여 만고(萬古)에 한분 나오기 어렵다고 생각할 정도의 고승(高僧)이다. 이 120년이나 장수(長壽)한 늙은 호랑이의 입에서도 욕심은 최대한 절제하고 자신의 주위를 항상 정리하며 수행하라는 조용한 음성만 들린다.

운문이나 조주도 한결같이 찬란한 빛을 감추고 일절 드러내지 않아서 그냥 무르익은 대추빛 노인으로만 보인다. 그러기에 더욱 찬란하고 원숙해 보이는 것이다. 여기에서는 기적과 같은 것은 냄새도 못 풍긴다. 물 한방울, 바람 한점 스며들지 못하고, 귀신도 엿보지 못하는 경지의 이 노인들은 그 누구도 어쩌지 못하는 법이다. 조주가 다시 말씀하신다.

"나는 18세에 가산(家産)을 타파하는 소식을 깨달았다. 그때까지 나는 하루 24시간의 노예로 살아왔지만 지금은 하루 24시간을 마음껏 부리며 산다."

가산이란 집안의 재산이니 곧 나의 마음이다. 가산(家産) 즉 마음에 매달려 살아나갈 계책을 세우다보니 24시간의 노예가 되었지만, 가산을 깨어버린 자(者) 즉 마음을 산산조각내버린 자는 24시간을 부릴 수 있다. 24시간을 부린다는 말은 하루 24시간의 속박에서 벗어나 있음을 뜻한다.

24시간의 속박에서 벗어나 있으므로 크게 쉬어버리고 크게 편안하여 가는 먼지 하나 움직이지 않는다. 대나무 그림자가 하루종일 뜰을 쓸어도 가는 먼지 하나 쓸지 않는다는 말이 그 것이다. 이적(異蹟)이라면 이 이상의 이적이 있을 수 없다.

보조국사나 한암스님 같은 분들은 이러한 정신의 소유자였 으므로 그분들이 짚고 다니던 말라빠진 지팡이를 땅에 꽂아놓 으니 다시 큰 나무로 자라는 이적(異蹟)을 보인 것이다.

55. 신라 둔륜법사(遁倫法師)의 유가론기

평소에 악업(惡業)을 많이 지은 사람의 영혼은 그 빛깔이 검고, 평소에 선업(善業)을 많이 지은 사람의 영혼은 그 빛깔이 밝고 맑다.

또한 악업(惡業)을 많이 지은 영혼은 아래쪽만 볼 수 있으며 마치 복면을 하고 다니는 것과 같아 모든 것을 올바르게 보지 못한다. 이런 영혼은 지옥 혹은 지옥과 같은 곳에 태어나기 위하여 스스로 어둡고 춥고 뜨거운 세상을 찾아 헤맨다.

이와는 반대로, 선업(善業)을 쌓아가는 영혼은 얼굴이 항상 하늘나라 쪽으로 즉 위쪽으로 향하여 있기 때문에 스스로 천상(天上)을 찾아가 태어난다.

정법염처경(正法念處經)에 의하면 사람이 죽을 때 나타나는 색상을 보면 다음에 태어날 세상을 알 수가 있다 하였다. 천상에 태어날 사람은 화려하고 즐거운 모습을 보게되며 그 상황은 흰색깔로 된 고운 모직과 같다고 한다. 이것은 매우 미세하고 유연하며 청정하여 이것을 보는 죽은 사람은 환희심이 가득차서 천상계로 올라간다.

　신라의 고승인 둔륜법사(遁倫法師)의 유가론기를 보자.

　착한 일을 많이 한 사람의 죽음은 하체(下體)로부터 점점 냉(冷)하여져서 머리에 이르렀을 때 임종한다.

　악한 일을 많이 한 사람은 머리가 먼저 차가워지기 시작해서 복부(배)에 이르렀을 때 곧 임종하거나, 무릎 혹은 발 끝에 이르렀을 때 임종하는데 이러한 사람은 지옥 아귀 축생 등 좋지 못한 세계에 태어난다. 축생의 세계로 찾아갈 사람은 머리부터 차가워져서 무릎에 이르렀을 때 죽는 사람이며, 지옥으로 찾아갈 사람은 머리부터 식어가서 발까지 이르렀을 때 죽는 사람이다.

　착한 업을 쌓은 사람은 임종의 순간에 자기자신이 살아 생전에 지어온 착한 업에서 저절로 우러나는 깨끗한 정신이 떠오른다. 이런 착한 업은 평소에 마음 닦는 일에 게으르지 않았던 수행과 다른 사람에게 자비를 베풀었던 일들이라 한다. 이런 사람들은 임종의 순간에 심한 고통이나 핍박을 받지 않는다.

　반대로, 인과응보(因果應報)를 우습게 알며 자신의 쾌락만을 위해서는 어떤 일도 거침없이 저질러온 사람은 죽음의 순간에 평소에 저질렀던 나쁜 생각과 행동이 떠오르며 신앙을 대수롭지 않게 여겨 진지하게 생각해본 적이 없었던 일이 떠오른다고 한다. 따라서 마음이 몹씨 괴롭고 고뇌에 가득차 고통스럽게 죽어간다는 것이다.

　극악(極惡)한 악업(惡業)을 지은 사람은 무섭고 기괴한 것을 보기 때문에 땀을 흘리고 손과 발을 떨며 대소변을 분출하고 허공을 향하여 무엇인가 잡으려고 허우적거리며 눈이 뒤집히고 입에서는 거품을 뿜는 등 괴로움이 극에 달하여 임종한다.
 그러나 가벼운 악업을 쌓은 사람은 그보다는 덜 무섭고 덜 기괴한 환상이 나타나므로 임종의 고통도 덜하다.
 착한 업을 많이 쌓은 사람은 평소의 수행력에 의하여 임종의 순간에 조용하고 고통을 받지 않는다. 그 이유는 아름다움과 환희로 가득찬 환경이 나타나기 때문이며, 자신이 좋아하는 현상이 전개되기 때문이다. 이러한 사람은 태연하고 근심 없는 상태로 이 세상을 하직하게 되며, 동시에 미래에 마땅히 받아야 할 과보로서 자신의 뜻에 맞는 바람직한 환희의 세계에 태어나게 된다.

56. 오그라지는 자물쇠

§ 자물쇠

남탑(南塔)에게 어떤 스님이 물었다.
"조계(曹溪육조대사)에서 전하신 뜻이 무엇입니까?"
남탑이 답하였다.
"자물쇠 하나가 차가운 허공으로 들어간다."
 차가운 허공으로 들어가는 자물쇠 하나가 조계의 뜻이라는 말로서 화두는 아무도 열 수 없는 자물쇠인가 하는 문제가 함께 대두된다. 이 공안 자체를 논하자는 것이 아니고, 이 공안을 이용하여 공안이 가진 자물쇠로서의 성질을 논하고 싶은 것이며, 공안이 가진 자물쇠의 성질을 논함으로서 이 공안의 해결도 함께 유도하고자 한다.

§ 차가운 허공

여기에서 허공은 아무 것도 없는 텅빈 단멸공(斷滅空)이 아니다. 허공은 9식이다. 9식을 차가운 허공이라고 표현한 이유는 8식을 넘어서면 이미 9식은 비록 식(識)이라는 용어를 사용은 하지만, 마음이라고도 마음이 아니라고도 할 수 없기 때문이다. 그러므로 <차가운 허공>은 진공이요 필경공이며 9식이다.

화두가 뭉쳐 융합화두로 변하고 이 융합화두가 융멸화두가 될 때 비로소 9식과 일치한다. 자물쇠로서의 화두가 녹아서 9식으로 들어가서 9식과 일치하므로 자물쇠를 열어보는 일이 영원히 불가능해지는 것이다. 이것을 가리켜 남탑은 자물쇠 하나가 차가운 허공으로 들어간다고 했다.

§ 들어간다

이 화두라는 자물쇠는 그냥 가만히 있는 것이 아니고 점점 더 오그라든다. 그래서 남탑은 허공속으로 자물쇠가 <들어간다>고 말한 것이지. 허공속으로 자물쇠가 <들어감>으로서 화두라는 자물쇠는 점점 작아지다가 '의식'이라는 시야에서 완전히 벗어나지 않겠나.

아무도 열 수 없는 화두라는 자물쇠는 함몰하고 녹아서 마음을 투과(透過)하고 자취를 감추는 듯이 여겨지기도 하지만 함몰하여 녹아 없어지듯이 떨어지는 그곳이 9식이다. 화두가 본래 9식이기 때문이다.

§ 열어볼 방법이 없는 마음

이와같이 알면 전할 法(법)도 없고, 받을 법도 없다.

자물쇠를 열어야 창고 안에 가득한 보배(법)를 꺼내서 전하든가 주든가 하지, 자물쇠를 열기는커녕 그 자물쇠(화두)가 녹아서 사라지는 판에 보배창고를 무슨 재주로 열어보겠는가. 열어서 세상 사람들에게 보이겠는가. 자물쇠가 녹아 없어져 아무도 열지 못하는 이 보배창고는 비밀장(秘密藏)이요 무루심(無漏心)이다.

§ 밤의 등불

구봉(九峰)에게 어떤 스님이 물었다.

"조사와 조사가 서로 전했다 하는데 무엇을 전했습니까?"

"서가여래는 인색하고 가섭존자는 넉넉하다."

"어째서 서가여래는 인색합니까?"

"가섭에게 전한 것이 없기 때문이다."

"어째서 가섭존자는 넉넉합니까?"

"맹상군(孟嘗君)이기 때문이다(아무리 자기의 재물을 다른 사람들에게 모두 다 퍼주어도 그것들이 모두 달리 갈 곳이 없으므로 결국 자기 재물이라는 뜻이다)."

그 스님이 또다시 물었다.

"그렇다고는 해도 끝내 전한 것은 무엇입니까?"
"백살이나 먹은 늙은 아이가 밤의 등불을 나누었다."

§ 비밀장

풀어보자. 자물쇠가 녹아 사라진 법의 창고는 서가여래라 하더라도 열지 못한다. 법의 창고를 열어서 법을 꺼내어 가섭에게 전해볼 도리는 없었다. 이러한 까닭으로 구봉은 서가여래께서 인색하셨다고 말한다.

자물쇠가 녹아 사라진 법의 창고는 가섭존자라 하더라도 열지 못한다. 법의 창고를 열어서 다른 사람들에게 나누어 주고 싶어도 나누어 줄 방법이 없다. 가섭존자가 자기의 보물을 수많은 사람들에게 아낌없이 나누어 주어도, 그런일이 모두 자물쇠가 녹아 없어진 자기의 보물창고 속에서의 일이므로 보물이 새나가지 못하는 결과가 되어 가섭존자는 언제나 넉넉하다.

서가여래나 가섭존자 이야기는 새나감이 없는 무루심 또는 아무도 엿보지 못하는 비밀장을 말하고 있다.

서가여래는 백살이나 먹은 늙은 아이로 비유되고 있다. 사람의 나이 백살이라 하더라도 알고 보면 마음이라는 물건은 손바닥만한 것에 불과하다. 손바닥만한 마음을 가진 노인이 어떻게 아이 신세를 면할 도리가 있겠는가. 여기에서 마음은 8식까지다.

재미있는 것은 맹상군(孟嘗君)의 등장이다.

앞에서 그 뜻을 설명했지만, "맹상군이기 때문이다"를 "아무것도 얻은 바 없다(무소득)"로 번역하면 가섭존자는 "넉넉하다"는 의미를 이해함에 시간이 걸릴 수도 있다. 그리고 맹상군의 의미는 단순한 '얻은 바 없음'의 뜻을 뛰어넘어 나누어 주고 또 나누어 주어도 조금도 줄어듦이 없어 법의 보물은 무궁무진하다는 적극적인 뜻을 담고 있음에 유의해야 한다.

§ 적적한 산속에 달은 황혼이라

맹상군을 만나보자.

맹상군은 중국 춘추전국시대의 제후로서 대부호(大富豪)였다. 어느해 그는 자신의 생일잔치 자리에서 술잔을 높이들고 취한 목소리로 말했다.

"좋구나 점점이 떠 다니는 저 버들꽃이여. 신록(新綠)의 향기는 바람에 실려오고 꾀꼬리 소리는 버들숲을 울린다. 오늘 이 자리를 가득히 메운 내 사랑하는 사람들은 마음껏 마시고 노래하라. 음식은 푸짐하고 술독은 창고에 가득하다."

그는 집어든 자신의 술잔을 한숨에 쩌억 들이킨 후에 다른 사람들에게도 원샷(one-shot)을 시켰다. 사람들은 저마다 술잔을 한입에 털어넣고 껄껄거리며 희희낙낙했다. 좌중이 어느정도 조용해지자 그는 다시 자신의 술잔에 철철 넘치도록 술을 따뤄 치켜들고 또 한마디 으르렁댔다. 사람들의 시선이 일시에 맹상군에게 쏠렸다.

"감히 누가 있겠느냐. 지금 높이 치켜든 나의 술잔을 놓게 할 자가 이 세상에 어디 있겠느냐. 오늘 이 자리에 넘실거리는 주흥(酒興)을 깨뜨릴 자가 있으면 앞으로 나오너라. 내가 그를 위하여 상(賞)을 내리겠다."

상을 내리겠다는 말은 도도(滔滔)한 취기에서 나온 헛소리였다. 만에 하나 누구라도 대부호의 기분을 망쳐놓기라도 하면 목숨조차 위태로울 수 있었기 때문이다.

그런데 그때 놀랍게도 한 눈먼 장님이 앵금을 들고 부축을 받으며 앞으로 나오는 것이 아닌가. 손님들은 아연실색(啞然失色)하였고 잔치자리는 일순(一瞬) 물을 끼얹은 듯 조용해졌다. 맹상군의 위세나 술자리의 훈훈한 분위기로 봐서 주흥(酒興)을 깬다는 것은 상상할 수 없는 일이었기 때문이다.

"제가 비록 재주는 없으나 감히 대감의 눈에서 눈물이 나오도록 해보겠습니다."

짧게 끊어 말하고 장님은 앵금을 타기 시작했다. 과연 앵금의 달인(達人)이었다.

끊어지는듯 이어지고 이어지는듯 끊어지는 앵금의 가락이 맹상군의 애간장을 쥐어짜는듯 녹여댔다. 세상 서러움이라면 온갖 서러움을 다 받고 다 겪으면서 살아온 장님의 평생의 한(恨)이 앵금의 가락에 실려와 맹상군의 창자를 후벼팟기 때문이다.

사람들이 모두 넋을 잃고 들었던 술잔을 놓을 즈음, 여인(女人)도 아닌 장님은 흡사 여인인듯 기가 막히는 목청을 뽑아 노래를 부르기 시작하는 것이 아닌가.

"빈손으로 왔다가 빈손으로 가나니
이 세상 모든 일 뜬구름이라
분묘를 만들고 사람들이 흩어지면
적적한 산속에 달은 황혼이라."
  공수래공수거(空手來空手去)
  세상사여부운(世上事如浮雲)
  성분묘인산후(成墳墓人散後)

산적적월황혼(山寂寂月黃昏)
노래가 끝나고 앵금이 따라서 연주를 멈추었다.

조금전까지만 해도 기고만장(氣高萬丈)하여 더넓은 아량으로 한껏 여유를 보이던 맹상군의 손에서는 술잔이 떨어지고 두눈에서는 눈물이 쉼없이 흘러내렸다. 그 눈물은 분명 더할 나위없이 좋은 저물어가는 봄날저녁의 술기운 때문만은 아니었다.

앵금에 실려오는 장님의 노래소리를 우연찮게 듣고 인생살이 허무함을 뼈저리게 느낀 맹상군은 그때부터 자신의 산더미같은 재물을 아낌없이 풀기 시작했다.

매일 3천 그릇의 국밥을 헐벗고 굶주린 사람들에게 제공했다. 맹상군은 자기집에 3천명이 앉을 수 있는 거대한 식당을 만들어 놓고, 아침마다 국밥을 끓여 3천명에게 국밥을 대접했는데 누구든지 먹을 수 있었다. 누구라도 와서 하루 한끼라도 먹으라는 것이었으며 3천명의 식객이 식사하는 소리가 20리 밖에서도 들렸다고 한다.

57. 그대는 유주사람, 길이 유주를 잊지 말고 기도해주어라

앙산(仰山)이 어떤 스님에게 물었다.
"어디 사람인가?"

"유주사람입니다."

앙산이 다시 물었다.

"그대는 그곳을 생각하는가?"

"언제나 생각합니다."

"생각이란 마음이요 경계로서 한갓 부질없는 짓이다. 그곳의 집들과 사람들, 그곳의 풍물에 대한 생각을 거꾸로 생각해 보라. 그래도 그곳 유주와 유주에서 보냈던 시절이 있었는가?"

"제가 여기에 이르러서는 유주에 대한 생각이 끊어집니다."

앙산이 그 스님을 물끄러미 바라보다가 나직하게 말했다.

"그대는 믿음의 지위는 얻었지만 인간의 지위는 얻지 못하였구나. 그대는 단지 하나의 현묘(玄妙)함을 얻었을 뿐이니, 뒷날 자리를 잡고 생활하게 되었을 때 스스로 살펴보라."

일화(逸話)는 여기에서 끝난다.

어떻게 보면, 그 스님이 앙산의 이야기에 넘어갔다고도 할 수 있으나 내용으로 봐서 앙산에게는 그럴 뜻이 전혀 없어 보인다. 그 스님에게 사람이 먼저 되어야 함을 알리고 싶어서 간략한 반어법(反語法)을 사용했을 뿐이다.

그대 태어나서 자란 정들었던 옛 보금자리 유주를 잊어서는 안된다는 이런 가슴 저려오는 대화에 무슨 넘어가고 말고가 있겠는가. 그 스님을 타이르고자 하는 앙산의 심정을 짐작하기는 어렵지 않다.

그대는 그 몸을 가지고 있는 동안은 유주에서 태어나 유주에서 뼈가 굵은 유주사람임을 부정하면 안된다. 그대는 유주땅이 길러준 그 몸을 끌고 다니는 동안에는 그대 스스로 유주의 사람이라고 말하라. 그대는 유주땅이 길러준 그 목숨이 다

하는 날까지 유주 사람임을 잊지말라.
 유주는 그대의 고향.
 유주는, 유주의 땅은 꿈에서도 잊지 못할 그대의 고향이다.
 유주땅에 머물며 오늘도 자식인 그대를 잊지 못하고 가슴 아파할 그대의 늙은 부모를 위하여 간절하고 간절하게 기도하라. 그대의 부모 슬하에서 함께 자란 그대 형제자매들을 위하여, 그때의 그 이웃들을 위하여, 유주에서 보낸 그 날들을 위하여, 유주의 산천을 위하여 기도하고 축복하라.
 그대는 이미 출가하여 사문의 길에 올랐으니 그립다 하여 사사로이 옛 인연을 찾아 만나볼 처지도 못된다. 어쩌면 이 생(生)에서 옛 인연을 다시 만나보기는 어려울지도 모르겠다. 이번 생애(生涯)에서 다시 만나볼 기약이 없는데 다음 생을 어찌 기약하리오. 설혹 다음 생에 다시 만난다 해도 그때는 이미 얼굴 바뀌어 서로 알아보지 못하리라. 이 어찌 가슴 아픈 일이 아니리오.
 그대 이미 사문의 길에 올랐으니 수행하는 틈틈이 옛 인연이 마음 속에 떠오를 때면 아득히 가슴 저미는 그 옛 인연들을 위하여 지극 정성으로 잘 있어라 축복하고 기도해 주어라.
 그대, 유주에서 태어나 유주에서 자란 유주사람이여!
 출가수행 못지않게 중요한 것이 있다면 바로 내가 방금 이야기한 이런 인간냄새 물씬 풍기는 인간적인 이야기다.
 그대, 듣지 못하였는가. 문수보살의 화신(化身)이었다는 한산자(寒山子)가 자신의 속가(俗家) 부모형제를 잊지 못하여 남긴 시(詩) 한수를!
 지난해 봄새가 울적에는

형과 아우를 생각했는데
금년에는 가을국화 만발해
아버지 어머니를 생각하나니
푸른 강은 굽이굽이 흐느껴 울고
누런 구름은 사방에 자욱하다.
아아 슬프다 인생 백년
함양 서울 생각해 애를 끊나니.

58. 석가여래도 미륵보살도 이 사람의
   노예다

§ 서암 주인공

　서암(瑞岩)이 날마다 판도방(瓣道房큰방) 앞마루에 나와서 앞산을 바라보며 혼자서 큰소리로 외치기를 다음과 같이 하였다 한다.
　"주인공(主人公)아!"
　"예"
　"정신 차려라"
　"예"
　"후일(後日)에 남에게 속지마라"
　"예"
　이와같이 엄숙하게 자문자답(自問自答)함이 하루도 빠짐이 없었다. 이 글은 물론 재구성된 것이다. 이글에 얽힌 일화(逸話)를 더듬어보자.

§ 제일의 정혼을 놀리는가?

현사(玄沙)가 어떤 스님에게 물었다.
"요즘 어디에 있었던가?"
"서암(瑞岩)에서 오는 길입니다."
현사가 다시 물었다.
"서암은 무슨 말을 하던가?"
"매일 주인공을 불러서 후일에 남에게 속지마라고 부탁하는데 그때마다 스스로 예 예 하고 대답합니다."
현사가 말했다.
"제일(第一)의 정혼(精魂)을 놀리는 짓이다. 매우 괴이한 일이다."
그리고나서 다시 물었다.
"왜 거기에 머물지 않았는가?"
"서암스님이 세상을 떠났습니다"
현사가 물었다.
"지금도 부르면 대꾸를 하던가?"
그 스님이 말이 없었다.

§ 지금도 부르면 대꾸를 하던가?

일화(逸話)는 현사가 그 스님을 힐난(詰難)하는 장면에서 끝나는데, 동시에 현사는 주인공을 부르고 스스로 답하던 서암의 그 입술도 단숨에 틀어막아버렸다. 그렇다. 현사가 아니었다면 누가 있어 이 일을 밝혀 천하사람들의 의심을 끊을 수 있었겠는가. 분명히 알아야 한다. 주인공에게는 대답하는 입 따위는 없음을. 제일의 정혼이란 주인공을 뜻하는데, 현사의 말에 나오는 '제일'과 '정혼'과 '놀린다'에 주의해야 한다.

주인공이 제일(第一)이라면 서암은 지말(枝末)이다. 주인공이 정혼(精魂)이라면 서암은 정혼에서 파생된 그림자요 안개다. 주인공이 주인이라면 서암은 노예다. 노예가 감히 주인공을 불러서 타이르는가. 주인공은 항상 서암이지만, 서암은 주인공이 아니다. 주인공은 언제나 서암과 함께 있어 떠나는 일이 없지만, 서암이 주인공을 찾으려면 끝끝내 볼 수 없게 되어 있다. 그런데 어떻게 노예인 서암이 주인공을 찾아서 불러내고, 불러서 타이르는 일이 가능하다는 말인가.

§ 서가여래와 미륵보살도 이 사람의 노예다

무문관 제45칙에서 오조법연이 말했다.

"서가여래와 미륵보살도 이 사람의 노예다. 속히 말하라. 이 사람이 누구냐."

오조법연이 말하는 이 사람이 바로 주인공이다. 그리고 주인공은 공하여 입 따위는 없다.

§ '서암 주인공'은 옳지 못하다

현사(玄沙)는 그 스님을 힐난함으로서 서암의 경솔함과 옳지 못함을 분명히 지적하고 있다.

'제일의 정혼을 놀리는 짓으로서 매우 괴이한 일'이라고 말하는 대목에서는 그 무모하고 경솔하기 짝이없는 수작을 나무라고, '지금에 와서도 대꾸를 하더냐'고 질문하는 대목에 와서는 서암의 그 경솔했던 입술마져 그침없이 틀어막아버렸다. 현사사비는 인물이다. 어지간한 인물로서는 '서암주인공'이라는 괴이한 사건의 진위(眞僞)를 놓고 확실한 입장 표명에 선뜻 나서지 못했으리라. '서암주인공'에서, 서암스님은 분명히 실수를 저질렀음을 참선하는 사람들은 알아야 한다. 서암스님이 어디에서 잘못을 범했는지는 현사사비의 말씀에서 몽땅 드러나 있으니 참고하기 바란다.

그런데, 문제는 틀려도 한참 틀린 이 '서암주인공'이라는 공안을 인용하며 '서암주인공'에 나오는 서암스님처럼 열심히 공부해야 한다고 말하는 사람들이 요즈음에도 있다는 사실이다. 이것도 보통 문제는 아니다. 현사사비는 고마운 사람이다. 이 인물이 없었다면 누가 있어 천하 사람들의 눈알을 바로잡아놓을 수 있었겠는가 말이다.

주인공을 아무개야 하고 부를 수도 없는 일이지만, 부른다고 '예' 하고 대답할 입 따위도 주인공에게는 없는 줄 모르는가.

§ 본적불능자현

오대산에 머물던 화엄종 제4조인 청량의 글에 이런 내용이 있다.

본적불능자현(本寂不能自顯) 즉 본래 적적한 것은 능히 스스로 나타나지 못한다는 말이다.

영가현각이 말하였다.

헐뜯을 수도 없고 칭찬할 수도 없다. 본체가 허공 같아서 끝이 없다. 제자리를 떠나지 않고 항상 조용하지만 찾으려면 끝끝내 볼 수 없다.

이래도 주인공을 부르면 대답하겠는가.

59. 눈으로 듣고 귀로서 봄이여

§ 무정설법

동산(洞山)은 위산(潙山)을 찾아 혜충국사의 무정설법(無情說法)을 물었으나 그 뜻을 알지 못하여 다시 운암(雲岩)의 문하로 들어가서 무정설법을 묻는다. 무정설법이라 함은 나무와 흙과 기왓장 등 무정물(無情物)이 법을 설한다는 뜻이다.

"무정설법은 누가 들을 수 있습니까?"

이때 운암은 가지고 있던 불자(拂子·먼지털이)를 불쑥 위로 올려보였다.

"자, 무정설법을 들었느냐?"

그러나 동산은 알아듣지 못했다.

"무정설법이라는 말은 도대체 어느 경(經)에 나오는 말씀입니까?"

"아미타경에 말씀하시기를 물과 새와 숲과 나무 등이 모두 염불(念佛)한다 하시지 않았던가."

운암의 이 말씀 끝에 동산의 눈은 열렸다. 동산은 깨달음의 기쁨을 한 수의 시로 옮겨 스승에게 올린다.

§ 눈으로 듣는다

"부사의(不思議)로다 부사의로다!
무정설법이란 부사의로다.
귀로서 들을진데
끝내 만나서 얻지(회득會得) 못하려나와
눈으로 들을진데
곧바로 알아 끝나리라(요지了知)"

하지만 이때 동산은 이 깨달음의 노래에서처럼 확실하게 알아 끝내지는 못했다. 가슴 속의 안개가 걷히면서 태양이 모습을 드러내기는 하였으나 끝까지 다 걷히지 않고 앙금처럼 희미하게 남아있는 안개가 있었다. 동산은 대찰(大刹)의 큰 선지식들을 두루 순례하며 수행에 더욱 박차를 가했으나 가슴 속에 끼어있는 흐릿한 안개는 좀처럼 사라지지 않고 그를 괴롭힌다.

"이 일에 임하여서는 모름지기 마음씀을 지극히 세밀하고 세밀하게 하라(심세審細하라)"

하는, 운암의 말씀이 그의 뇌리에서 떠나지 않았다.

§ 그는 이제 바로 나인데, 나는 지금 그가 아니다

어느날 그는 맑은 시냇물을 건너게 된다. 신을 벗어들고 냇물을 건너면서 물 속에 비친 자신의 영상을 무심히 내려다 보다가 그는 홀연히 마음 밑바닥의 아주 세밀한 부분까지 만나서 남김없이 얻는다. 동산은 또한번의 깨달음을 노래하였다.
 "간절히 알리노라
 절대로 다른 곳에서 그를 찾지말라
 그를 다른 곳에서 찾으면 나와 더욱 멀어진다
 나 이제 홀로 가지만
 곳곳에서 그를 만난다
 그는 이제 바로 나인데
 나는 지금 그가 아니다
 모름지기 이와같이 안다면
 참 이치에 계합(契合인연맺어서 하나되다)하리라"

§ 위산영우의 '불씨화두'와 비슷하다

동산이 물속에 비친 자신의 그림자를 보고 해탈한 기연은 위산영우가 불씨를 보고 해탈한 <불씨화두>와 이치는 같다.

개울물을 건너면서 동산의 시선이 아래로 향하는 찰나, 不思議(부사의)한 의문으로 머리를 들고 일어서는 <물속에 비친 그의 그림자?>는 그의 눈을 통하여 날아들어가 홀연히 뭉치고 녹으면서 융합화두가 되고 이 융합화두는 내친김에 그의 8식까지를 일직선으로 꿰뚫어버린 것이다. 찰나간의 일이었다.

섣달의 깜깜한 밤중에 자신의 눈 앞에 떠오른 한점의 불가사의한 불씨가 문득 뭉치고 녹으면서 <불씨화두>가 되어 위산영우의 눈을 통하여 맹렬한 속도로 날아들어가 찰나간에 위산영우의 마음을 꿰뚫어버린 사건과 어지간히 비슷하다.

§ 눈속의 눈과 귓속의 귀

눈으로 듣고 귀로서 본다는 말은 요약하면 듣고 보는 일체가 공하다는 뜻이다. 일체가 공하여 항상 공에서 만나니 눈으로 듣고 귀로서 본다.

동산의 첫 번째 깨달음의 노래에서 '눈으로 듣는다'는 표현이 나온다. 보는 일이 눈에서 끝나지 않고 '눈속의 눈'으로 들어가면 보기는 보아도 눈에 의존하는 일은 없어진다. 이것이 저언덕의 사람이다. 듣는 일이 귀로서 끝나지 않아 '귓속의 귀'로 들어가면 듣기는 들어도 귀에 의존하는 일이 없어진다. 이것이 저언덕의 사람이다.

눈속의 눈 = 귓속의 귀 = 필경공 = 저언덕.

아무리 눈으로 본다 하여도 <눈속의 눈>으로 들어가고마니 이미 저언덕이요, 아무리 귀로서 듣는다 하더라도 <귓속의 귀>로 들어가고마니 이미 저언덕이다. 보고 듣는 일이 서로 다른 것이 아니요 항상 <저언덕>에서 합치고 <필경공>에서 합치니, 보고 듣는 일이 서로 통해 있는 줄 알아야 한다. 이와같이 눈으로서 보고 귀로서 듣는 일에서 초월하여 항상 저언덕이니, 보고 듣는 일이 서로 통해있는 현상을 가리켜 눈으로 듣고 귀로 본다고 하는 것이다. 눈으로 듣고 귀로서 봄이여!

§ 부피 없고 면적 없는, 최후의 불멸하는 궁극

너와 나를 포함한 이 우주가 겨자씨보다 더 작아서 더 이상 물러날 수 없는 <최후의 그리고 불멸의> 궁극(窮極)에서 나왔다면 믿겠는가.

태아가 안으로 꼬부라진 소용돌이 자세를 취하고 있고, 씨앗이 싹틀 때의 모습이 안으로 꼬부라진 소용돌이 자세를 하고 있으며, 개구리 알에서 올챙이가 생기기 시작할 때에도 안으로 꼬부라진 소용돌이 모양을 하고 있으며, 이 우주의 1000억 개가 넘는 은하(銀河)도 중심점(中心點)으로 꼬부라져 말려들어가고 말겠다는 듯이 소용돌이치는 등 이 모든 현상이 한결같이 그 소용돌이의 중심점 즉 <최후의 그리고 불멸하는> 궁극(窮極)에서 출발하고 있음을 알아야 한다.

이 소용돌이의 중심점, <최후적이고 그래서 불멸하는> 면적없고 부피없는 궁극(窮極)이 이 우주 이 삼라만상의 뿌리요 고향이다.

§ 궁극은 진실하여 공허하지 않다

이 <최후의 그래서 불멸하는 하나의 수학적인 점>은 부피도 면적도 없다. 그러므로 한 개의 원자(原子), 한 개의 전자(電子) 속에도 이 <최후의 불멸하는 점>은 무량무수하게 들어갈 수 있다. 내가 여기에서 강조하는 <수학적인 하나의 점>은 어디까지나 진실하여 공허(空虛)하지 않다는 뜻에서 사용하는 말이니 오해 없기를 바란다.

동산(洞山)을 빤히 쳐다보는 물속에 비친 동산(洞山)의 그림자가 찰나간에 녹아 뭉치면서 부사의한 융합화두가 되어 동산의 눈을 통해 일직선으로 그의 마음속에 날아들어가 때려맞춘 것이 바로 <마음의 씨>인 <최후의 그래서 불멸하는> 하나의 수학적인 점(點)이었다.

§ 궁극에서 끊어지니 뿌리는 없다

이와같이 <궁극으로서의 하나의 점>인 삼라만상의 뿌리로 돌아가 끊어지면 삼라만상이 한덩어리가 된다. 종전까지의 그 일마다 막히고 일마다 끊어지던 일체의 장애가 봄눈 녹듯이 사라져서 사통팔달(四通八達)로 확 트이고 통한다. 눈으로 듣고 귀로서 보는 일 따위는 아무 것도 아니다. 삼라만상(森羅萬象)의 뿌리로 돌아가니 결국 삼라만상은 뿌리가 없어서 환화와 같다는 사실이 체험을 통해서 확인되기 때문이다.

즉 <마음의 씨 = 최후의 불멸하는 하나의 수학적인 점(궁극) = 무(無) = 진공>이라는 등식(等式)이 성립한다.

§ 진공은 나이지만, 나는 진공이 아니다

그런데 여기에서 문제가 불거져 나온다. 동산의 두 번째 깨달음의 노래에서, "그는 이제 바로 나인데, 나는 지금 그가 아니다." 하는 구절이다. 진공은 나이지만 나는 진공이 아니라서 무너지지 않는다는 의미다.

진공이 '나'이므로 '나'라는 존재가 무너질 듯도 하지만, '나'라는 존재 자체가 진공이므로 '나'는 무너지지 않는다. 진공으로서의 '나'라는 존재는 무너질래야 무너질 도리가 없는 것이다. 이것이 "그는 이제 바로 나인데, 나는 지금 그가 아니다" 하는 구절의 의미다.

진공이 연기법이라서 연기법이 무너질 듯도 하지만, 연기법이라는 존재 자체가 진공이므로 연기법은 무너질래야 무너질 재주가 없는 것이다. 진공으로서의 연기법이 어떻게 다시 무너지겠는가. 이치가 이와같으니 진공으로서의 '나'라는 존재도 영겁의 세월을 흘러가면서 무너지지 않는다.

60. '귓속의 귀'는 소리가 없을 때도 듣는다

§ 중생이 전도되어 소리에 잡힌다

적요(寂寥)한 정원에 부슬부슬 비가 내린다. 경청(鏡淸)이 시자(侍者)를 물끄러미 바라보다가 물었다.

"문 밖에 무슨 소린고?"

"비내리는 소리입니다."

"그런가---"

경청은 잠시 뜸을 들이더니, 말씀을 이었다.

"너는 듣는 귀가 따로 있어 빗소리를 듣느냐? 중생이 전도(顚倒)되고 자가자신에 눈 어두워 소리에 잡히고 물건에 잡히는구나. 실로 가여운 일이다"

시자는 문득 가슴이 막혀 할 말을 잊었다. 경청의 말씀 끝에 자칫 듣는 귀가 지워질뻔했기 때문이다.

"스님께서는 어떻하십니까?"

"나도 하마트면 빗소리에 잡힐뻔했다."

"무슨 뜻입니까?"

"설명하기는 그래도 쉽지만, 벗어나기는 더욱 어렵다."

"제가 이해하지 못합니다. 알아듣도록 설명해 주십시오."

"나는 온몸 이대로 귀(진공)로서 듣는 귀가 따로 없다."

듣는 귀가 따로 없으니 들어도 듣는 것이 아니어서 본래 적요(寂寥고요하고 텅 빔)하다.

60. '귓속의 귀'는 소리가 없을 때도 듣는다

§ 진공이 듣는다

대주(大珠)의 돈오입도요문론(頓悟入道要門論)에 이런 글이 있다.

"소리가 있을 때는 들을 수 있거니와 소리가 없을 때에도 들을 수 있습니까?"

"역시 듣는다."

"소리가 없는 때에는 어떻게 듣습니까?"

"지금 듣는다고 하는 것은 소리가 있거나 없거나를 논(論)하지 않는다. 왜냐하면 '듣는다'는 자성은 영원한 까닭에 소리가 있을 때도 듣고 소리가 없을 때도 또한 듣기 때문이다."

§ 살아있는 것은 진공 뿐이다

듣는다는 자성(自性)이란 진공이다. 살아있는 것은 진공 뿐이기 때문이다. 살아있는 진공이 듣지만 어디까지나 진공이 보거나 듣는 것이 되므로, 보고 듣는 것이 낱낱이 공(空)하여 보아도 보는 바가 없고 들어도 듣는 바가 없다. 소리와 형상이 낱낱이 진공이요, 진공이 낱낱의 소리요 형상이다. 이렇든 저렇든 살아있고 살아있을 수 밖에 없는 진공이므로, 듣는 가운데 들음이 없고 들음이 없는 가운데 듣는 일이 가능하다. 궁극으로서의 진공 필경공은 살아있을 수 밖에 없기 때문이다.

§ 살아있는 진공이 시각(視覺)이요 청각(聽覺)이다

<진공으로서의 소리>이므로 소리는 소리이면서도 소리가

아니요, <소리로서의 진공>이므로 소리가 아니면서도 또한 소리이다. <진공으로서의 형상>이므로 형상이면서도 형상이 아니요, <형상으로서의 진공>이므로 형상이 아니면서도 또한 형상이다.

이치가 이러하여, 보는 가운데 봄이 없고 보지 않는 가운데 봄이 있으며, 듣는 가운데 들음이 없고 듣지 않는 가운데 들음이 있다 말한다.

진공이 시각(視覺)이므로 보아도 보는 것이 아니지만, 시각은 진공이 아니므로 분명히 보는 것이다. 이러한 이치를 가리켜 보는 가운데 봄이 없고, 보지 않는 가운데 봄이 있다고 말한다. 진공이 청각(聽覺)이므로 들어도 듣는 것이 아니지만, 청각은 진공이 아니므로 분명히 듣는 것이다. 이러한 이치를 가리켜 듣는 가운데 들음이 없고, 듣지 않는 가운데 들음이 있다고 말한다.

진공이므로 들어도 듣는 것이 없지만, 살아있는 것은 진공 뿐이므로 청각(聽覺)이 되어 듣는 것이다. 진공이므로 보아도 보는 것이 없지만 살아있는 것은 진공 뿐이므로 시각(視覺)이 되어 보는 것이다.

§ 경청은 <소리로서의 진공=청각>에서 <진공으로서의 소리=진공>로 돌아갔다

나는 온몸 이대로 귀로서 듣는 귀가 따로 없다는 말은 벽암록에 나오는 내용이 아니지만, 진정한 귀는 살아있는 진공인데 경청은 진공으로 돌아갔다는 이야기다. 듣고 보는 것은 살아있는 진공이지만, 진공은 어디까지나 진공이므로 듣고 보는 일에서 자유로와서 듣고 보는 일에 잡히지 않는다.

경청의 청각은 진공이 아니어서 끊임없는 빗소리로 나타나지만, <청각=빗소리>의 자성(自性)은 진공이므로 자성의 입장에서 보면 처음부터 끝까지 진공일 뿐으로서, 빗소리가 빗소리로 성립할 수가 없어 빗소리에 잡히는 일은 없다. 빗소리로 끊임없이 돋아나는 경청의 청각과는 달리, 언제나 진공이라는 자성을 떠나본 적이 없는 빗소리로서의 청각은 또한 빗소리로 성립해볼 도리가 없는 것이다. 이와같이 <청각> 즉 <소리로서의 진공>은 언제나 소리이지만, <진공> 즉 <진공으로서의 소리>는 영원히 진공에서 탈출할 수 없기 때문에 소리로서 성립하지 못한다. 이러한 이치로 빗소리를 들으면서도 듣지 않고, 듣지 않으면서도 빗소리를 듣는 것이다. 그러므로 경청은 빗소리에서 영원히 벗어났다고 말한다.

반대로, '너는 듣는 귀가 따로 있느냐?'는 질문 아닌 질문 역시 벽암록에는 없는 내용이지만, 소리를 들으면서 소리의 체성(體性 : 자성)에 눈 밝지 못하여 소리에만 묶이는 현상을 뜻한다. 귓속의 귀를 알지 못하니 사람 얼굴의 한 부위(部位)인 단순한 귀만 가지고 있구나 하는 뜻이다.

§ 진공이므로 벗어나는 것이다

설명하기는 쉽지만 벗어나기는 어렵다는 말은 벽암록에 나오는 내용으로, 소리에서 벗어나 '소리의 자성'인 진공으로 돌아감을 의미하는데, 진공으로 돌아감이 어째서 벗어나는 것인가는 앞에서 설명한 바와 같다. 즉 진공이므로 벗어나는 것이 된다.

경청우적성(鏡淸雨滴聲)을 이해하는데에는 돈오입도요문론의 '소리가 없어도 듣는다'는 이야기가 큰 도움이 되리라고 본다. 경청우적성이든 돈오입도요문론이든 결국 듣는 귀의 문제가 아니요 '귓속의 귀' 이야기 때문이다.

61. 현겁(賢劫)의 마지막에 오시는 누지여래 (樓至如來) 설화(說話)

§ 앙산혜적을 통해서 듣는 누지설화

꿈에 도솔천으로 올라가 미륵보살의 회상(會上)에서 제이좌(第二座)로 설법했다는 앙산혜적선사와 인연있는 설화다. 앙산은 소석가(小釋迦작은 석가여래)로 불릴만큼 식견이 뛰어난 분이었다. 어느날 앙산이 앉았는데 홀연히 어떤 존자(尊者)가 나타나서 절을 하고 묻기를,

"화상께서 글자를 아십니까?"

"조금 알고 있다."

그러자 존자가 오른쪽으로 한바퀴 돌고 말하기를,

"이것은 무슨 글자입니까?"

앙산이 땅에다 '十'자를 쓰니, 존자가 다시 왼쪽으로 한바퀴 돌고 물었다.

"이것은 무슨 글자입니까?"

앙산이 땅에 쓰인 '十'자를 '卍'자로 만들었다.

이에 존자는 둥근 모습을 하나 그리고는 두 손을 펴서 마치 아수라(阿修羅)가 해를 받드는 시늉을 하고, 몸과 머리를 흔들면서,

"이것은 무슨 글자입니까?"

존자의 말이 끝나자 앙산은 동그라미를 하나 그려 卍자를 둘러싸니 존자가 누지(樓至)의 시늉(우는 시늉)을 하였다. 앙산이 말하였다.

"그렇다, 그렇다. 이는 부처님들이 아끼는 바이니, 그대도 그렇고 나도 그렇다."

말씀이 끝나자 존자는 앙산에게 절을 하고 허공으로 날아올라 가버렸다.

§ 앙산혜적의 해설

그 뒤 5일이 지나서 어떤 스님이 앙산에게 물었다.

"제가 갖가지 삼매(三昧)를 보아 왔으나 그 이치를 모르겠습니다. 어떻게 해석해야 되겠습니까?"

"내가 이론으로 그대에게 설명하겠다."

하고, 앙산이 이어서 말하기를,

"이는 깨달음의 바다가 변해서 뜻의 바다가 되었으나, 깨달음의 바다가 곧 뜻의 바다이고 뜻의 바다가 곧 깨달음의 바다로서, 혼연일치(渾然一致)된 것이다. 이 뜻에는 인(因)도 있고 과(果)도 있어야 하나니, 즉시(卽時)와 다른 때(이시異時)의 총(摠)과 별(別)이 은신삼매(隱身三昧)를 여의지(떠나지) 않는다."

해석하겠다.

§ 깨달음의 바다 = 진공

존자가 오른쪽으로 한바퀴 도는 것에는 두가지 의미가 있다. 원(圓)은 깨달음(법法)을 의미하고, 오른쪽은 변화 즉 움직임과 뒤이어 등장할 법륜(法輪)을 암시한다. 그래서 앙산은 十자를 쓴 것이다. 十자는 <깨달음의 바다=진공> 그 자체로서 태양의 의미를 담고 있다. 물론 마음의 태양인 진공, 필경공, 대원경지(大圓鏡智)를 의미한다.

§ 뜻의 바다 = 연기법

존자가 왼쪽으로 한바퀴 도는 것은 법륜(法輪)을 나타내는 卍자가 왼쪽으로 구르기 때문이다.

卍자는 물론 법륜(法輪)이다. 卍자를 이루었으니 법륜(법의 바퀴)이 되어 구르면서 <깨달음의 바다=진공>가 변해서 <뜻의 바다=연기법>를 이룬다. 법륜이 뜻의 바다이고, 뜻의 바다가 법륜이다. 본래 오른쪽은 움직임 즉 지혜를 나타내고, 왼쪽은 그침(지止) 즉 공적(空寂)을 나타낸다. 그런데도 왼쪽으로 도는 것은 이미 변화하여 뜻의 바다를 이루기는 하였으되, 어디까지나 본체인 깨달음의 바다에서 나와서 깨달음의 바다를 떠나지 않고 뜻의 바다를 이루기 때문이다.

적이상조(寂而常照) 조이상적(照而常寂). 적멸하면서 항상 비추고, 비추면서 항상 적멸한다. 적멸이 곧 비춤이요, 비춤이 곧 적멸이다. 적멸은 해탈의 바다이고, 비춤은 뜻의 바다이다.

§ 깨달음의 바다 = 뜻의 바다

존자가 둥근 모습을 하나 그리는 대목으로 이를 보고 앙산은 卍자 주위를 동그라미로 둘러싼다.

해탈의 바다가 十자요, 변하여 뜻의 바다(법륜)를 이루니 卍자인데, 이 뜻의 바다가 해탈의 바다를 떠나있지 않아서 항상 해탈의 바다 그 자체이므로, 卍자 주위에 다시 해탈의 바다를 의미하는 동그라미로 둘러싼 것이다. 해탈의 바다에서 시작하여 해탈의 바다로 돌아가는 것이다.

여기에서 주목해야 할 점은 十자와 동그라미가 결국 같은 의미로 쓰이고 있다는 사실이다.

十자는 찬란한 빛을 발하는 진공의 태양이며 동그라미 또한 태양의 의미로서, 비로자나여래 대일(大日)여래가 그것이며, 깨달음의 상태를 표현하는 청천백일(靑天白日)의 백일(白日)이 또한 그것이다. 태양을 의미하는 언어와 형상은 다른 종교에서도 찾아볼 수 있다.

§ 아수라

둥근 모습을 존자가 두 손을 펴서 받들되, 마치 아수라(阿修羅)가 태양을 받드는 듯한 시늉을 하는 이유는 불법을 외호(外護밖에서 보호하는 것)하겠다는 의지를 나타낸다. 사찰(寺刹)에서 불법을 수호한다는 사천왕의 그림은 많이 대한다.

§ 태 양

존자가 해(태양)를 받들고 몸과 머리를 흔드는 이유에는 세 가지가 있다.

태양은 번뇌 속에서도 번뇌에 물들지 않는다는 상징으로 번뇌가 곧 해탈이며 뜻의 바다가 곧 해탈의 바다임을 말한다. 흔들리는 몸과 머리는 번뇌다. 그러한 까닭에 존자는 태양을 받들고 앙산은 卍자 주위를 동그라미로 둘러싼 것이다. 이것이 첫 번째 이유다.

그리고 몸과 머리를 흔드는데에는 현겁의 마지막에 오시는 여래(如來)라는 의미도 있다. 몸과 머리를 흔드는 것은 그야말로 현겁에는 더 이상 불법(佛法)을 지탱하기가 어려워서 불법이 흔들리는 시기이므로 마지막에 오시는 여래께서 전력을 다하여 불법을 수호하신다는 의미다. 이것이 두 번째 이유다.

서가여래의 불법이 기울고 있음을 나타내기도 한다. 이것이 세 번째 이유다.

§ 누지여래

앙산이 卍자 주위를 동그라미로 둘러싸니 존자가 누지(樓至)의 우는 시늉을 한다는 구절이다. 누지는 운다는 의미의 범어음역(梵語音譯)이며, 누지여래는 현겁(賢劫)의 마지막에 성불(成佛)하여 생사 속에서 전적으로 불법을 외호(外護)하게 된다는 여래다. 누지여래를 끝으로 하여 현겁에서는 더 이상 여래의 출현은 없어지는 셈이다. 그래서 존자는 그 슬픔을 우는 시늉으로 표현함으로서 누지여래는 진실로 '슬프고' '외로운' 여래라는 의미를 담고 있다.

존자의 우는 시늉에는 서가여래의 불법이 쇠약해감을 슬퍼

한다는 상징도 들어있다.

§ 그대도 그렇고 나도 그렇다

존자의 우는 시늉을 보고 앙산이 "그렇다. 이는 부처님들이 아끼는 바이니 그대도 그렇고 나도 그렇다" 하는 내용이다.

여기에도 두가지 의미를 보아야 한다. 앞에서 서술한 누지여래를 모든 여래들이 아끼신다는 내용이 그 하나요, 서가여래께서 전하신 불법이 세월이 흐르면서 쇠잔해가는 모습을 본다는 것이 참으로 가슴 아프다는 내용이 그 하나이다.

§ 은신삼매

앙산의 말씀으로, "이 뜻(의義)의 바다에는 인(因)도 있고 과(果)도 있어야 하나니, 즉시(卽時)와 다른 때(異時)의 총(摠)과 별(別)이 은신삼매(隱身三昧)를 여의지 않는다." 하시는 구절이다.

이 뜻의 바다에는 인도 있고 과도 있어야 하니, 인과(因果)의 바다요, 제법연기(諸法緣起)의 바다이다. 뜻의 바다는 연기의 바다를 뜻한다.

정신적인 것이든 물질적인 것이든, 모든 것은 원인과 결과라는 인과의 법칙에 의지하여 무너짐이 없이 존재하니 이것이 연기(緣起)의 바다이다.

여기에서, 즉시(卽時)란 연기의 바다의 성품이 공하여 단일(單一)하므로 총(摠모두)을 의미하며, 다른 때(이시異時)란 연기의 바다의 성품이 비록 공하지만 인과의 법칙에 의하여 무량무수한 세계의 바다를 이루고 무량겁으로 갈라지므로 별(別 나누어짐)이 되는 것이다.

하지만, 즉시가 다른 때가 되고 총이 별로 갈라져서 연기의 바다를 이루어도 연기의 바다의 성품이 공하여 항상 적멸하니 다른 때가 곧 즉시요 별이 곧 총이다. 이것을 가리켜 몸을 숨기는 삼매 즉 은신삼매라고 함이다.

즉시가 곧 다른 때이고 다른 때가 곧 즉시이며, 총(摠)이 곧 별(別)이고 별이 곧 총이다. 은신삼매(隱身三昧)에서 은신(隱身)은 몸을 숨긴다는 뜻이다. 은신삼매란 몸(진공)을 숨기는 삼매이니, 비록 진공에서 연기법(緣起法)이 일어나 연기법으로 존재하지만 진공으로서의 연기법의 그 진공은 진공이므로 결코 드러나지 않아서 연기법만 존재하는 듯이 보인다는 의미이다. 무너지지 않는 진공의 세계, 이것이 은신삼매이다.

62. 까마득한 벼랑 너머 어디로 돌아가는고?

§ 말문을 탁 틀어막는 곳으로

벽암록 제43칙을 두드리면 동산무한서(洞山無寒暑)라는, 더운 것도 모르고 추운 것도 모르는 실로 유쾌한 이야기가 튀어나온다. 정월의 추위와 삼복의 더위가 무색해지는 낙원으로 찾아가보자. 동산(洞山)에게 어느 스님이 물었다.

"추위와 더위가 닥쳐올 때 어떻게 피하면 좋겠습니까?"
"어째서 추위와 더위가 없는 곳으로 들어가지 않는가?"
그 스님이 다시 물었다.
"그곳이 어디입니까?"
"추우면 그대를 얼려죽이고, 더우면 그대를 쪄죽인다."

　추우면 사람을 얼려죽이고 더우면 사람을 쪄죽이는 그 곳이 추위와 더위를 피할 수 있는 곳이라는데는 말문이 탁 막힌다. 동산의 이 말씀을 가리켜 설두는, '손잡아 이끌기에 따라 갔더니 만길이나 되는 까마득한 벼랑이더라' 하고 노래한다. 동산이 손을 잡아 이끌기에 정말로 추위와 더위를 면해보려는 속셈으로 믿고 따라가보았는데, 그곳은 한술 더 떠서 만길이나 되는 벼랑 끝이었다는 내용이다.

§ 온몸을 벼랑 너머로 내던지라

　그렇다. 사람의 중추를 탁 틀어막아서 환장하게 하는 바로 '그곳'으로 몸을 내던져 들어가면 한서(寒暑)를 피할 수 있으므로, '그곳'이 비록 까마득한 벼랑 끝이라도 거침없이 몸을 내던져볼 일이 아닌가. 무엇보다도 몸을 내던질 만길 벼랑 끝에 도달할만큼 수행이 무르익고 복덕을 구비한 사람도 드물다. 그러니 천길만길 벼랑끝이다 싶으면 거침없이 자신의 전존재를 그 너머로 내던지라. 화두선은 만길 벼랑 너머로 몸을 내던지는 행위이지 사유(思惟)가 아니다.

　이 동산무한서의, 추우면 그대를 얼려죽이고 더우면 그대를 쪄죽이는 '곳'으로 따라 들어가라. 이 화두를 따라서 들어가면 된다. 미세(微細)조동이라 하여 안목이 세밀하기 짝이 없다는 조동종(曹洞宗)을 일으킨 인물이 동산이다.

§ 16개의 말이 녹아서 뭉친다

추우면 그대를 얼려죽이고 더우면 그대를 쪄죽이는 곳으로 들어가라. 도무지 어떻게든 손써볼 도리가 없는 그곳을 뚫어 들어가야 한다. 모기가 소뿔을 뚫듯이.

추우면 얼려죽이고 더우면 쪄죽이다니?
추우면얼려죽이고더우면쪄죽이다니?
추우면얼려죽이고더우면쪄죽이다니?

<추우면 얼려죽이고 더우면 쪄죽이다니?>라는 16개의 말이 녹아서 뭉칠 징후를 보일 때, 그렇지 징후를 보일 때, 더욱 세차고 세밀하게 <추우면얼려죽이고더우면쪄죽이다니?>를 밀어붙이라. 밀어붙이면 <추우면얼려죽이고더우면쪄죽이다니?>는 하나의 무시무시한 <의정>이라는 풍치로 녹아 뭉치면서 맹렬한 속도로 그대의 머리속을 뚫을 것이야! 틀림없어.

§ 인간의 새까만 머리

이때 맛보는 시원함이란 천년 묵은 체증이 쑥 밑으로 내려가는 데에나 비교할 수 있을까 모르겠어. 머리속이 쾡하게 뚫리면서 왠 시원함을 느끼는 거냐구? 내 말하지 않았던가. 인간의 머리통이란 본래부터 새까만 대가리에 불과하다고. 오죽하면 운문문언이 '진리의 몸을 꿰뚫는 한 말씀'을 저 밤하늘의 까맣게 물러나 박힌 북두성(北斗星) 속에다 집어넣고 말았겠어? 인간의 새까만 머리를 굴려서 함부로 꺼내지 못하게 말이야. 그만그만한 새까만 머리를 화두로 탁 깨뜨리고 내친김에 뱃속까지 확 통과해버려야 드디어 시원해지는 법이여.

§ 의정은 총알처럼 나간다

자, 그렇게만 되면 <녹아서 뭉쳐진 16개의 말> 즉 <의정>이라는 뭉치는 더욱더 몸을 축소해가면서 총알처럼 그대의 심중(心中)을 관통하여 추위와 더위를 느끼게 하는 바로 그곳을 통쾌하게 때려맞출 것이야.

§ 날씨가 추운 것도 아니고 사람이 추운 것도 아니다

추위문제를 가지고 동산무한서와 비슷한 재미를 선물하는 이야기가 또 있다.

위산(潙山)이 앙산(仰山)에게 묻기를,

"날씨가 추운가? 사람이 추운가?"

하니, 앙산이 가려운 자신의 등을 손톱으로 썩썩 끌거리면서 못마땅하다는 듯이 투덜거렸다.

"스님께서는 그 속에 계시면서 공연히 그러십니다."

아무리 위산이라 하여도 앙산 같은 분을 속일 도리는 없는 법이다. 위산은 날씨가 추운가 사람이 추운가 하고 묻고 있지만, 날씨가 추운 것도 아니고 사람이 추운 것도 아니다. 이 공안(公案)에 대한 해답을 알고자 하면, 날씨가 추운가 사람이 추운가 하고 묻고있는 '그것'을 꺼집어내기만 하면 된다. 그래서 앙산은 위산에게 말하기를 이미 그속에 계신다고 하지 않았던가.

모르겠는가? 앙산이 말하는 '그 속에 계신다'의 '그것'은 무엇인가. 바로 앞에서 동산이 지적한 '추우면 그대를 얼려죽이고 더우면 그대를 쪄죽이는 놈'이 곧 앙산의 '그것'에 해당된다.

§ 관념으로 형성되지 않는 공안

인간이 쓰는 언어는 관념(생각)을 형성하여 인간을 지배한다. 인간은 형성되는 관념에 따라서 움직이기 때문이다. 인간은 언어가 형성하는 관념에 묶여서 꼼짝달싹 못하는 관념의 노예다. 해탈이라는 것은 이 관념(생각)을 깨뜨리면 얻어진다. 관념의 파괴가 곧 해탈이다.

그런데 기이하게도 관념으로 형성되지 않는 불가사의한 말이 있다. 관념으로 형성되지 않고 도리어 녹아 없어지면서 관념을 파괴하여 인간을 관념에서 자유롭게 하는 말이 있다. 이것이 공안 즉 화두이다.

§ 무의식이 미세하므로 화두도 미세해진다

화두가 녹아서 없어진다는 뜻은 정말로 없어진다는 뜻이 아니고, 화두가 녹으면서 찾아가는 지극히 미세한 곳을 의식이 알아차려서 추적하기가 어렵다는 뜻이다. 녹아 없어지면서 사라지는 화두를 의식이 같이 따라가기가 어려운 이유는, 그야말로 녹아 없어지는 듯한 화두가 무의식을 뚫기 때문이다. 무의식이란 지극히 미세하여 의식이 알아보기는 진실로 어렵다.

화두공부를 하다보면 어느날 문득 화두가 녹아 없어지면서 무의식에 사무치기 시작하는데 이 무의식이 지극히 미세하므로 무의식에 사무치는 화두를 놓치지 않기도 지극히 어려운 일이 된다. 그래서 마음씀을 지극히 미세하게 하라는 것이다. 화두가 가는 곳을 끝까지 추적하여 결단코 화두를 놓치면 안 된다. 화두를 놓치면 다시 찾아서 잡아야 함은 물론이다.

융합화두가 마음속에 잠입(潛入)하여 가는데까지 따라가면 마음은 드디어 뿌리를 뽑히고 뿌리없는 환화(幻化)라는 사실이 밝혀지면서 대적삼매가 현전한다. 이렇게 되면 화두가 본래부터 대적광삼매(大寂光三昧)였음을 알게 된다.

63. 천하(天下)의 노화상(老和尙)을 백 조각으로 부수리라

§ 사자새끼 올라타기

덕산(德山)이 어느날 어떤 스님이 찾아오는 것을 보고 문을 탁 닫으니 그 스님이 당당하게 문을 두드렸다. 덕산이 목에 가래 끓는 소리를 갸르릉 내면서 물었다.

"누고?"

그 스님이 대답했다.

"사자(獅子) 새끼입니다."

뭐 사자새끼라꼬? 사자새끼라는 말에 덕산이 문을 열고 문 밖으로 머리를 처억 내미니, 그 스님이 절을 하였다. 이것을 지켜본 덕산은 마치 기다리고 있었다는 듯이 얼른 일어나 그 스님의 목덜미에 올라타고 앉아서 꿀리면서 말했다.
 "이놈의 축생(畜生짐승)이 어디를 돌아다니는가?"
 이야기가 여기에서 끝나는 것을 보면 그 스님이 덕산에게 좀 당했다.

§ 허공을 한입에 삼킨다
 운문문언이 법상에 웅크리고 앉아 접시만큼 큼직한 두 눈에 불을 철철 흘리며 말한다.
 "온 시방(十方) 세계와 하늘과 땅덩어리와 천하의 노화상(老和尙)을"
하고는, 주장자를 냉큼 들어올려 허공에 한 획을 찌익 그은 후에,
 "백 조각으로 부수리라."
하였다. 이만하면 가히 호랑이다. 앞에서 덕산은 자칭 사자새끼의 목덜미에 올라타고 꿀리더니, 이번에는 운문문언이 천하의 노화상을 주장자로서 백 조각 내겠다고 으르렁거린다. 산을 한 주먹에 무너뜨리고 바다를 한입에 빨아들이는 이런 종류의 무시무시한 정신력은 도데채 어디에서 솟아나는가?
 북두장신(北斗藏身)이라 하여 '진리의 몸을 꿰뚫는 한 말씀'을 저 밤하늘에 까마득하니 물러나 박혀있는 북두성(北斗星) 속에 집어넣어버린 장본인이 바로 운문문언이다. 운문문언이라는 사람은 못말리는 사람이다. 그 운문문언이 이번에는 난데없이 주장자로 허공에다 한 획을 찌지직 그으면서 천하의 선지식들을 박살내겠다고 호언한다. 가히 볼만한 풍경이 아니

고 무엇인가.

§ 덕산도 운문도 인형이었네

운문도 덕산도 목숨이 뽑혀나와 인형(人形)과 같은 존재로 돌아갔기에 사자새끼 목덜미에 올라타고 천하의 노화상을 백 조각으로 박살내는 것이다. 기껏해봤자 쥐새끼 눈알처럼 반들거리는 마음 쪼가리나 마음 나부랭이가 남아있는 상태에서는 아무리 용을 써봐도 바다를 한 입에 빨아들이는 일 따위는 꿈도 못꾼다.

§ 적멸 = 관조

청량(淸涼)이 말하였다.

"마음이 나면 허망이요, 마음이 나지 않으면 부처다. 마음이 난다 함은 잡념만 나는 것이 아니고, 아무리 현묘(玄妙)한 마음이라 할지라도 모두 마음이 나는 것으로서 망령된 생각일뿐이다. 일체의 마음이 영원히 적멸해야 비로소 나지 않음(불생 不生)이라 이름한다. 여기서 적멸(寂滅)과 관조(觀照)가 눈앞에 그대로 나타나니 어찌 부처라고 이름하지 않겠는가. 그러므로 달마비(達磨碑)에서 말하였다. 마음이 있으면 영겁토록 범부(凡夫)에 머물러 있고 마음이 없으면 찰나에 정각(正覺)을 성취한다고."

§ 꿈과 같으므로 무너지지 않는다

마음이 남아있는 동안은 범부라는 청량의 이 말씀에서도 적멸과 관조가 함께 나온다. 마음이 없다 하여 적멸만 있는 것이 아니다. 적멸과 관조가 함께 있을 때 마음이 없다고 말한다. 그러나 적멸이 곧 관조이고 관조가 곧 적멸로서 다르지 않다.
  어째서 그런가.
  연기법(인과법)이 꿈과 같은 것이므로 적멸이요, 연기법이 꿈과 같으면서도 꿈과 같다는 그 성질 때문에 결코 무너지지 않아서 관조가 된다. 그래서 적멸이 곧 관조이고, 관조가 곧 적멸이 된다. 바꾸어 말하면, 적멸이란 마음이 뿌리가 없어 공(空)한 것이요, 관조란 그 뿌리가 없어 공한 마음이 공하다는 그 성질 때문에 무너지지 않음을 의미한다.

§ 무애자재한 관조가 없는 메마른 적멸

  만일 적멸만 있고 관조가 없으면 이는 숨만 쉬고 있을뿐 살아있는 사람이라고 할 수 없다. 이른바 마음이 깊이 잠겨있어 세상만사를 다 잊은 사람으로서 결코 올바른 안목(眼目)은 아니며 이러한 적멸의 상태를 깨뜨려야 한다. 화두가 무의식을 뚫지 못하고 무의식에 걸려서 꼼짝 못하는 상태다.
  옛 사람이 말한다.
  "쉬고 또 쉬어 앞 뒤 경계가 끊어진다 하니 세상에서 몇 사람이나 이 깊고 깊은 경지에 도달하였겠는가. 보봉의 광도자가 바로 이런 사람이다. 자기 한몸을 잊어버려 세상이 있는 줄도 모르고 세상번뇌가 그를 어둡게 하지 못한다. 그렇다해도 도리어 이 승묘경계(勝妙境界)에 떨어져서 도(道)가 열리지 못하니 바로 큰스님을 찾아서 물어야 한다."
  승묘경계란 화두가 무의식 최후의 선(線)에 걸려서 더 이상 나아가지 못하는 현상이다. 화두가 무의식 최후의 선을 깨면 승묘경계는 무너지고 도(道)가 열린다.

§ 인형의 출현
덕산도 운문문언도 이 승묘경계가 무너진 곳에서 출현한 인형이었다. 인형의 마음이나 행동이 어찌 무애자재하지 않겠는가.

64. 화두는 목숨뿌리와 일치한다

§ 옛날의 샘
설봉(雪峰)에게 어떤 중이 물었다.
"옛날의 찬 샘일 때는 어떠합니까?"
"그 샘에는 밑바닥이 없다."
옛날의 찬 샘이란 반야를 뜻한다. 중이 다시 설봉에게 물었다.
"그 샘물을 마신 사람은 어떠합니까?"
"그 샘물은 입으로 들어가지 않는다."

§ 옛날의 샘물은 마시면 죽는다
이 이야기를 들은 어떤 중이 조주에게 전했더니, 조주가 지나가는 말처럼 한마디 던졌다.

"콧구멍으로 들어가지는 못했으리라."

그 중이 조주에게 다시 정식으로 물었다.

"옛날의 찬 샘일 때는 어떠합니까?"

"쓰다(고苦)"

"마시는 사람은 어떠합니까?"

"죽는다."

나중에 이 말을 전해들은 설봉이 조주의 눈 밝음에 놀라고 자신의 눈 어두움을 탄식하면서,

"조주는 옛 부처다."

말하고, 멀리 조주가 있는 방향을 잡아 절을 했다고 한다. 조주의 대답은 단 한번에 정확한 혈(穴)을 잡아 침을 놓듯이 한치의 오차도 없었으나, 자신의 대답은 조주의 답과 비교할 때 너무나 핵심을 찌르지 못한채 현학적(衒學的)인 냄새만 풍기면서 질문하는 사람을 여전히 헤매게만 하였다는 결과를 두고 설봉은 참괴의 심정을 금할 길 없었다.

§ 화두를 삼키고 죽었다가 살아나야 한다

설봉은 샘물이 입으로 들어가지 않는다 하였으나, 조주는 입으로 들어가지 않는다면 콧구멍으로 들어가겠느냐고 반문함으로서 설봉의 말이 정밀하지 못함을 밝히고, 이어서 옛날의 샘물을 마시면 목숨을 잃게된다고 매듭짓는다.

해탈이란 옛날의 샘물을 한입에 마시고 죽었다가 다시 살아나는 것이다. 즉 해탈이란 목숨의 뿌리를 뽑는 것인데, 이것을 가리켜 죽었다 살아나는 것이라고 말한다. 화두는 옛날의 샘이다. 옛날의 샘물처럼 사람이 마시면 죽는다. 어째서 죽으며,

화두에 의한 그 죽음의 의미가 무엇인가.

§ 미세해지면서 또렷해지는 화두

움직일 때나 잠이 들었을 때에도 화두가 있어, 마치 여울물에 비친 달 그림자처럼 흩어지지 아니하고, 넓고 아득하여도 없어지지 아니한다. 넓고 아득하여도 없어지지 아니한다는 말은, 화두가 녹아서 마음을 파고들면 지극히 미세해져서 분간하기 어렵지만 그래도 화두는 분명히 있음을 뜻한다. 그리고 화두는 미세해지면서 서서히 또렷해진다.

§ 크게 죽은 사람

화두가 자기 목숨과 일치해가는 현상이며, 이때가 크게 죽어가는 사람이다. 목숨과 일치해가는 화두가 목숨을 끊기 때문이다. 옛 사람은 이를 평지 위에서 죽은 사람이라고 하였다. 여기에 이르러서는 모름지기 저쪽으로 뚫고 지나가야 하며, 혹 의지하거나 이해함이 있으면 공부와는 아무 관련이 없다고 벽암록에서 밝히고 있다.

§ 무쇠로 만들어놓은 사람

이런 처지에 이른 사람이라면 이미 무쇠(생철生鐵)로 만들어 놓은 사람과 다름없다. 혹 기특한 경계를 만나거나 혹 나쁜 경계를 만나더라도 이 앞에 이르러서는 모두 꿈 속과 같아서 자신의 몸이 있음을 알지도 못하고 아침 저녁을 알지 못한다. 비록 이러한 경계에 이르렀어도 차가운 재와 꺼진 불처럼 캄

캄한 곳으로 들어가서는 못쓰니, 모름지기 몸을 돌려서 살아 나는 길을 열어야 한다.

§ 숨이 끊어진 사람

여기에서 무의식 최후의 선(線)을 차가운 재와 꺼진 불에 비유하고 있으며, 화두가 이 차가운 재와 꺼진 불과 같은 무의식을 돌파하는 상황을 죽음에 비유한다. 무의식을 유식학(唯識學)에서는 제8아뢰야식이라 한다. 이 제8아뢰야식을 화두로써 돌파해야 하는 것이다.

숨이 끊어지고 종적이 끊어지면 죽은 사람이다. 화두가 이 최후의 상황을 넘어서야 역력하고 신령스럽게 살아난다는 뜻이다. 그렇다고 정말로 숨이 끊어짐을 의미하는 것은 아니요, 정신세계의 일임을 암시하는 것이니 걱정할 필요는 없다.

§ 죽음과 삶이 함께하는 쌍쌍시절

화두가 무의식 최후의 선을 넘어가면, 항상 죽은 가운데 항상 살아 있고 항상 살아 있는 가운데 항상 죽어 있음이니, 이것이 곧 밝음과 어두움이 함께하는 시절이다. 화두가 드디어 목숨과 일치하여 목숨을 끊어버리면, 죽음과 삶이 항상 함께하는 쌍쌍시절로 접어든다.

§ 태허(太虛)

종경록(宗鏡錄)에서 말한다.

"만약 식음(識陰)이 없어지면 바야흐로 지위를 뛰어넘어 무소득(無所得)을 요달하여 구경(究竟)을 원만히 성취하니, 깨끗한 유리병 속에 보배달을 넣어놓은 것과 같다."

  식음이란 무의식이요, 무소득이란 소득 없음이니 목숨의 뿌리까지 다 내어놓음을 뜻하며, 구경이란 마음이 갈 때까지 가서 드디어 끝남이니 이 또한 목숨의 뿌리뽑음과 같은 뜻이다.

  목숨의 뿌리가 끊어지면 태허(太虛)가 눈 앞에 그 몸을 드러내니, 깨끗한 유리병 속에 보배달을 넣어놓은 것과 같다고 말한다.

65. 화두는 무한속도로서 빛덩어리이다
   (불씨화두에 대하여)

§ 불씨화두와 죽성화두

  한점의 불씨가 신령한 화두로 되살아나 인간의 심층심리를 통쾌하게도 뚫고나간 역사적으로 희유한 사건이 있었다.

  돌맹이가 대나무 치는 죽성화두(竹聲話頭)가 향엄지한의 목숨뿌리를 뚫고나간 사건과 더불어, 한점의 불씨화두가 위산영우의 목숨뿌리를 끊어버린 사건은 불교 선종가문의 두가지 희유한 사건으로 아주 특별한 풍미를 전해온다.

§ 이것은 무엇이냐?

  백장산(百丈山)의 나무숲은 칠흑같은 어둠으로 일어서고 냉엄한 솔바람 소리만이 산사(山寺)를 나직히 울린다. 산주(山

主)인 백장(百丈)은 출입문쪽을 지그시 바라보다가 시자를 부른다.

"누군고?"

"예, 영우(靈祐)입니다."

시자실(侍子室)의 문을 열고 영우가 조용히 들어왔다.

"그대 화로를 헤쳐보라, 아직도 불씨가 남았는가."

"예"

대답을 한 영우는 큰스님 옆의 화로로 다가가 앉아서 화젓가락으로 화로의 재를 헤쳐보았으나 이미 불씨는 다 사그라지고 없었다.

"불은 다 꺼지고 없습니다."

"뭐라꼬? 그 화젓가락 이리 내봐라, 내가 찾아보겠다."

백장회해는 화로를 자신의 무릎 앞으로 썩 끌어당겨서 받아 든 화젓가락으로 화로의 재를 이리저리 막 헤집더니 불씨 하나를 집어내어 영우의 눈 앞으로 바짝 들이밀며,

"이것은 무엇이냐? 불이 다 꺼졌다더니, 이걸 보아라."

하는 것이었다. 영우는 느닷없이 눈 앞에 떠오른 한점의 불씨를 엉겁결에 물끄러미 바라보다가 홀연히 마음이 열렸다.

§ 6식과 7식의 순간적인 죽음

그당시의 상황을 재현해보자.

백장이 위산의 코 앞에다 느닷없이 불씨를 들이밀었을 때 무방비 상태로 있었던 영우는 사실상 그 순간 순간적인 죽음의 상태에 빠졌던 것이다. 죽음의 상태란 6의식과 7말나식이 소멸함을 뜻한다.

§ 드러난 8식에 날아가 꽂히는 융합화두

백장이 획책한 불시의 공격에 의식과 말나식이 깜박 날아가 버리고 적나라하게 드러난 위산의 8무몰식으로, 신령스럽게도 살아난 한점의 빠알간 <융합화두=의정>가 위산영우의 눈을 통해 날아들어가 깊이 꽂히면서 8무몰식 전체를 성스런 화염(火焰)으로 빠알갛게 물들이며 태워 정화작업을 완료한 것이다.

§ 8식이 끊어져 공해지니 9식이다

8식이 불씨화두의 성스런 화염으로 불태워져 정화작업이 완료되니 8식의 자성의 공함이 만천하에 밝혀졌음이요, 이는 9진여식이 마침내 눈을 퍼뜩 떴음을 의미한다. 8식이 공으로 돌아가니 이것이 곧 9식이다. 위산영우는 9진여식으로 돌아간 것이다.

§ 불씨가 융합화두로

6의식과 7말나식이 순간적인 소멸을 맞는 일은 그다지 드문 경우는 아니지만, 8무몰식은 어떤 경우에도 소멸하지 않는다. 한점의 불씨가 불씨화두(융합화두)로 변신하면서 날아가 8식에 꽂힌 이유는 8식의 이런 성질 때문이다.

불씨화두이든 죽성화두이든 그 불씨와 죽성이 반드시 녹아 들어 뭉치면서 <의정>이라는 <융합화두>로 몸을 바꾸지 않으면 안된다. 화두의 함몰과 융합이라는 화두의 변신과정을 향엄지한의 죽성화두(竹聲話頭)와 위산영우의 불씨화두도 똑같이 밟았다.

§ 성스런 화염(火焰)

사람이든 짐승이든 곤충이든 해탈하는 순간의 이치와 과정은 누구나 똑같음을 밝혀둔다.

8무몰식이 파괴될 때, 8무몰식의 파괴 찰나 전에 6의식과 7말나식이 순간적으로 소멸하고 순간적인 죽음을 맞으면서 8무몰식으로 이르는 길을 내면, 이때 화두에 의해서든 무엇에 의해서든 성스런 화염이 그 열린 길로 번개처럼 날아들어와 8무몰식에 꽂히면서 8식 전체를 새빨갛게 태워 정화작업을 끝낸다. 즉 8식을 태워 정화할 성스런 화염(火焰)이 날아와 꽂히기 전에 당나귀처럼 우둔한 6식과 교활한 7식이 반드시 순간적인 죽음에 돌입하여 8식에 이르는 길을 내고 8식을 활짝 드러내야 한다.

이 성스런 정화작업이 완료되면 '교묘한 기술자'로 불릴만큼 마음 깊숙히 잠겨 마음을 조종하던 8식의 자성(自性)이 공(空)하다는 사실이 백일하에 드러나고, 악의(惡意)를 띈 교묘한 기술자도 환화(幻化)로 떨어지고 만다.

§ 불가사의의 실체는 성스런 화염이다

산사(山寺)의 짙은 어둠 속에서 영우의 눈앞에 떠오른 사그라들다 남은 한점의 빠알간 불씨가 한순간 형용할 수 없는 기묘한 불씨로 변하면서 부사의한 융합화두가 되어 찰나간에 영우의 마음속을 파고들어 마음의 씨를 때려맞추며 간단하게 태워버린 사연은 이러하고 이러하다. 빠알간 한점의 불씨가 불가사의(不可思議)한 화두가 되어 맹렬한 속도로 영우의 눈을 통해 들어가서는 즉시에 영우의 마음의 씨와 일치하여 떨어지고 말았다는 뜻이다.

§ 업장 = 무의식

여기에서 맹렬한 속도 이야기가 나온다. 맹렬한 속도는 구체적으로 무한속도이다.

여러번 설명했듯이 업장(業障)이 무엇이냐고 물어온다면 이 질문에 대한 가장 정확한 답은 8무몰식이 된다. 8무몰식은 그 크기와 깊이가 바다에 비유된다. 지금까지 윤회해오면서 체험하고 인식하고 사유(思惟)한 일체의 것이 고스란히 8식으로 저장되어 남는다.

생각 한번 하는 것, 손가락 하나 까닥한 사실, 여름날 귓전에서 앵앵거리던 모기소리 하나하나까지 녹음되고 저장된다. 말하자면 자기라는 전존재, 자기의 생활전체가 고스란히 8함장식에 저장되면서 8함장식의 일부분을 형성한다.

§ 8식을 태우는 무한속도

8식이란 이런 것이다. 그리고 수행이란 이 8식을 어떻게든 태워 정화하려는 시도이다. 그런데 한마디로 이리도 무거운 8식을 불태우기 위해서는 '무한속도'라는 '성스런 화염'이 필요하다. 다른 방법은 안된다. 무한속도에 불타지 않고 녹아 없어지지 않는 것은 없다. 무한속도에는 어떤 것도 찰나간에 소멸의 운명을 밟는다.

§ 융합화두는 무한속도에 진입한다

불씨화두이든 소리화두이든 화두는 무한속도에 접근해가다가 마침내 무한속도에 들어가게 되는데, 이때 융합화두는 융멸화두로 변신하면서 8무몰식을 태우며 화두의 일생을 마친다. 화두의 일생을 마감하면서 대적광삼매가 현신한다. 결국 화두는 대적광삼매(大寂光三昧)였던 것임이 밝혀지는 셈이다.

§ 무한속도의 융합화두는 빛 덩어리이다

무한속도화(無限速度化)한 화두는 광명(光明) 그 자체이기도 하다. 빛 덩어리 말이다. 대적광삼매(大寂光三昧)에서 빛을 의미하는 광(光)자가 붙을 수 있고, 또 마땅히 빛 광(光)자가 붙어야 하는 이유는 화두요 반야식이 무한속도로서 빛덩어리이기 때문이다.

§ 8식이 융합화두에 꿰이면 우주도 함께 꿰인다

우주를 한덩어리로 뭉친다 할 때는, 화두의 무한속도에 광대무변한 우주라 할지라도 더 이상 달아나지 못하고 꼼짝없이 코를 꿰이는 현상을 의미한다. 우주도 8식으로 돌아가기 때문이다.

§ 대적삼매

화두가 붕괴---함몰---융합---융멸의 변신과정을 밟을 때 융멸의 단계에서 화두는 무한속도에 진입하여 무한속도 그 자체가 되는데, 이 무한속도가 대적삼매이다.

화두가 무한속도화하면 이미 8무몰식도 깨끗이 불타서 공해진다. 말하자면 화두도 사라지고 8무몰식도 동시에 사라지는 것이다. 이것이 9반야식이다. 화두와 무몰식이 동시에 사라지고보니 반야식이다. 이러한 까닭에 화두가 반야식이라는 사실이 철저하게 증명된다. 이론만으로는 절대로 안풀리는 것이 화두다.

만행(萬行)에만 의지함은 송장을 타고 바다를 건너려는 것과 같다는 말이 있다. 이 말은 만행을 하든 무얼 하든 별처럼 푸른 눈빛을 닦지 못하면 해탈이라는 무한속도를 성취하기 어려움을 뜻한다.

§ 깨달음의 바다는 들어갈수록 깊어진다

영우는 공손히 일어나 백장에게 절을 세 번 올렸다. 이미 영우의 마음을 훤히 들여다보고 있었던 백장은 나직하게 이르셨다.

"이것은 잠시 동안의 지름길일뿐이다. 불성의 이치를 알고자 하면 시절과 인연을 관찰하라고 경에서 말씀하셨으니, 너는 마땅히 지금부터 진정한 마음공부에 들어가야 하리라."

한번의 작은 깨달음에 만족하지 말라는 뜻으로 하는 백장의 말씀이었다. 이런 인연으로 도를 얻은 영우가 위산(潙山)영우다.

위산이란 중국의 호남에 있는 대위산(大潙山)을 말하는데 영우가 스승인 백장의 지시를 받아 대위산으로 들어가서 울연

(鬱然)한 대선원(大禪院)을 이루고 수많은 제자들을 배출하였으므로 위산이라 일컬었다.

§ 사마두타

영우가 위산으로 들어간 역사를 더듬어보자.

백장문하(百丈門下)에 사마두타(司馬頭陀)라는 관상(觀相)의 달인(達人)이 있었는데 이사람은 풍수지리에도 능통하였다고 한다. 이 거사(居士)가 사방을 두루 떠돌다가 백장산으로 돌아와서 스승인 백장선사에게 문안을 드린후에 말하였다.

"이번 여행에서 명산(名山)을 하나 발견했습니다. 호남에 있는 대위산인데 아직 세상에 알려지지 아니한 대단한 웅산(雄山)입니다."

"그런가. 그렇다면 내가 가 있으면 어떻겠는가?"

"황송하오나 그것은 좀 곤란합니다. 스님께서는 아무리 보아도 그 산의 주인이 되기에는 복덕이 부족합니다. 그 산은 육산(肉山)이라 적어도 천오백명 이상의 제자를 거느릴만한 선지식(善知識)이라야 능히 그 산을 감당할 수 있을 것입니다."

"그렇다면 나는 그만두지. 그런데 내가 데리고 있는 사람들 중에서 그만한 인물이 있는지 한번 보겠는가?"

"예, 불러주시면 살펴보겠습니다."

이리하여 백장은 제일좌(第一座)인 선각(善覺)을 부르는데, 사마두타는 형형(炯炯)한 안광(眼光)으로 선각을 한번 썩 훑어보더니 대번에 고개를 내저었다. 다음으로 영우를 불러들였다.

영우가 걸어들어오는 모습을 본 사마두타는 매우 감탄하면서,

"호오! 이 사람이면 대위산의 주인이 되고도 남음이 있겠습니다."

하고, 결정을 내렸다. 이야기를 전해들은 선각이 한낱 관상보는 사마두타로 하여금 대위산의 주인을 고르게 하였다고 불만을 토로했다. 이 난처한 문제를 해결하기 위하여 백장이 선각과 영우를 다시 불러 말하였다.

"여기에 정병(淨甁)이 있다. 정병이라고 하면 집착(執着)이요, 정병이 아니라고 하면 반칙(反則)이니 너희들은 어떻게 하겠느냐?"

죽비를 죽비라고 부르면 집착이요, 죽비라고 부르지 않으면 반칙이라는 수산죽비(首山竹篦)공안과 조금도 다르지 않다. 정병이란 변소에서 손을 씻는데 사용하는 물을 담아두는 나무통이다.

"나무 말뚝이라고 할 수는 없겠지요."

정병이 정병이지 무엇이겠는가 하는 뜻으로 선각이 대뜸 대꾸했으나, 백장은 수긍하지 않았다. 여기에 나오는 나무말뚝 또한 그당시 변소에서 사용하던 물건이다.

"영우는 어떤가?"

백장의 질문의 화살이 이번에는 영우쪽으로 날아갔다. 기다리고 있었다는 듯이 스승의 말이 끝나자마자 영우는 발길로 정병을 걷어차서 문밖으로 굴려버리고는 그 자신도 뒤따라 나가버렸다.

"대위산은 영우가 가지도록 하라."

백장이 껄껄거리며 웃었다. 선각은 한 개의 정병에 걸려들었으나, 영우는 백장산을 걷어차는 심정으로 정병을 걷어차버린 것이다.

　위산영우의 문하(門下)에 무수한 인물이 나왔으나 그중에서도 앙산혜적(仰山慧寂)이 특출하였다. 후세 사람들이 스승인 위산과 제자인 앙산의 머리글자를 하나씩 따서 위앙종(僞仰宗)이라 불렀으니, 이리하여 선종오가(禪宗五家)의 한 산맥을 이루게 되었던 것이다.

66. 운문대사(雲門大師)는 선반 위에 얹힌 인형이었네

§인 형

　화두는 모래와도 같은 마음의 땅을 통과하여 최후로 남는 한점 목숨의 뿌리를 찾아간다. 세밀하게 살피지 못하면 찾지 못한다.
　원오심요에서 말한다.
　"흡사 아주 죽은 사람과 같이 호흡이 끊어진 다음에 살아나면 허공과 같이 툭 트인다. 이 일을 깊고 깊이 철저히 깨달으면 한가하고 걸림없어 아무 것도 알지 못하고 아무 것도 이해하지 못한다. 한순간에 영원히 벗어나니 때에 따라서 자유로워 밥을 보면 밥을 먹고 차를 보면 차 마신다. 쓰고자 하면 쓰고 가고자 하면 가니, 다시 무슨 옳고 그름과 얻고 잃음이 있겠는가."

(1). 흡사 아주 죽은 사람과 같이 호흡이 끊어진다는 말은, 화두가 심층심리 최후의 선(線)에 걸려 더 이상 나아가지 못하고 꼼짝달싹 못하는 현상을 뜻한다.

(2). 아무 것도 알지 못하고 아무 것도 이해하지 못한다 함은 나무와 돌 같은 무심한 사람으로 변한다는 뜻이니, 깨달은 후에도 깨닫기 전과 똑같아서 일체의 분별작용과 이해작용은 전혀 변화가 없지만, 일체의 분별작용과 이해작용을 낱낱이 쫓아다니며 성립시키는 마음뿌리가 끊어져 없어졌으니 분별하기는 하지만 분별이 아니요 이해하기는 하지만 이해가 아니라는 말이 된다. 이러한 까닭으로 분별이 전혀 분별이 아니고 이해가 전혀 이해가 아니라서, 아무 것도 알지 못하고 아무 것도 이해하지 못하는 것이 된다.

(3). 한 순간에 영원히 벗어난다는 말은, 화두가 마침내 목숨뿌리를 끊고 나가떨어진다는 뜻이다.

이와같이 아무것도 알지 못하고 아무것도 이해하지 못하니 이는 인형같은 사람이요 인형이다.

§ 입으로 밥을 먹게 되었다

다음에, 선반 위에 얹힌 인형같은 사람이 있다.

운문문언이 어느날 방장실에서 나오자 어떤 중이 주장자를 집어주므로 운문이 받았다가 다시 그 중에게 주었는데 중이 대답이 없었다. 운문이 말했다.

"나는 오늘 편리하게 되었다."

"화상께서 어찌하여 편리하게 되었다 하십니까?"

운문이 답하였다.

"나는 입으로 밥을 먹게 되었다."

어찌하여 편리하게 되었는가를 묻는 질문에 입으로 밥을 먹게 되었다고 대답하는 데에는 그 중도 환장할 노릇이었으리라.

크게 죽었다 살아나고, 크게 쉬어버린 사람은 먼지 하나 움직이지 않는다. 보통 사람과 전혀 다름없이 생각하고 행동해도 전혀 흔적이 남지 않는다는 뜻이다. 마음이 없기 때문이다.

어째서 마음이 없다고 말하는가. 마음뿌리가 끊겨져나갔기 때문이다. 그야말로 인형같은 사람이요, 바로 인형이다. 그렇다면, 식사시간을 만나 편리하게도 입이 있어 입으로 밥을 먹게되는 것이 오히려 이상하다면 이상한 일로서 별로 신통한 일이 못된다.

운문이 밥 먹는 이야기에 앞서, 주장자를 주고 받는 이야기도 밥 먹는 이야기와 이치는 같다. 즉 주장자를 주고 받는 수작을 함에 있어, 운문이 주장자를 건네주니 시자가 공손히 받는 모습이 신기하게도 딱딱 들어맞는 것이 참으로 편리했으리라.

이런 인형같은 사람은, 편리하게도 입이 있어 입으로 밥을 먹게 되었지만, 밥을 다 먹고 숟가락을 놓으면 입도 없어지고 밥도 없어지고 만다. 그러니 얼마나 편리한가. 이 천지에 어디 물샐틈 있다는 말이냐. 껄껄껄!

67. 눈(雪)은 하나도 다른 곳에는 안 떨어진다

§ 영원히 떠났다고 한다

원효(元曉)대사가 대승기신론소(大乘起信論疏)에서 말씀하셨다.

"미세망념(微細妄念)이 전부 없어져서 영원히 그 흔적이 없어지면 영원히 떠났다고 한다."

미세망념이란 미세하고 망령된 생각이란 뜻이니 곧 무의식이다. 화두로서 무의식을 녹여 그 흔적을 없애면 명근(命根)이 끊어짐이니 영원히 떠나는 것이다.

유식학에서는 8식인 무의식을 교묘한 기술자로, 7식인 뜻(의)을 교활한 자(者)로 표현하는데, 교활한 자(者)보다는 교묘한 기술자라는 표현에는 악의(惡意)가 적다고 할 수 있으나, 그래도 교묘한 기술자라는 표현은 참으로 짙고 끈질긴 악의를 담고 있는 것이다.

이 무의식이 녹아 다하면 교묘한 기술자가 사라짐이니, 교묘한 기술자가 사라짐으로서 우주는 비로소 한몸이 되고 한덩이가 된다.

§ 금강처럼 단단한 해탈의 몸

원오심요에서 말한다.

"한 생각도 나지 않는 곳에서 이 마음을 분명히 깨닫는다. 텅비어 신령스럽고 고요하여 비추니 이것이 금강(金剛)처럼 단단한 해탈의 몸이다. 이 마음을 완전히 밝게 깨친 다음에 모든 착한 것을 닦아야 한다. 이 마음을 평등하게 지니어 나와 남이 없고, 사랑과 미움이 없고, 취하고 버림이 없고, 얻고 잃음이 없이 점점 기른다."

(1). 한 생각도 나지 않는 곳에서 이 마음을 분명히 깨닫는다는 말은, 무의식이 녹아 없어질 때 깨달음의 세계로 들어간다는 뜻이다.

(2). 금강처럼 단단한 해탈의 몸이란, 무의식이 끊어져서 출현하는 해탈의 세계는 절대로 무너짐이 없음을 뜻한다.

(3). 마음을 평등하게 지닌다는 말은, 너고 나고 우주고 할 것 없이 전체가 한덩어리가 되어 나가떨어진 상태에서 저절로 우러나오는 동체대비(同體大悲)를 뜻한다.

§ 딴데는 안떨어진다고 말하지 않았던가

여기에, 한덩어리가 된 우주로서 나가널부러진, 금강처럼 단단한 해탈의 몸으로서 살아가는 사람이 있다. 바로 중국의 방거사(龐居士)가 그분이다.

방거사가 약산(藥山)스님을 하직하니 약산은 열명의 선객(禪客)에게 명하여 산문(山門)까지 방거사를 전송하도록 했다.

방거사는 처자(妻子)가 있는 양양으로 가는 길이다. 때마침 겨울철인데 대지와 나무숲이 백설(白雪)에 뒤덮이는 설경(雪景)에 도취되어 방거사가 펄펄 내리는 눈을 가리키며 말했다.

"좋구나 송이송이 흰눈이여, 눈은 하나도 딴곳에는 안 떨어지는구나."

열 사람의 선객(禪客) 가운데에서 전(全)이라는 선객이 이 말을 듣고 물었다.

"그러면 어디에 떨어집니까?"

이 말이 끝나기가 무섭게 방거사는 휙 돌아서서 전(全)선객 곁으로 다가가더니 그의 뺨을 한 대 철썩 갈겼다. 생각지도 못한 봉변을 당한 전선객이,

"거사님, 당신은 너무 난폭하지 않습니까?"

하고, 목소리를 돋꾸자 방거사가 대꾸하기를,

"그대는 그러고도 선객이라 불리는가? 염라대왕이 그대를 놓아주지 않을 것이다."

이에, 어디 당하고만 있겠느냐는 듯이 전선객도 응수했다.

"거사님 당신은 어때요? 거사라고 하는 주제에 눈이 어디에 떨어지는지는 모르고 있을테지요?"

모르면 모른다고 하면 그만일텐데, 알지도 못하면서 건방지게 대드는 전선객의 뺨을 한번 더 갈기면서 방거사가 뇌까렸다.

"눈으로 본다고는 하지만 장님 같고, 입으로 말한다고는 하지만 벙어리 같구나."

방거사 일화(逸話)는 여기에서 끝난다.

§ 동체대비(同體大悲)

이야기의 핵심은 '눈은 하나도 딴 곳에는 안 떨어진다'에 있는데, 한문으로는 '불락별처(不落別處)'라는 문장이 된다. '딴 곳에는 안 떨어진다'는 이 해괴한 말이 문제는 문제다.

그렇다면 어디에 떨어지는가 하는 질문이 누구의 입에서라도 나올법한 일인데도 방거사는 그 전선객의 뺨을 두 차례나 갈겼다. 이유가 무엇인가. 방거사는 딴데는 안떨어진다고 분명히 말했으나 전선객은 두 차례나 "어디에 떨어지느냐?"고 물어오지 않았는가. 그러니 그밖에 떨어질만한 마땅한 다른 곳이 없으므로 방거사는 도리없이 전선객의 뺨에다 손바닥으로 철썩철썩 두차례 떨어뜨리고 말았던 것이야.

방거사는 한덩어리가 된 우주로서, 금강처럼 단단한 해탈의 세계로서 살아가는 사람이다. 너와 내가 따로 없고, 나와 눈송이가 따로 없는 사람이다. 미세망념이 전부 공해져서 영원히 떠났기 때문이다. 영원히 떠난 까닭에 우주가 한덩어리를 이루면 절대로 깨어지지 않는 금강처럼 단단한 해탈의 몸을 이룬다.

§ 나가떨어지는 한덩어리

화두가 갈 때까지 가서 마음을 깊은 곳에서 끊어버리면 마음이 새는 일이 없어진다. 이렇게 되면, 너고 나고 우주고 할 것 없이 한덩어리가 되어 나가떨어지므로 아무리 무변한 허공과 영원한 시간이라 할지라도 어디 달아날 곳이 없어진다. 광대무변한 허공과 영겁의 세월이 더 이상 달아나지 못하고 잡혀들어와 꼼짝 못하고 엉겨붙게 된다. 우주공간에서 아득히 멀어져가는 안드로메다 성운(星雲)이라 할지라도 마음으로서 결코 새는 일이 없어진 마음에서 벗어날 재주는 없는 법이다.

이치가 이러한데 눈송이가 떨어지면 떨어지지 제깐놈이 무슨 재주로 다른 곳에 떨어지겠는가. 눈송이는 하나도 다른 곳에는 안 떨어지는 법이다. 그리고 또 눈송이는 떨어지지도 않는 법이다. 본래 동서남북이 어디 있으며 위와 아래가 어디 있는가.

원오심요에서 말하였다.

"마음에 털끝만큼도 새나감이 없어서 한결같이 움직이지 않는다."

범아일여(梵我一如), 물아일여(物我一如)라는 말이 그것이다. 하늘과 내가 하나요, 사물과 내가 하나라는 뜻이다.

68. 보화존자(普化尊者)

허무승(虛無僧)의 비조(鼻祖)인 보화존자는 보적(寶積)선사의 제자이다.

보화는 머리는 있어도 꼬리는 없고, 처음은 있어도 끝은 없다는 평(評)을 받으면서도 세상에는 아예 나오지도 않은채 갖가지 전설같은 도화(道化)의 이야기만 남겨놓고 사라진 당(唐)나라 때의 산성(散聖)이다.

임제(臨濟)가 화북의 진주라는 땅에 주석하자, 그전부터 그곳에서 오래 머무르고 있었던 보화존자는 임제선사의 교화를 크게 도왔다.

그는 항상 네거리 한가운데에 서서 요령을 흔들면서 불법을 설하였다고 한다. 당나라 의종제(懿宗帝) 함통(咸通) 원년(元年) 어느날 그는 평소처럼 거리에 나와 요령을 흔들면서 지나가는 사람들에게 평소와는 색다른 소리를 외쳤다.
"나에게 옷 한 벌을 보시하시오."
사람들은 존자와 친밀한 사이였으므로 옷감을 떠다가 정성껏 옷을 만들어 존자에게 보시하는 사람이 많았다. 그러나 존자는 옷을 도로 내주며,
"고맙습니다만 이런 옷은 필요 없습니다."
하며, 손을 내젓는 것이었다. 이 말이 임제의 귀에까지 흘러들어갔다. 임제는 홀로 고개를 끄덕이더니 스님들을 시켜서 관을 하나 짜오라고 일렀다. 그리고 존자가 외출에서 돌아오자 그 관을 내놓으며,
"자, 귀공을 위하여 의복을 한벌 마련했습니다."
하니, 희색이 만면(滿面)해진 존자는 훌떡 그 관을 등에 짊어지고 요령을 흔들면서 도로 거리로 나가는 것이었다. 그는 관을 등에 짊어진채 요령을 흔들며 번화한 거리에서 거리로 다니면서 엄숙하게 외쳤다.
"임제스님이 나에게 이런 훌륭한 옷을 만들어 주었소. 이제 나는 동문(東門)으로 가서 이것을 입고 열반하겠소."
존자는 요령을 흔들면서 동문으로 갔다. 항상 기이한 행동을 하던 보화존자가 관을 메고 다니면서 열반하겠다고 선언하니 무슨 기상천외한 일이라도 일어나지나 않을까 하는 호기심으로 어른 아이 할 것 없이 구름처럼 동문으로 몰려들었다. 그러나 존자는 동문에 도착하자 사방을 둘러보더니,
"오늘은 날씨가 좋지않으니 내일 남문(南門)에 가서 입적하겠소."
하고, 지금까지 했던 선언을 정정(訂正)하는 것이었다. 군중은

서운하지만 하는수 없이 내일을 기약하고 흩어졌다.

다음날 남문에는 어제보다 더 많은 사람들이 모여들어 인산인해를 이루고 무슨 기이한 일이 일어나기를 목에 침이 마르도록 기다렸다. 얼마후 존자가 어제와 똑같은 행색을 하고 나타났다. 그러나 존자는 오늘도 역시 일기가 나쁜 관계로 내일 서문(西門)에서 열반에 들겠다고 하면서 태연하게 어제의 선언을 정정하였다. 군중은 자못 실망하여 이제는 존자의 말을 믿지 않게 되었다.

그중에서는 혹시나 하고 반신반의(半信半疑) 하면서도 그 이튿날 서문에 나와서 기다리는 사람들이 있기는 있었다. 하지만 그날도 역시 존자는 전날과 같은 핑계를 대면서 다음날 북문(北門)에 가서 입적하겠다고 말하고 유유히 사라졌다. 사람들은 낙망(落望)한 나머지 화가 폭발하여 욕설을 퍼붓고 돌아갔다.

그 다음날 존자의 말을 믿고 북문에 나온 사람은 거의 없었다. 여전히 같은 행색으로 나타난 존자는 관을 거리 한가운데 내려놓고는 두껑을 열고 관속으로 들어갔다. 그리고 사람들을 불러서 관두껑을 닫고 못을 단단히 박아달라고 부탁하였다.

이 소문이 날개 돋힌 듯 삽시간에 장안에 퍼지자 이번이야말로 정말인가 하면서 사람들이 밀물처럼 몰려와서 존자의 관을 겹겹이 에워쌌다. 그러나 상당한 시간이 흘러도 존자의 관은 어떤 변화의 조짐도 보이지 않는채 그냥 조용히 놓여 있을 뿐이었다. 군중의 여기저기에서 기다리다 지친 목소리들이 두런두런 떠들어대기 시작했다.

"이렇게 보고만 있을 일은 아닌 것 같소. 아무래도 이상하니 좌우간 관을 열어보는 것이 어떻겠소?"

이런 제안이 나오자 용기를 낸 몇사람의 사내가 군중을 헤치고 나와서 관두껑에 박힌 못을 빼기 시작했다. 군중심리에 들떠서 못을 빼기는 하지만 사내들의 손은 두려움에 떨었고 숨죽이고 이것을 지켜보는 군중도 불안과 긴장감을 감추지 못했다. 드디어 관이 열렸다. 그러나 이것이 어찌된 일인가. 관 속에는 존자는 고사하고 존자의 머리카락 하나 없이 텅 비어 있었던 것이다.

"와, 아무것도 없다!"

너무나 상상밖의 현상을 목도(目睹)하고 군중은 넋을 잃고 말았다. 그때였다. 딸랑딸랑 귀에 익은 존자의 요령소리가 군중 위의 공중에서 울려왔다. 군중은 깜짝 놀라서 일제히 소리나는 허공으로 시선을 향했다.

그러나 그곳에는 아무것도 보이지 않고 오로지 한줄기 찬란한 서광(瑞光)이 하늘 높이 뻗쳐있는데 요령소리는 그 빛줄기를 따라 올라가고 있었다. 딸랑딸랑--- 은은하게 울리는 요령소리는 점점 구름 저멀리 높은 천공(天空)으로 멀어져갔다. 군중은 모두 그 자리에서 무릎을 꿇고 합장하며 요령소리가 들려오는 허공을 향하여 무수히 배례(拜禮)하였다.

보화존자는 전신(全身)으로 이탈(離脫)해갔던 것이다. 이 신화적인 이야기는 틀림없는 불교역사로 남아있다.

69. 그대는 한떨기 꽃을 꿈결처럼 보는 구나

§ 삼몽사

서산대사의 삼몽사(三夢詞)라는 시(詩)가 있다.
"주인의 꿈 이야기 손(손님)에게 하고
손의 꿈 이야기 주인에게 하고
지금 꿈 이야기하고 있는 두 사람 다 꿈 속의 사람임을 누가 알리오."
여관에서 하룻밤을 보낸 손님과 여관주인이 아침에 일어나서 지난밤의 꿈 이야기를 서로에게 하는데, 자신의 꿈 이야기를 하는 주인과 손님 둘다 꿈속의 사람들이라는 내용이다.

§ 승조법사

여기에 꿈 이야기가 다시 있다. 육선(陸亘)이 어느날 남전(南泉)에게,
"승조(僧肇)법사가 말하기를, 하늘과 땅이 나와 뿌리를 같이하고 만물(萬物)이 나와 한몸이라 하니 참으로 이상합니다."
하고, 넌지시 남전에게 그 의미를 물었다.
남전은 마시던 찻잔을 내려놓고 정원의 꽃을 물끄러미 바라보았다. 날씨는 화창한데 선듯선듯 일어나는 훈풍에 정원을 가득히 메우고 넘실거리는 짙은 꽃향기가 열린 방문 너머로

가득히 가득히 밀려들어왔다. 보이지는 않지만 멀리 남천(南川)쪽에서 물바람이 끊임없이 실어나르고 있는 것은 해맑은 물떼새 소리다.

살아왔다고 말은 하고 살아간다고 말은 하지만, 여기가 어디인가, 눈 들어 돌아보아도 아득하기만 하여 살아온 날들은 걸음걸음에 머무는 곳 없었나니 아지랑이인 듯 가물거리고, 남전의 귓전에는 오직 희미한 물떼새 소리만 투명하게 울리고 있었다.

"육선이여!"

뜰아래 피어난 꽃을 가리키며 남전이 혼잣말 하듯이 조용히 육선을 불렀다.

"요즈음 사람들은 한떨기 꽃을 마치 꿈결처럼 본다."

이것이 육선천지동근(陸亘天地同根)이라는 공안이다.

§ 뿌리가 같기 때문에 삼라만상으로 갈라진다

하늘과 땅이 나와 뿌리를 같이 한다 하여 정말로 '같이 하는' 무슨 뿌리라도 있는가 생각하면 안되며, 만물이 나와 한몸이라 하여 정말로 한몸같은 것이 있는 줄로 알면 안된다. 그 뿌리라는 것이 필경공이기 때문이다. 그 뿌리가 필경공이기 때문에 연기의 세계 즉 삼라만상이 뿌리는 같이 한다고 하지만, 낱낱이 갈라져서 '나'라고 내세우는 '대가리'가 무량무수하게 나타나는 것도 그 필경공 때문이다.

뿌리가 같기 때문에, 뿌리가 같다는 그 보편성 때문에 도리어 보편성(普遍性)이 극복되고 무량무수한 개별성(個別性)이 드러난다는 이 역설(逆說)을 어떻게 설명해야 할 것인가. 필경공이라는 뿌리를 공유하고 있는 까닭에 한량없이 많은 '나', 한량없이 많은 마음, 한량없이 많은 영혼이 결코 뿌리로 돌아가지 못하는 운명에 처하여 낱낱이 갈라지고 쪼개져서 도저히 개별성(個別性)을 극복할 수 없는 것이야. 뿌리가 되는 그놈의 필경공이 필경공이기 때문에 삼라만상은 결단코 제 자신의 뿌리를 알아볼 수 없으며, 자신의 뿌리를 알아볼 수 없는 까닭에 자신의 뿌리로 돌아가지 못한다.

삼계(三界)의 뿌리가 필경공이기 때문에 삼계는 결단코 무너질 수 없으며, 무한한 중생의 윤회가 끝나는 날은 없을 것이야. 연기의 세계는 공(空)한 그 자성(自性) 때문에 결단코 무너질 수 없는 것이지.

너와 나의 뿌리가 필경공이기 때문에 너와 나는 우리의 뿌리를 알아볼 수 있는 날이 결단코 없도록 운명지워져 있어, 너는 영원히 너에게서 벗어나볼 도리가 없고 나는 영원히 나에게서 벗어날 도리가 없는 것이야.

§ 번개와 같고 이슬과 같나니

그렇기는 하지만, 화두가 마음의 뿌리를 끊고나면 이 마음 이대로 태허(太虛)가 되고만다. 이점을 잘 알아야 한다. 그야말로 뿌리인 마음뿌리를 정확하게 끊어버리는 지경에 와서 무슨 뿌리가 있고, 무슨 천지가 있고, 무슨 한몸 따위가 있겠는가. 모두 다 헛소리일 뿐이다. 이러한 이치로 하늘과 땅이 나와 뿌리를 같이 하고 만물이 나와 한몸이라고 말하는 것이다.

화두가 목숨뿌리를 끊으면 한덩어리가 되어서 넘어가고 만다. 요즈음 말로 하면 바겐세일되고 마는 것이다. 천지고 만물이고 너고 나고 뭣이고 간에 눈 깜짝할 사이에 한무더기가 되어 휘딱 넘어가고 마는 것이다. 여기에 무엇이 있다고 나를 말하고 천지를 말하며 만물을 말하는가.

금강경에 이런 말씀이 나온다.

"번개와 같고 이슬과 같으며 꿈과 같고 환화(幻化)와 같나니 ---"

승조법사의 천지와 내가 한몸이라는 말의 뜻은 이러한 금강경 말씀의 뜻으로 돌아간다. 승조법사의 말은 금강경 말씀의 테두리를 벗어날 수 없다는 의미다.

§ 그대 또한 꿈결이다

남전은 말한다. 요즈음 사람들은 한떨기 꽃을 꿈결인 듯 본다. 이 무슨 뜻인가. 남전이 정원에 만개(滿開)한 떨기꽃을 가리켜 승조의 말을 이해시키려 한 것이다.

천지든 꽃이든 마찬가지다. 너희가 한떨기 꽃을 꿈처럼 보듯이 너희도 꿈결의 사람들이다. 너희 자신이 꿈결로 돌아가면 너희 역시 꿈결의 사람들인데 정원의 꽃만을 꿈결로 보는가. 우주와 너희가 한몸이라는 말이 이상하다고 느껴질만큼 너희는 자기자신에 너무 집착하고 있는 것이다. 너희는 천지와 만물을 꿈처럼 생각하여 너희와는 완전히 다른 객체(客體)로 인식하고 있는데 사실은 그렇지 않다. 너희는 알아야 한다. 천지 만물이 꿈결이듯이 너희 자신도 꿈결이다. 너희의 자기집착의 그 자기(自己)는 뿌리가 없는 것임을 너희가 깨달으면 한떨기 꽃이 꿈결이듯 너희 자신도 꿈결로 돌아간다.

남전의 떨기꽃 이야기는 이러한 의미를 담고 있다. 그대는 한떨기 꽃을 꿈결로 보는구나. 그와같이 그대 또한 꿈결 속의 사람이다.

70. 티베트 밀교(密敎)의 중음천도밀법(中陰遷度密法) 집단무의식(集團無意識)

§ 중음천과 영계가 한결같지는 않다

티베트의 밀교에는 중음천도밀법이란 것이 있다.

중음천도밀법이란 육체를 벗고 인간세계와 영계(靈界) 사이의 중간세계라 할 수 있는 중음천(中陰天)에 들어간 죽은 자(者)에게 그가 처해있는 상황과 가져야 할 정신적 자세를 정확하게 설명해주어서 해탈로 이끌기 위하여 전하는 천도법이다.

이 중음천도밀법은 티베트에서 일천 수백년 동안 전해내려온 진언밀교(眞言密敎)의 교전(敎典)으로서, 세계 어떤 종교의 어떤 종파에서도 찾아볼 수 없는 세밀한 천도법이 기술되어 있는데, 누구나 한번 쯤은 읽어볼만 하다는 생각에서 소개한다.

중음천은 동양과 서양, 나라와 나라, 민족과 민족, 중음천에 갔다왔다는 사람에 따라서 어느 정도 또는 상당히 기술내용이 다르다고 나는 알고 있다.

영국의 대영박물관에 영계일기(靈界日記)와 영계탐방일기가 보존되어 있다는 18세기 심령과학의 거인 스웨덴보그의 영계에 관한 글만 하더라도 중음천 이야기는 밀교의 중음천과는 전혀 다르다. 완전히 딴판이다. 스웨덴보그의 영능력은 독일의 철학자 칸트가 공개적으로 보증했을 정도이므로 그 또한 거짓 이라 할 수 없다.

그렇다면 어째서 어느집단 어느국가 단위 정도를 경계로 해서 그 집단이 보는 중음천이나 영계(靈界)가 다른 집단의 중음 천 및 영계와 어느정도 구별이 되거나 혹은 전혀 다른 모습으로 그려지는 것인가 하는 의문이 제기된다.

이 질문에 대한 명확한 해답도 지장경(地藏經) 말씀에서 찾을 수 있다. 지장경에서는 지옥에 떨어진 사람이 보고 겪는 그 지옥은 실제로 존재하는 것이 아니고 사람이 그 지옥에 떨어지기까지 지어온 업(業)의 느낌이 그러할 뿐이라고 밝히고 있다. 지옥이 실존하는 것은 아니지만 그 사람이 그때 받아야할 업의 느낌이 그러하므로 피할 도리는 없다 하시는 말씀이다. 이보다 더 과학적이고 논리적인 해설은 세상 어디에서도 못찾는다.

지장경 말씀에 따르면 나라마다 민족마다 집단마다 짓는 업이 조금씩 다르거나 많이 다르게 마련이니 죽은 후에 보는 그들 집단의 업(業)의 느낌인 중음천이나 영계의 모습이 한결같지 아니함은 너무나 당연한 귀결이다. 여러 유형의 집단이 보는 중음천이나 영계의 모습이 만약 동일하다면 그런 현상이 도리어 정상이 아니고 이상한 일이 되는 것이다.

§ 밀교인들의 집단무의식

밀교(密敎)의 중음천도밀법만 하더라도 회피할 수 없는 인

70. 티베트 밀교의 중음천도밀법(中陰遷度密法) 집단무의식

연에 의하여 티베트에서 태어나 평생을 밀교교육만 받은 사람들을 천도하는 천도법으로 이해해야지, 밀교의 천도법이 티베트 밀교지역을 벗어난 세계의 다른 문화권이나 다른 종교권에서도 공통적으로 통하리라는 생각은 완전한 오해인 것이다.

밀교교육을 받은 사람들이 죽은 후에 한결같이 중음천도밀법에 기술된대로 중음천을 목격하게 되는지의 여부는 모를 일이다. 그러나 밀교에 귀의한 사람들의 집단은 죽기까지 평생을 통하여 받는 밀교의 정보가 그들 밀교인들의 무의식에 끊임없이 그리고 무한정 저장될뿐 아니라, 무엇보다도 종교라는 정보는 심령의 계발과 형성에 지대한 영향을 끼치면서 생활일반의 사소한 정보보다 특별하게 우선하는 정보이므로, 밀교인이 사후에 그들의 교전인 중음천도밀법에 기술된 중음천을 보게되리라는 사실을 상상하기는 어렵지 않다.

지장경 말씀대로 그 어떤 사람이든 그 사람이 그때 처한 현실은 마땅히 그 사람이 그때까지 지어온 업(業)의 느낌일 뿐으로서 실제로 존재하는 성질의 것은 아니기 때문이다. 밀교의 중음천도밀법에서도 업(業)의 자성은 공(空)하다, 공에서 모든 환각(幻覺)이 나온다고 말하고 있다. 어떤 사람이라도 그가 처해있는 그때의 상황은 그의 업의 느낌일 뿐으로서 실제로 존재하는 것은 아닌 가상(假想)의 세계라고 지장경 말씀은 지적한다. 따라서 중음천도밀법으로 천도를 받아야 할 사람들은 밀교교육을 받은 사람들 즉 밀교의 내용이 무의식의 창고에 지대한 영향력을 행사하는 정보로서 저장된 사람들의 집단이다.

소위 집단무의식(集團無意識)이라는 것의 실체는 이런 것이다.

티베트의 밀교인들은 사람에 따라서 그 정도의 차이는 있겠지만 밀교경전의 내용을 공통적으로 무의식에 저장하고 있으며, 밀교인들이 한결같이 8무의식에 저장하고 있는 밀교의 가르침이라는 집단무의식이 그들의 사후에도 여전히 작용하므로서 그들에게는 중음천도밀법이 그들에 대한 천도법으로 효력을 발휘하게 된다.

§ 집단이 형성하는 무수한 하늘나라

마음이란 소리쳐 부르면 반드시 메아리로 대답하는 텅빈 골짜기와 같다고 대승기신론(大乘起信論)에서 말하지 않았던가.

밀교인들이 대일여래(大日如來)를 부르며 생활했다면 그들이 사후(死後)에 대일여래를 보는 것은 당연한 일이다. 마음이 그들의 요구에 보답하기 때문이다. 밀교인들이 집단적으로 무의식에 소유하고 있는 밀교라는 집단무의식은 다른 종교권이나 다른 문화권에 속하는 사람 또는 집단에게서는 전혀 찾아볼 수 없는 아주 독특한 것이다. 그러니 예컨대 밀교의 중음천도밀법으로 중국이나 한국 또는 일본의 불교신도를 사후(死後)에 천도하려는 시도를 해서는 안된다. 불교라 하더라도 밀교 다르고 소승불교 다르고 대승불교 다르기 때문이다.

중국 한국 일본 쪽의 불교는 대승불교이므로 이들 불교집단은 대승불교를 집단무의식으로 가진다. 이들은 대승불교의 가르침을 공통적으로 무의식에 저장하고 있기 때문이다. 종교적인 성향을 가진 인간에게 종교라는 정보만큼 인간정신에 막대한 영향을 끼치는 정보는 없다. 대승불교 문화권에 속하는 사람들은 사후에 대승불교에서 교육받은 세계를 보게된다. 이러한 까닭에 이들 집단은 대승불교의 천도법에 의하여 천도를 받아야 한다.

다른 종교도 마찬가지다. 다른 종교, 다른 문화권에서 교육받은 사람들은 그들대로의 중음천을 보게되고 그들 집단이 형성한 그들의 하늘나라로 들어간다.

'그들 집단이 형성하는 그들의 하늘나라' 라는 표현을 이상하게 여기는 사람은 많을 것이다. 그러나 오직 업(業)이 따라다니며, 사람마다 집단마다 다양한 그 업의 다양한 느낌은 피할 수 없는 것이라는 지장경 말씀을 떠올리면 해결된다. 스웨덴보그의 글에서도 다양한 영계(靈界)와 그 다양한 영계 안에서도 무수하게 다양한 영(靈)들의 집단에 관해서 언급하고 있다. 말하자면 하늘나라의 종류도 무수하다는 뜻이다.

§ 중생의 업이 너무나 다양하다

인간세계는 별다른 현실이라고 착각하고 있지만 엄밀하게 말하면 인간세계도 인간천(人間天)이라는 사실에 눈 돌려야 한다. 사람들이 저승세계나 하늘나라를 애매하고 막연한 세계로 상상하듯이 따지고보면 인간세계도 애매하고 막연하기 짝이 없다는 의미다. 우리가 나날이 살아가는 이 인간세계도 우리가 이 인간세계에 몸을 얻어 살아간다는 것만 제외하면 무엇 하나 확실하고 분명한 것은 없지 않는가. 무엇 하나 분명하게 손에 잡히는 것이라도 있는가 말이다.

아미타경에도 나와있는 말씀을 잊었는가. 인간세계에서 서쪽으로 십만억이나 되는 세계를 지나 아미타여래의 극락정토가 있다는 말씀을 잊었는가. 물론 이 십만억이라는 숫자는 극복해야할 정신적인 장애로 해석해야 하겠으나, 그렇다고 해서 인간세계와 극락정토 사이에 현실적으로 십만억(이상의) 종류의 세계가 펼쳐져 있고 쌓여 있다 하시는 서가여래의 말씀을 감히 누가 있어 부정하겠는가.

대승불교경전 특히 아미타경이 서가여래 이후에 나타난 경전이라 하더라도 그렇다. 서가여래의 말씀이 아니고 후세의 불교의 천재에 의하여 만들어진 경전이라 간주하더라도 십만억이라는 숫자를 우습게 생각한다면, 자기가 그때 그 종교의 천재보다 더 뛰어나다는 말인가. 하물며 아미타경에는 서가여래의 말씀임을 분명히 하고 있음에랴.

이와같이 아미타경에서도 무량무수한 하늘나라를 말씀하고 있는데, 중생이 지어나가는 업이 그토록 다양하다는 뜻이다. 중생이 짓는 업이 그토록 다양하니 중생이 머물고 머물러야 하는 세계의 숫자도 한량없이 다양해질 수 밖에 없다.

§ 개성(個性)은 파괴되지 않는다

인도의 요가 계통의 주장을 빌리면, 아무리 철저하게 해탈한 사람이라 할지라도 그 사람의 개성(個性)은 파괴되지 않은 채로 해탈의 바다로 흘러든다 하였다. 깊이 새겨볼만한 이야기다.

한번 해탈함으로서 다시는 태어나는 일이 없다고 단언함은 절대 무리수에 속한다는 의미다.

문수보살은 과거에 정각(正覺)을 이루었는데 용종상여래 대신여래 보상여래 환희장마니보적여래 등 여러번 여래(如來)로 출현했던 보살이라 한다. 예를들어, 문수보살 이야기나 요가의 이야기 모두 무량무수한 하늘나라의 성립을 강조하고 있는 셈이다.

자신이 지금 처해있는 현실이라는 가상(假想)의 세계는 자기가 지금까지 지어온 업의 느낌일 뿐이라는 지장경의 말씀을 명심하라! 스웨덴보그는 종교에서 말하는 지옥은 없다고 했지만 그 또한 옳지 못함을 알아야 한다. 스웨덴보그가 본 3종류의 지옥 이외에도 다른 형태의 지옥은 집단무의식 혹은 개인적으로 독특하게 형성되는 무의식에 의하여 얼마든지 형성이 가능하다.

§ 업이 다하면 그 세계는 무너진다

지옥이든 천국이든 그러한 가상의 세계는 모두 8무의식에서 이미 무량무수하게 만들어지고 있음을 명심하라. 지옥이든 천국이든 모두 업의 느낌일 뿐이니, 업의 느낌이란 8식의 느낌이 되는 것이다. 업(業)이란 8식이다. 인간이나 다른 짐승이나 곤충이나 사후(死後)에 보게되는 중음천이나 저승세계 하늘나라 등은 실로 다양한 것인 줄 알아야 한다.

그 다양한 중음천이나 저승세계도 8무의식(업)에서 나오므로, 그들 세계에 태어나는 사람들의 그 세계에서의 업이 다하면 그 세계는 무너져 없어지고 또다른 업이 만들어내는 또다른 세계가 형성되는 것이다. 그것도 허공(虛空) 중에 건립된다. 인간세계의 우주가 허공 중에 건립되어 있듯이 말이다.

사람들은 생각하리라. 인간이 머물고 있는 이 우주가 무너지지 않는 실체를 가진 영원한 것이라고. 그러나 그들은 자신이 이 광대무변한 허공 중에 동그랗게 떠있는 지구에 거꾸로 붙어있는 사실을 까맣게 망각한채로 살아간다. 이보다 더 불확실한 상태를 상상하기도 어렵지 않겠는가. 그런데도 불구하고 그들은 이 지구 위에서의 현실은 영원하리라고 간주한다.

71. 문수보살(文殊菩薩)과 문희화상

§ 의로운 문희화상

문수보살의 성지(聖地)인 오대산은 우리나라에도 있고 중국에도 있다. 문수보살의 몸이 머물지 않는 곳이 어디에 있겠냐만, 남염부제 중생들의 구원의 인연을 문수보살은 풍광이 거룩한 오대산에 머무시는 것으로 맺어두신다.

문희(文喜)는 오대산 금강굴에서 문수보살을 예배하였다고 하는데, 이러한 일화(逸話)는 그가 앙산이 주석하던 홍주의 관음원에서 대중의 식사를 맡아하는 공양주를 맡아보고 있었던 때의 일이었다. 문희는 공양주라는 힘드는 일을 하던 어느날 어떤 이승(異僧기이한 승려)에게 자기의 식량을 털어준 일이 있었다. 이 사실을 전해들은 앙산이,

"참으로 좋은 공덕이다. 반드시 큰 이익을 얻을 것이다."

하고, 예언했다고 하는데 그 이승(異僧)이 바로 문수보살이었다는 것이다.

이 문희가 어느날 관음원의 대중이 먹을 죽을 큰 가마솥에 쑤고 있었다. 가마솥 밑에는 장작불이 벌겋게 타오르고 문희

는 부뚜막에서 땀을 흘리며 엄청나게 많은 죽이 눌어붙지 않도록 큰 주걱으로 휘저었다. 이때 무럭무럭 피어오르는 김 속에서 문수보살의 거룩한 형상이 장엄하게 나타났다. 그런데, 문희는 이를 보자 죽을 젓고 있던 큰 주걱을 들어서 보기좋게 그 뺨을 철썩 갈겼다. 김 속의 문수보살이 말했다.

"그대는 나를 모르겠는가. 내가 문수보살이다."

그 화신(化身)은 자신이 문수보살이라고 이처럼 분명히 밝혔다. 하지만 새삼스럽게 놀라울 것도 두려울 것도 없는 문희는 한번 더 주걱을 들어올려 그 화신의 뺨을 갈기면서.

"문수는 문수요, 문희는 문희다. 문수보다 더한 서가여래가 나타난다 하더라도 내 이 주걱이 가만히 있지 않을 것이다."
하고, 크게 꾸짖으니 김 속의 문수화신이,

"오오 의로운 사람이여, 내 수행 삼대겁(三大劫)에 문득 노승(老僧)의 미움을 받는구나."
라고 찬탄하며 자욱한 김 속에서 사라졌다.

§ **머리를 의연히 들고 불보살을 부르라**

어지간히 멀쩡한 사람이라도 문희처럼 건강한 정신을 유지하기는 힘들다. 이와같은 상황에 처하면 대체로 여우혼령에 속아넘어가고 쳐박혀서 예배하고 정신이 없어질만도 한데 문희는 그 도깨비 같은 문수보살의 화신을 크게 꾸짖어 쫓아냈으니 참으로 사람이라 할만 하다. 불교에 미신숭배의 여지는 없다. 형상과 이름을 가진 물건이라면 어떤 것도 용납되지 못한다.

화두선이란 어떤 것인가. 철저하게 자기의 운명 앞에 나서서 자기의 운명을 스스로 창조해나가는 창조 그자체다. 운명의 뒤에 서서, 운명의 손아귀에 잡혀서 놀아나며, 운명에 이끌려가는 것은 화두선의 자세가 아니다. 대우주에 던져진 겨자씨만한 자아의식이 스스로의 운명을 창조함으로서 드디어는 거꾸로 대우주를 한입에 삼킨다. 이것이 화두이다.

삼천년 전의 서가여래가 만일 허공에 나타나서 자기가 서가여래라고 말한다면 그런 도깨비는 목숨을 보장받지 못할 것이다.

진정한 예배는 무엇이며, 진정한 기도는 무엇인가.

문수보살을 간절히 부르고 예배하더라도, 자기의 업장(業障)은 끝까지 자기가 녹여야 할 자기의 몫이며 해탈의 문(門) 또한 자기가 열어야 할 자기의 몫임을 알고 있다면, 머리를 의연히 들고 문수보살을 간절하고 간절하게 부를 수 있을 것이다. 이러한 정신으로 예배하고 기도하면 대성(大聖)의 감응(感應)이 반드시 있을 것이다.

달마혈맥론(達磨血脈論)에서 말씀하셨다.

"만일 부처와 보살의 모습이 홀연히 나타나거든 절대로 예경(禮敬)하지 말라. 내 마음이 공적(空寂)하여 본래 이런 모습이 없으며 만일 형상을 취하면 곧 마귀에 포섭되어서 모두가 삿된 도에 떨어진다. 허깨비가 마음에서 일어나는 줄 알면 예경할 필요가 없나니, 절하는 이는 알지 못하고 아는 이는 절하지 않는다. 예경하면 곧 마귀에 포섭되니 사람들이 혹시나 알지 못할까 걱정이 되어 이렇게 풀이한다."

달마혈맥론의 정신으로 불보살을 간절히 부르면 큰 공덕을 이루게 된다.

72. '지장보살'이라는 거룩한 '음향(音響)'

§ 지장보살의 거룩하신 마음과 성스러운 '소리울림'이 영혼을 정화한다

남방화주(南方化主) 대원본존(大願本尊) 지장보살(地藏菩薩)

지장보살을 지극정성으로 부르는 것도 한가지 뛰어난 수행법임을 알겠다. 어째서 불보살님을 가만히 불러봄이 탁월한 수행법이 되는가.

"지장보살 지장보살 지장보살-----"

이렇게 간절히 부르고 또 부르면 "지장보살"이라는, 남염부제(南閻浮提)의 교화를 맡으신 보살의 거룩하신 마음과 성(聖)스러운 소리울림(음향)이 합쳐서 나의 영혼을 끊임없이 정화하기 때문이다.

§ 지장보살이라는 언어의 음향학적인 구조

우리말로서의 '지장보살'은 그 음향학적인 구조가 실로 묘하여 특히 영가(靈駕)를 천도하는 천도제에서 부르기에는 더할나위없이 좋은 소리울림을 가지고 있다. 자장가는 어머니가 아기를 잠재우면서 아기의 귓전에 대고 자장자장 우리 아기 하고 나직히 나직히 불러주는 어머니 영혼의 음성이다.

불교신도들이 지장보살을 부르면서 긴장이 풀리고 마음이 편안해지는 이치는 지장보살의 이 남염부제의 중생을 건지리라는 염원이 깊이 서려있기도 하지만, '지장보살'이라는 언어가 아주 듣기좋은 음향 즉 '소리울림'을 가지고 있음에 연유한다. '지장보살'이라는 '소리울림'은 <자장자장>의 소리울림과 기묘하게 닮았다. 아마 사람들은 지장보살 지장보살 부르면서 분명히 깨닫지는 못해도 그 아기를 재우는 듯한 소리울림에 자기의 영혼을 맡기게 될 것이다.

자장자장 우리 아기를 부르는듯한 지장보살 지장보살은 특히 영혼에 상처를 입은 경우에는 지극한 자연치유 효과를 나타낸다. 현대의 발전된 정신치료 기술 따위는 그 근처에도 못간다. 우리말로서의 지장보살이라는 언어가 가진 음향은 그토록 대자대비(大慈大悲)로 가득찬 대자대비 그 자체이다.

나중에 이야기 하겠지만 예를 들어 <'문수보살'이라는 음향>은 하늘을 찌르는 듯한 갸륵하고 숭엄한 영광을 연상시키기도 하는데, 지장보살은 문수보살의 경우와 다르다. 내 생각으로는 아미타불 관음보살 지장보살 문수보살 등 여러 불보살님들 중에서 자기가 불러보았을 때 그 음향이 가장 좋게 느껴지는 불보살이 자기와 인연이 깊다는 것이다. 그러므로 불러보았을 때 그 음향이 가장 좋게 영혼에 와닿는 불보살님을 자기의 원불(願佛)로 부르면 좋으리라.

§ 세포조직까지 파고드는 거룩한 음향

마음속으로 부르든 입으로 소리내어 부르든 <지장보살>이라는 <음향(音響)>이 마음속에서 울릴 때 더없이 좋아야 지장보살의 거룩한 마음도 함께 느낄 수 있다는 사실을 명심하라. 지장보살을 부를 때 지장보살이라는 그 음향 즉 소리울림을 몹시 중요하게 생각하는 이유는 거기에 있다.

　입으로 소리내어 부르면 "지장보살"이라는 거룩한 소리울림이 육신의 귀로 들어가기 전에 목청부터 울리는데 이 울림은 몸 전체로 퍼져 하나하나의 세포조직 속에까지 스며든다. <거룩한 소리울림으로 작용하는 지장보살>은 영혼의 귀로 끊임없이 흘러들어가는 동안에 또한 몸 전체를 거룩하고 미세한 진동으로 울리고 또 울린다.

　지극정성으로 부르면 "지장보살"이라는 음향이 육체 전체에 거룩하고 미세한 진동을 일어키는데, 이 과정을 겪으면 육체 또한 정화되어 건강한 사람은 더욱 건강해지고 육체에 병이 있는 사람은 그 위력적인 정신작용으로 인하여 자연치유된다. 그래서는 안되는 일이지만 굳이 효과를 논한다면 말이다.

§ 무엇보다 좋아서 불러야 한다

　물론 병원의 치료를 받아야 하는 경우는 당연히 병원치료를 받아야 한다. 항상 합리적인 태도를 견지하면서 인간으로서의 노력은 노력대로 다하라는 뜻이지. 꼭히 어떤 병을 치료하기 위해서 불보살의 이름을 부른다면 돈을 치르고 물건을 구입하는 것과 다름이 없다. 그것은 진정한 기도가 아니다.

　무엇을 따지고 말고 하기 이전에 우선 자기의 영혼을 울리는 "지장보살"이라는 거룩한 '음향(音響)' 그 자체가 좋아야 한다. 좋아서 불러야 한다. 어떤 목적이 개입하면 거기에는 <거룩한 '음향'>도 없을 것이며 설혹 거룩한 '음향'이 있더라도 부르는 사람은 마음의 눈이 어두워 느끼지 못하게 된다. 좋아서 불러야지 그렇지 못하고 질병치료 등의 어떤 목적을 가지

고 지장보살을 부르면 효과가 없다고는 못하겠지만 효과가 있
더라도 그 효과는 반감되거나 없다고 느껴질 수 있다.

§ 태양으로서의 지장보살

병원에서 치료가 안되는 질병은 지장보살을 부르면 부사의
한 위력을 느낀다. 지장보살을 부르는 사람이 전력을 다해서
매달리기 때문이다. 오직 지극정성으로 지장보살을 불러야 하
는데 지극정성이라면 <"지장보살"이라는 거룩한 소리울림>이
영혼을 정화하는 과정에 이를 수 있다. 지장보살 기도에 의하
여 영혼의 정화(淨化)가 일어나면 마음의 질병은 물론이고 마
음에 뿌리를 두고있는 육체의 질병도 치유된다. 지극정성이면
된다. 이치가 이러하니 평생을 지극정성으로 "지장보살"을 부
른다면 그 마음이 어떠하겠는가. 그런 사람이 있겠지만 그런
사람에게서는 은연중에 성자(聖者)의 풍모(風貌)를 느끼게된
다. <무의식의 정화(淨化)>가 진행되기 때문이다.

이치를 따지자면, 지장보살 기도는 무의식을 정화하고 무의
식이 정화되면 육체의 질병도 따라서 자연치유 되는 것이라고
할 수 있다. 왜냐하면 육체의 질병의 뿌리는 무의식에 있기 때
문이다. 이와같이 주로 육체의 병이겠으나 특히 신경쇠약과
같은 정신적인 장애에는 지장보살 기도가 강력한 효과를 유감
없이 발휘한다. "지장보살"은 태양이며 태양으로서의 지장보
살이라는 소리울림이 신경쇠약이나 우울증과 같은 영혼을 파
먹는 정신적인 기생충을 녹여 없앤다. 반드시 믿어야 한다. 성
스럽고 거룩한 것은 태양과 같은 성질을 동시에 지니고 있음
을. 성스럽고 거룩한 정신은 바로 태양 그 자체이다. 이는 동

전의 앞뒤면과 같아서 떨어지지 않는다. 그러니 지극정성으로 지장보살을 부르는데 어찌 신경쇠약 따위가 녹지 않겠는가. 질병의 자연치유도 결국 <태양으로서의 지장보살이라는 음향>이 영혼을 태워 정화하면 아주 자연적으로 따르는 현상일 뿐이다.

"지장보살 지장보살 지장보살-----" 이렇게 낮이고 밤이고 끊임없이 부르면 마침내 성스럽고 거룩한 그 음향이 <무의식을 정화>하면서 영혼은 진공(태양)의 그 찬란한 빛을 내뿜는다. 이런 사람은 얼굴에서 성자(聖者)의 풍모(風貌)를 풍기게 된다고 말했다.

지장경 말씀에 의하면, 이런 사람은 지장보살로부터 마정수기를 받는다고 밝히고 있다.

§ **지장보살 염불은 가족에게 미치는 영향이 대단하다**

앞에서 밝힌 지장보살 염불은 자기의 영혼과 육체를 정화하는데, 한걸음 더 나아가서 지장보살 염불의 위력은 자기와 정신적인 유대가 깊은 가족에게도 전이(轉移)된다는 사실이다. 염불의 위력이 가족에게도 옮겨간다는 뜻이다. 동기감응(同氣感應) 즉 같은 기운(氣運)은 서로 불러들이기 때문이다. 가족은 아무래도 타인보다는 정신적인 체질이 닮아 있고 가족이 공유하는 집단무의식에서 가족은 무언(無言)중에 서로 통하게 되어 있다.

영혼은 영파(靈波)를 발산하고, 전자제품은 전자파를 발산하며 별과 은하와 은하단(銀河團) 등 삼라만상이 우주로 파(波)를 발산한다. 그런데 그 모든 파(波)의 대부분이 무겁고 어두운 성질을 띄고 있다. 그러나 숭고한 종교적 정신작용에서 나오는 영파는 태양처럼 찬란하다. 염불(念佛)에서 나오는 연꽃처럼 흰 영파는 누구보다도 먼저 가장 가까운 가족에게도 스며든다. 이러한 현상을 가리켜 불보살의 가피라고 부른다.

예컨데 불교사원에서 예불시간에 소리 높여 염불을 하고 범종을 울리고 법고를 울리는 이유는 그 사원에 머무는 승려들의 마음만 울리는 것은 아니다. 승려들의 예불소리와 범종과 법고의 울림에서 나오는, 인간의 인식능력으로서는 도저히 감지하기 어려운 그 지극한 파(波)가 우주 저 너머에까지 퍼져간다. 퍼져가서 결국에는 중생에게 스며들어 중생의 정신적인 진화(進化)를 돕는다. 우주 허공은 무수한 파(波)로 가득차 있다 해도 과언이 아니다.

내가 입을 열어 지장보살을 부르면 그 지극한 염파(念波)가 우주 저 너머에까지 날아간다고 생각하라.

§ 허송세월하지 말고 염불을 하라

다른 수행법이 여의치 못할 때, 예컨데 참선 등의 수행법이 여의치 못하다고 느껴지고 이러지도 저러지도 못하는 어정쩡한 상황에 처해 있다면, 허송세월 하지말고 지장보살을 부를 것을 간곡히 권하고 싶다.

참선 등의 수행법, 예컨데 화두선에서 상당한 성과를 거두고 있다 할지라도, 아미타불이나 지장보살이나 관음보살이나 문수보살 가운데에서 한분을 선택하여 화두선 틈틈이 끊임없이 부르면 화두선에도 불보살의 부사의한 힘이 보태어져 화두선 과정의 난관 돌파가 그만큼 쉬워진다.

한편으로, 오랜 수행과정에서 화두선도 기질적으로 적합하지 않고 그렇다고 별다른 수행법도 없을 때는, 허송세월 하지 말고 깊이깊이 생각하여 불보살 중에서 마음이 가는 한분을 택하여 간절히 간절히 부르기 시작하라. 세월이 흐르고 또 흐르면 밤에 잠을 자면서도 그 불보살을 부르게 되리라.

예컨데 지장보살은 서가여래로부터 이 남염부제(南閻浮提) 중생의 교화를 위촉 받으신 어른이시니, 남염부제 중생으로서 지장보살을 부르면 어찌 그분의 귀에 들어가지 않겠는가. 하물며 지장보살은 미래세계가 다하도록 이 남염부제 중생을 구제하리라는 광대한 서원을 세우신 어른이시니 지장보살을 부르기를 간절히 권한다. 단지 지극정성으로 불러야 한다. 보리심을 일으키며 지극정성으로 끊임없이 지장보살 부르기를 간절히 권한다. 마침내는 해탈하리라는 보리심을 일으키며, 지극정성으로 지장보살을 끊임없이 부르다가 지장보살삼매에 들어가면 그 광대한 공덕은 말로 다 표현하기 어려우리라.

§ 지장보살 응화신(應化身)

송나라 때의 정법스님은 지장보살께 귀의하여 매월 음력 18일 지장보살 재일(齋日)은 물론이고 언제나 지장보살을 불러 쉼이 없었다. 그러나 정법은 진정한 보리심은 일으키지 않고, 오로지 지장보살의 응화신(應化身)이 나타나기만을 간절히 기도하였다.

3년이 차서 한 젊은 이승(異僧)이 절의 처마 밑에서 자고 있다는 말을 듣고 정법이 나가서 공경히 맞으려는데 그 이승은 한두 마디 말을 남기고 곧 보이지 않았다. 사람들이 이상해서

그 이승이 무슨 말을 하더냐고 정법에게 물었다. 정법이,
"묘한 원(妙願)은 이미 가득한데 의기(意氣)는 어째서 그리도 짧으냐?"
라고 말했다고 전했다. 듣는 사람 모두가 이르기를,
"너는 지장보살을 친견했다. 네가 보리심은 일으키지 않고 다만 지장보살의 응화신이 나타나기를 기도하므로 너의 의기가 짧다고 말씀하신 것이다."
이에 정법이 말했다.
"지장보살이 응현(應現기도에 응하여 나타남)했으니 마땅히 보리심을 일으켜 도를 구하겠다."
정법의 꿈에 다시 지장보살이 나타나서,
"전날에 네가 본 젊은 이승(異僧)은 지장보살이다. 네가 나의 응화신(應化身)을 보고싶어 하면서도 보리심은 일으키지 않으므로 너를 깨닫게 하기 위해서였다. 너는 나의 형상을 모사(模寫)함이 많아서 영원히 삼악도에 떨어지지 않으며, 죽으면 도솔천에 태어나고 미륵존불이 내려오시는 날에는 반드시 부처님의 수기를 얻을 것이다. 내가 너를 따르는 것은 그림자가 형상을 따르는 것과 같고 물이 그릇을 따르는 것과 같다."
이와같이 말씀을 마치고 사라지셨다. 꿈을 깨고나서 정법은 눈물을 비오듯이 흘리며 감격했다.

73. 비취새가 연잎에 담긴 빗물을 밟아 엎지르네

§ 암자 안의 사람이 암자 밖을 보지 못한다

운문문언이 대중 가운데서 썩 나오더니 여쭈었다.

"암자(庵子) 안의 사람이 어찌 암자 밖의 일을 보지 못합니까?"

건봉(乾峰)이 껄껄거리며 크게 웃으니 운문이 말하기를,

"제가 오히려 의심합니다."

"그대는 어떻게 생각하는가?"

"스님께서 다 알고 계신 줄 알았습니다."

"그렇다. 참으로 이렇게 해야 비로소 편하게 앉을 줄을 알 것이다."

하니, 운문이 예예 하고 대답하였다.

운문은 짐짓 암자 안의 사람을 알고 있으면서도 물었고, 건봉도 운문이 다 알면서 묻고 있다는 사실을 짐작한다. 그러므로 건봉의 대답이 '그렇다, 참으로 그래야만 비로소 편하다' 즉 암자 밖의 일을 몰라야만 편하다 긍정하신 것이다.

암자 안의 사람이 암자 밖의 일을 보지 못한다는 뜻이 무엇인가.

본래 안과 밖은 없다. 그래서 암자 안의 사람이 암자 밖의 일을 보지 못하는 것이다. 처음부터 끝까지, 영원히 한덩어리 일 뿐이지 달리 다른 것이 될 수 없다.

§ 깨끗한 유리속의 보배달

원오심요에서 말하기를,

"안팎이 비어 고요하고 엉기듯 맑게 비추어, 한 생각도 나지 않는 깊은 곳에 도달하여 근원을 철저히 뚫어서 깨치면, 그 자체가 허공과 같아서 범위와 크기를 다 헤아리지 못한다."

(1). 여기에서 근원이란 마음이다.

마음을 철저히 뚫어 깨치면 안팎이 비어 고요해지므로 안과 밖이 사라지고 만다. 그러니 항상 암자 안의 사람으로서 암자 바깥이 있을 수가 없다.

(2). 깨끗한 유리에 담긴 보배달처럼 항상 암자 안의 사람으로서, 한덩이를 이루어 흩어지지 않는 마음의 상태를 '엉기듯' 하다고 표현한다.

(3). 안과 밖이 사라지므로 그 범위와 크기를 헤아리지 못하는 허공과 같다.

§ 수정구슬

영락경(瓔珞經)에서는 이것을 두고 말씀하시기를,

"마치 안과 밖이 환히 밝은 수정구슬처럼 깊이 밝고 깨끗하므로 모든 것을 아는 지혜 즉 일체지(一切智 : 살바야의 바다)라고 한다" 하셨다.

여기에서는 세가지를 말씀하고 있다.

(1). 안과 밖이 한덩이를 이루므로 수정구슬에 비유하고,

(2). 수정구슬과 같으므로 깊이 밝고 깨끗하며,

(3). 깊이 밝고 깨끗하므로 모든 것을 아는 일체지(一切智)라고 하였다.

§ 오묘한 마음이 피어난다

능엄경 말씀에,

"시방세계와 나의 몸과 마음이 마치 맑은 유리 같아서, 안과 밖이 환하니, 이는 곧 무의식이 다 없어졌음이라. 무의식이 다 없어지고 나면, 밝고 깨끗하고 오묘한 마음이 그 가운데 피어나서, 마치 맑은 유리 속에 보배달을 담은 것과 같다."

무의식이 녹으면 안과 바깥도 함께 녹으면서 오묘한 마음이 그 가운데에서 피어나는데, 그 피어나는 오묘한 마음이 수정 구슬, 보배달과 같다는 의미다.

§ 살바야의 바다

팔십화엄(八十華嚴)에서 말씀하신다.

"여래께서 말씀하셨다. 신기하고 신기하다. 일체중생이 모든 것을 아는 여래의 지혜를 갖추고 있으나 어리석고 미혹하여 알지 못하고 보지 못한다. 내가 마땅히 성인의 도로서 가르쳐 장애물인 망상과 집착을 영원히 떠나게 하겠다. 그리하여 중생이 자기 몸 가운데에서 광대무변한 일체지(一切智)를 체득하여 비할 수 없이 존귀한 여래와 차이가 없게 하겠다."

(1). 80화엄에 나오는 광대무변한 일체지(一切智)는 곧 살바야의 바다요 9식으로서 암자 안과 암자 밖을 한입에 삼켜버린다. 마음이 소멸하면 광대무변한 살바야의 바다가 가득히 가

득히 열린다.

(2). 마음이 소멸한 이후의 살바야의 바다이므로 광대무변하다. 따라서 광대무변한 형상을 가진 것으로 오해하면 안된다.

§ 연잎 위의 비취새

천의(天衣)가 말한다.

"하나라도 눈을 가리면 헛꽃이 온 세계에 가득 퍼진다. 눈 가린 것이 없어지지 않으면 문을 나서지 않아도 천하 일을 다 알고, 눈 가린 것이 다 없어지면 비로소 암자 안의 일만 알고 암자 밖의 일은 보지 못한다."

눈을 가리는 것은 무의식을 뜻한다.

(1). 눈 가린 것이 없어지지 않으면 즉 무의식을 녹이지 못하여 그대로 두면 분별망상이 죽끓듯이 그대로 활동하므로 천하(天下) 일을 다 헤아려 안다.

(2). 하지만, 눈 가린 것이 다 없어지면 즉 무의식이 녹아 없어지면 분별망상이 모두 한결같이 뿌리 없는 환화(幻化)가 되어 떨어지므로 안과 밖도 환화가 되어 떨어진다. 따라서 암자(庵子) 안의 일만 알고 암자 밖의 일은 보지 못한다.

법진(法眞)이 노래하였다.

"눈 가림이 생기니 눈병나서 헛꽃을 보고
눈 가림이 없어지니 헛꽃도 없어져서
암자 안에서 암자 바깥을 보지 못한다
점심 공양 후에 때때로 차 한잔 마시니
비취새는 연잎에 담긴 빗물을 밟아 엎지르고
해오라기는 대숲의 안개를 부딪쳐 흩는다."

74. 문수보살과 오대산

§ 역회전(逆回轉) 공안---전삼삼후삼삼

문수보살의 기적적인 법문이 선가(禪家)에 있다.

전삼삼 후삼삼(前三三 後三三)이라는 것이다. 이 법문은 벽암록 100칙 중에서 제35칙에 문수전후삼삼(文殊前後三三)으로 들어있는데 문수보살이 직접 말씀하신 것이다.

무착문희(無着文喜)가 문수보살을 친견하려고 오대산에 갔다가 금강굴 앞에서 웬 영감 한 분을 만났다. 그 영감을 따라가니 아주 좋은 절이 나타나므로 그 절에 들어가서 영감과 마주 앉아 이런저런 이야기를 나누었다. 그 영감이 물었다.

"남방(南方)의 불법은 어떠한가?"

"말세 중생이 계행이나 지키면서 중노릇 합니다."

"절에는 몇사람이나 모였는고?"

"삼백 혹은 오백명이 모여 삽니다."

문희도 한마디 물었다.

"여기는 불법이 어떠합니까?"

"범인과 성인이 함께 살고, 용과 뱀이 섞여 산다."

"사람 숫자가 얼마나 됩니까?"

"앞으로 삼 삼, 뒤로 삼 삼이다."

참고로 말해두지만, 이 전삼삼후삼삼 공안은 역회전(逆回轉) 공안이다. 앞으로 삼삼을 따라가다보니 어느새 공안은 역회전하여 뒤에서 삼삼으로, 갈쿠리처럼 꼬부라져서 기다리다가 마음속을 뚫고 들어온다. 이때는 화두가 녹아서 뭉친 융합화두가 되어 있다.

문희는 영감의 그 말뜻이 무엇인지 모르는 채로 작별하고 나와 돌아보니 자신이 조금 전까지 머물렀던 절은 흔적도 없었다. 그래서 문희는 자신이 문수보살을 친견하고도 알아보지 못하였음을 탄식하면서 한편의 시를 남겼다.

"시방세계 두루 성스런 문수보살의 가람(伽藍)이여
 두 눈으로 분명히 문수보살을 보고 말을 나누었으나
 당시는 무슨 뜻을 열었는지 알지 못하였구나
 머리 돌리니 다만 푸른산 바위뿐이더라."

무착문희는 그후에 또다시 문수보살을 친견하고 들은 법문이 있다. 선문에 널리 알려져 있으나 이 법문의 출처를 아는 사람보다 모르는 사람이 더 많을 것이다.

"누구나 잠깐 동안 고요히 앉으면
 강가의 모래알처럼 많은 칠보탑을 쌓는 것보다 낫다
 보배탑은 끝내 무너져 티끌이 되거니와
 한 생각 깨끗한 마음은 해탈을 이룬다."

이 게송은 오대산을 찾은 문희에게 문수보살이 직접 설하신 법문이다. 관세음보살 지장보살 문수보살 등 큰 보살들은 몇 천억 화신(化身)을 나타내어 중생을 제도할 수 있다.

§ 청사자(푸른 사자)

문수보살이 화신을 나타내는 가장 유명한 성지(聖地)가 중국의 오대산이다. 신라시대의 자장율사는 중국의 오대산에서 문수보살을 친견하고 귀국하여 나중에 태백산의 정암사에서 타계하시기 전에 한번 더 문수보살을 볼 수 있는 기회를 놓쳤다는 일화가 전해진다.

문수보살이 허름한 옷에 죽은 개가 담긴 망태기를 등에 짊어지고 정암사에 들어와서는 자장율사를 만나겠다고 하니까 제자들이 그 영감을 막았다는 것이다. 그러자 그 허름한 옷차림의 영감은 자장율사가 들어라는 듯이 중국의 오대산에서 자신과 한 약속을 잊었느냐고 화를 버럭 내고 망태기 속에서 죽은 개를 꺼내니 죽은 개가 갑자기 청사자(푸른 사자)로 변하매 문수보살은 그 청사자를 타고 허공으로 날아가버렸다. 자장율사는 이 이야기를 듣고 자신이 눈 어두워 성인(聖人)을 만나볼 기회를 놓쳤음을 크게 탄식한 후 얼마 더 살지 못하고 입적하였다고 한다.

§ **내가 머무는 바로 이곳 이 자리가 문수성지(文殊聖地)이다**

누구든지 지극정성으로 만나보기를 원하면 관음보살 지장보살 문수보살은 이 남염부제 중생과 인연이 깊으므로 반드시 화신을 나타낸다. 단지 지극정성이어야 하며, 더욱이 문수보살이면 오대산이 문수성지(文殊聖地) 이므로 오대산에 있는 절에 가서 기도하면 문수보살을 친견할 가능성이 높다. 옛날부터 오대산은 문수도량이라 하여 승려나 일반 신도들이나 한결같이 오대산에서는 문수보살을 주로 부르므로 오대산에서 강하게 피어오르는 중생의 서원 또는 염원을 좇아 문수보살의 지혜가 그쪽으로 응하기 때문이다.

하지만 굳이 오대산에 가서 문수보살을 부르고 양양 낙산사에 가서 관음보살 만나보기를 기도해야 된다는 말이 아닌 줄은 독자들도 알고는 있으리라. 어느 성지에 가서 어느 불보살을 부르든 기도하는 사람의 마음이 열려있지 않으면 아무리 성인(聖人)이라 할지라도 손내밀어 구제하지 못한다고 지장경 말씀으로 나와있다.

그러므로 자신이 머물며 생활하는 바로 그곳 그자리에서 지극정성으로 불보살을 부르고 수행하면 되는 것이지 세상 시끄럽게 돌아다니며 불보살 친견하기를 욕심낼 일은 아니다. 자기자신이 머무는 그곳 그자리가 문수도량이요 관음도량이므로 절대로 다른데에서 찾지마라.

지장경 말씀 중에는 지옥에 떨어진 중생을 모두 다 구하려해도 그 중생이 지장보살을 알아보는 마음이 열려있지 못하여 끝내 구제하지 못하는 경우가 많음을 남염부제(南閻浮提)에 알리고 있다.

75. 이가놈이 마셨는데 김가놈이 대취하여 고꾸라진다

§ 무소득의 바다

능엄경에서 말씀하신다.

"시방세계와 나의 몸과 마음이 마치 맑은 유리같이 안팎이 없이 환해지니 이것을 가리켜 무의식이 다 없어졌다고 말한다. 무의식이 다 없어지면 둥글고 밝고 깨끗한 마음이 그 가운데에서 피어나니, 마치 맑은 유리 속에 보배달(보월寶月)을 담은 것과 같다. 그리하여 원만한 깨달음을 성취하고 여래(如來)의 오묘하고 장엄한 바다에 들어가니 얻을바 없음(무소득無所得)에 돌아감이다."

여기에서,
(1). 무의식이 없어진 상태를 안과 밖이 환한 맑은 유리에 비유한다.
(2). 보배달은 9진여식이다. 무의식이 공(空)해져서 실체가 없어지면 그것이 곧 진여식이다.
(3). 진여식은 여래의 오묘하고 장엄한 바다로 서술되고 있다.

개인적인 식(識)인 무의식을 벗어나 제9진여식에 들어가는데, 진여식의 특성은 개별성의 극복과 보편성의 획득에 있다. 진여식에 들어감으로서 개별성(個別性)이 극복되고, 삼천대천세계에 편재하는(두루 존재하는) 보편성(普遍性)으로 돌아감으로서 비로소 윤회의 연결고리를 끊고 저쪽 언덕으로 건너가는 것이다. 9식으로서의 보편성이란 살바야의 바다 즉 일체지(一切智)를 뜻한다. 그런데 보편성을 획득하면 어떤 현상들이 일어날까?

§ 방조개가 밝은 달을 머금었다

어느 승이 지문광조(智門光祚)에게 질문한다.
"반야의 실체는 어떤 것입니까?" / "방조개가 밝은 달을 머금었다."

 승이 다시 물었다.

 "그러면, 반야의 활동은 어떻습니까?" / "토끼가 아기를 배었다."

 지문의 이야기에서 반야란 무의식을 넘어설 때 최후로 나타나는 9식이다. 교리적인 면으로만 본다면 능엄경의 보배달과 지문광조의 방조개의 달은 닮았다. 그리고, 실제로 바다속의 방조개 또한 밝은 달을 머금고 있는 것이 사실이다. 삼라만상이 이 반야에서 나왔음인데 방조개의 고향이 어찌 반야가 아니리오.

 그런데, 승의 두 번째 질문을 받고 '토끼가 아기를 배었다'는 지문의 답이 나온다. 방조개 이야기와는 다르다. 방조개만 하더라도 교리적인 해석의 접근이 가능해 보이지만 토끼에 오면 앞의 방조개도 교학적인 이야기가 아니었음을 눈치채야 한다. 승이 반야의 활용을 질문하자 지문스님은 거침없이 반야검(般若劍)을 휘둘러 '토끼가 아기를 배었다'고 함으로서 그 승의 말하고자 하는 입을 탁 막아버린다. 과연 그 승의 마음머리가 잘려나갔는지는 알길이 없다. 토끼가 아기를 밴다는 말이 어떻게 마음머리를 자르는가.

§ 사유가 끊어진 저쪽 언덕

 공안(公案)이란 것이, 술은 김첨지가 먹었는데 취하여 엎어지는 쪽은 박첨지라는 식의 이야기로서 몰라서 묻는 사람의 모든 사유작용을 인정하지 않음이, 사람으로 하여금 숨은 쉬고 있으니 살아있는 것이지 마치 죽은 사람과 다름없는 상태로 빠뜨리려는 데에 그 목적을 두고 있다. 공안선에서는 공안을 참구함으로서 크게 죽었다가 다시 살아나기를 요구한다.

벽암록에서 말하기를,

"무쇠로 만들어진 사람 앞에서는 좋은 경계 나쁜 경계가 모두 꿈속 같아서 자기의 몸이 있는 줄도 모르고 아침인지 저녁인지도 모른다."

세상만사를 잊고 화두만 추적한다는 뜻이다. 그렇게까지라도 해서 사유(생각)가 끊어지고 사유를 초월한 저쪽 세계로 넘어가야 한다. 저쪽세계로 넘어가면 사유(思惟)하기는 하되 항상 저쪽 언덕에 있으므로 사유의 속박에서 벗어나 자유자재하다. 그리고 이렇게 되면, 실제로 술은 이가놈이 마셨는데 엉뚱한 김가놈이 대취하여 고꾸라지는 법이다. 왜냐하면 그렇게 되어도 전혀 걸림없는 세계가 저쪽 언덕인 반야의 세계의 일이기 때문이다.

부산의 소가 여물을 먹으면 서울에 있는 말이 배부르다는 식의 이야기는 반드시 화두를 해결하여 저쪽 언덕으로 건너가야 이해된다.

§ 교리(敎理)적인 이해도 필수적이다

방조개가 달을 머금는다는 정도라면 앞에서 풀이한 바와 같이 어느선까지의 교리(敎理)적인 이해가 허용된다고 본다.

지문광조에게 물은 사람은 출가수행하는 승려다. 그러므로 그 승려는 교리적인 해석도 가능한 지문의 방조개와 달 이야기를 알아들었다고 보면, 두 번째 질문에 이르러서 지문은 그 승의 사유(思惟)가 미치지 못하는 토끼와 아기 이야기를 꺼냄으로서 그 승의 첫 번째 이해마져도 애매모호하게 만들어버렸다. 능엄경에 나오는 보배달과 지문광조의 방조개의 달의 이치는 분명히 일맥상통한다고 주장하면 도리 없으나, 토끼가 아기 배는 대목에 와서는 경(經)의 말씀을 끌어대어 이치에 통하기는 어려워졌다.

그러고 보면, 방조개와 달 이야기의 교리적인 설명도 망발이라 하겠으나(물론 망발이지만) 한편 불교교리 없는 화두선도 상상하기 어렵다. 어느선을 넘어서면 교리(敎理)는 떨어져나가고 또 떨어져나가야 하지만, 그러한 선(線)에 이르기까지는 교리의 도움은 필수적이다. 불교교리 교육을 통한 두뇌작용, 사유작용의 끊임없는 고급화 고등화 진화(進化)가 필수적이라는 뜻이다. 심령적인 각성, 심령적인 진화가 부단한 교육과 수행을 통하여 이루어져야 함이다. 화두선이란 단단한 불교교리의 이해 위에 성립이 가능하다. 예외는 있겠지만 백지상태에서 무조건 우격다짐으로 화두를 밀어붙이는 것이 아니란 뜻이다.

능엄경의 보배달 이야기를 먼저 꺼낸 이유도 여기에 있다.

§ 언어의 근원에 도달한 사람

"토끼가 아기를 배었다"를 풀기 위해서는 언어(말)의 근원으로 돌아가야 한다.

언어의 근원인 9식에 도달해 있어서 일체의 사상(事象)이 풀려버린 지문광조는 저쪽 언덕의 사람인지라 토끼가 아기를 배든 어떻든 이쪽 언덕의 일에 추호의 걸림도 없지만, 9식에 도달하지 못한 승은 이쪽 언덕의 사람이라 반드시 언어에 의지하고 언어에 걸리기 때문에 토끼가 아기 배는 이야기에 와서는 걸려들어서는 그 이야기를 얼싸안고 앞으로 고꾸라지고 마는 것이다.

지문광조는 말을 하면서도 말이 나오는 근원 즉 필경공을 여의지(떠나지) 않으므로 말이 낱낱이 공(空)하여 말의 그물에 걸리는 법이 없으나, 그 승은 말(언어)의 세계에 떨어져 언어의 노예가 되어 있으므로 하나하나의 말에 낱낱이 걸리고 넘어진다. 설혹 그 승이 지문광조의 말을 코웃음쳐서 넘겨버린다 하더라도, 토끼가 아기 밴다는 그 말이 살아서 자기를 빤히 바라보는데에는 손 써볼 도리가 없는 것이다.

§ 술도 안마신 김가놈이 대취하여 엎어지는 소식

토끼가 아기를 밴다는 마음이 감당할 수 없는 이야기에 직면하면 반드시 시선을 〈언어의 근원=무소득의 바다= 반야〉쪽으로 되돌리라. 토끼가 아기를 밴다는 이야기는 마음(의식과 무의식)의 세계에 속하는 내용이 아니다.

마음은 토끼가 아기를 밴다는 이야기를 무의식 넘어로 되돌려보내야 한다. 마치 부메랑인듯 무의식 넘어로 되돌아가도록 허락해야지 물고 늘어지면 안된다. 토끼가 아기 밴다는 수수께끼는 무의식 넘어의 세계에서 해결된다. 수수께끼(화두)가 융합하여 드디어 무의식을 넘어가면 그곳이(?) 김가놈 이가놈 부산소 서울말의 고향이었음이 드러난다. 부산소 서울말 김가놈 이가놈은 반야의 아들이요 무소득의 아들이다. 이러한 연유로 술은 이가놈이 마셨는데 엉뚱한 김가놈이 대취하여 꼬꾸라지고 만다.

76. 태양이 제조하는 무량무수한 영혼

§ 남산에 구름 이니 북산에 비 내린다

운문문언이 말한다.

"법당안에 모셔놓은 부처님(불상)이 기둥(원주)과 서로 어울리니 이 무슨 소식인고?"

이런 질문에 해답할 사람이 없어 침묵을 지키니, 운문 스스로 자신의 질문에 답한다.

"남산(南山)에 구름 이니 북산(北山)에 비 내린다."

불상과 기둥이 어울리고 남산과 북산이 어울리는 소식은 똑같은 한집안 이야기다. 돌사람(석인石人)이 돌사람과 이야기한다는 소식과 다르잖다.

일찍이 승조법사가 천지(天地)와 그 사이에 있는 만물이 나와 더불어 뿌리를 같이 한다고 설하지 않았던가. 승조법사의 이 이야기는 벽암록 40칙에 육선천지동근(陸亘天地同根)에 나온다. 우주를 마음의 그림자로 보는 유식철학을 초월하여, 이치와 사물을 대등하게 보고 이치와 사물의 원융무애함을 말하는 화엄철학에 접근하는 사상이다.

§ 9식은 찬란한 태양, 이미 내가 아니다

내가 나온 나의 뿌리는 한점의 사사로움도 없는 찬란한 태양이다. 천지만물도 역시 이 한점의 사사로움도 없는 찬란한 태양에서 나온다. 너의 뿌리 다르고 저것들의 뿌리 다르고 나의 뿌리 다른 것이 아니다. 한 개의 찬란한 태양에서 나를 포함하여 만물이 나온다. 이 태양이 9진여식이다. 9식의 성질은 이런 것으로서 이미 마음이 아니라고 누누히 강조하였다. 9식은 이미 '내'가 아니며 나의 것도 아니란 말이다. 그러니 너의 9진여식 따로 있고 나의 9식 따로 있는 것 아니다.

§ 하나님은 모르는 것이 없다

9식은 오직 하나 있다. 오직 하나 있는 9식이므로 하나님이기도 하다. 오직 하나 있으므로 하나님이요 하늘님이기도 하다. 하느님 또는 하나님은 모르는 것이 없다는 말의 뜻은 이러하다. 삼라만상의 뿌리는 오직 한 개 있다고 할 수 있는 9식이기 때문이다. 비록 9식이 하나라고 표현은 했지만 그 뜻은 둘이 아니라는 말이다. 그렇다면 이미 둘이 아니라면 하나도 아니다. 둘이 존재할 때 하나도 존재하는 법이지 둘이 없으면 하나도 없는 법이다. 그러니까 9식은 하나도 아니다. 9식은 필경공(畢竟空)이기 때문이다. 필경공에 무슨 하나며 둘이 존재하겠는가.

이러한 까닭에 운문문언은 법당 안의 부처님과 법당 안의 기둥이 서로 어울리고 있으니 어서 보라고 말한다.

§ 무량무수한 나의 출현

그러나 또한 누차 강조한 바와 같이 위로 위로 거슬러 올라가면 삼라만상의 뿌리는 비록 하나이지만, 뒤도 안돌아보고 밑으로 밑으로 따라 내려오면 삼라만상은 낱낱이 갈라지고 쪼개져서 무량무수한 목숨으로, 무량무수한 영혼으로, 무량무수한 마음으로, 무량무수한 정신으로 나누어진다. 하나의 9식에서 무량무수한 '내'가 갈라져 나오는데에는 어이가 없어진다. 도데채 이것이 어찌된 일이냐는 것이다. 무량무수한 '내'가 존재할 수 있다니! 예컨데 무수한 사람들이 저마다 자기자신을 '나'라고 생각하고 집착하는데, '나'라고 집착하는 바로 이 현상이 그 뿌리가 9식임을 입증한다. 살아있는 것은 필경공인 9식 뿐이기 때문이다. 9식이 아니면 '나'라는 자의식의 형성은 불가능하다. 저 무심한 돌덩이 따위에서는 '나'라는 자의식이 형성되어 나올 수가 없는 것이다. 유일하게 살아있는 9식에서 무량무수한 '내'가 생산되어 나온다.

§ 9식이 출현하면 일체의 사상(事象)이 풀린다

9식이 출현하면 6의식 7말나식 8무의식 뿐만 아니라 보고 듣고 냄새맡고 맛보고 몸으로 느끼는 일체의 정신작용이 다 풀리고 또 풀려서 낱낱이 걸림이 없어지고 낱낱이 해탈한다. 9반야식이 출현하면 비로소 일체중생과 삼라만상의 고향이 반야식임을 알게된다. 반야식의 출현 이전에는 알아낼 도리가 없다. 반야식이 출현하기 전까지는 너는 너이고 나는 나였는데, 반야식이 출현하면 너도 나도 주인없는 빈배(허주虛舟) 신세로 돌아간다.

일체중생이 살아가면서 서로서로에게 한량없는 죄를 짓는 것도 자신들의 고향이 똑같음을 모르는데 기인(基因)한다. 이와같이 정신작용의 뿌리가 밝혀져 확 풀리면, 정신을 둘러싼 일체의 사상(事象)도 따라서 거침없이 한꺼번에 풀려 흐르며 의심이 흔적도 없이 사라진다.

§ 8무의식이 6의식의 꺾쇠로 일체의 사상(事象)을 옭아맨다

반야식이 드러나기 전에는 일체의 정신작용은 정신의 뿌리인 제8무의식에 사로잡혀 자유가 없으며 그 정신에 묶여있는 일체의 사상(事象)도 그 자리에 묶여 꼼짝달싹 못한다. 8무의식이라는 비밀의 도적이 의식 뒤에 깊이 숨어서 6의식이라는 꺾쇠로 일체의 사상을 옭아매기 때문이다.

저것은 불상(佛像)이고 저것은 기둥이라고 의식이 규정하기 때문에 저것은 불상에서 벗어나볼 도리가 없고 저것은 기둥에서 벗어나 볼 도리가 없는 것이다. 법당 안에 모셔놓은 불상(佛像)은 꼼짝 못하고 그 자리에 앉아있는 불상일 뿐이며, 법당 안의 둥근 기둥도 꼼짝 못하고 그 자리에 서있는 기둥일 뿐이다. 남산은 꼼짝못하는 남산으로서 구름으로서 꼼짝못하는 구름이 일고, 북산은 꼼짝못하는 북산으로서 비로서 꼼짝못하는 비가 내릴뿐이다.

§ 6의식의 주인이 바뀐다

그러나 제8무의식의 철벽(鐵壁)이 무너지고 그 뒤에 다시 어디에도 걸림이 없는 반야식의 존재가 드러나면, 무의식의 조종을 받는 의식은 무의식에서 자유로워지면서 자유자재한 반야식에 뿌리 두고 있음이 증명되어 일시에 확 풀린다. 즉 6

의식의 주인이 8무의식에서 9반야식으로 바뀐다. 6의식의 뿌리 없음이 밝혀지는 것이다.

§ 대사면령과 무정설법화

따라서 의식에 묶여있던 일체의 사상(事象)도 확 풀리면서 의식에 잡혀있던 법당 안의 불상은 불상에서 풀려나고 법당 안의 둥근 기둥은 둥근 기둥에서 풀려난다. 저것은 불상이고 저것은 기둥이라고 규정하여 달리 해석해 볼 여지를 허락하지 않던 의식의 꺾쇠가 풀리니, 저것은 불상이라는 의식의 꺾쇠에서 불상은 풀려나고 저것은 기둥이라는 의식의 꺾쇠에서 기둥은 풀려나 낱낱이 해탈한다. 법당 안의 불상도 기둥도 낱낱이 해탈하여 해탈을 설(說)한다.

이것이 일체의 생명없고 마음없는 기왓장이나 돌덩이나 나무 같은 사물도 설법(說法)을 한다는 무정설법화(無情說法話)라는 공안의 의미다.

§ 지극한 도리

의식과 무의식의 꺾쇠가 끊어져 대사면령(大赦免令)이 내리면서 지극한 도(道)가 삼천대천세계(三千大天世界)를 일시에 꿰뚫으니, 남산에서 풀려난 남산이 북산에서 풀려난 북산과 이야기하고, 남산에 구름이 일어나고 북산에서 비가 내려 낱낱이 지극한 도리(道理) 아님이 없어진다. 지극한 도란 반야식이요 진여식이다. 의식의 불상에서 풀려나 해탈한 불상(佛像)이 의식의 기둥에서 풀려나 해탈한 기둥과 지극한 도리를 이야기한다.

 진여식이 어디에도 걸림없는 그 몸을 드러내면, 진여식에 뿌리를 두고 있던 무의식의 덩어리가 산산히 부서지고 무의식에 뿌리를 내리고 있던 의식은 환화로 떨어지면서, 의식과 무의식에 묶여있던 삼천대천세계는 그대로 해탈의 몸을 이루며 해탈을 설(說)한다.

§ 마음이 아니다

 감산(憨山)이 능엄경통의(通議)에서 말한다.
 "무의식이 없어진 사람은 원만하고 밝고 정밀한 마음이 그 가운데에서 피어난다. ---나의 심신과 세계, 모든 부처와 중생이 원융하게 섞여 통하는 까닭에 마치 맑은 유리 속에 보배달을 담은 것과 같다고 하였다."
 무의식만 하더라도 자아의식으로서의 위치에서 벗어나 있다. 무의식은 자아의식이 소멸한 뒤에도 남는 식(識)으로 적멸에 가까워서 자의식적인 색깔을 찾기 어렵다. 하물며 무의식의 자성(自性)이 공(空)함을 볼 때 나타나는 진여식에서는 자의식적인 색깔이나 냄새는 완전히 소멸하여 진공(眞空)으로 돌아간다. 진여식은 이미 마음이 아니다. 결국 마음은 없는 것이다. 마음이 가는데까지 가서 끊어지면 이것이 진공이라 하였다.

§ 마음이 아니므로 진정한 마음이다

 그러나 진공 즉 진여식이 이미 마음이 아니라 하여도, 마음이 이 진여식에 뿌리를 두고 있음을 감안하면 마음이 아니라고도 할 수 없다. 진여식은 마음이면서도 마음이 아니고, 마음이 아니면서도 마음인 것이다.

이 마음 아닌 마음인 진여식에서 모든 부처님과 일체 중생과 삼라만상이 나왔음을 감산은 능엄경통의에서 말한다. '나의 마음과 몸, 모든 부처와 중생이 원융하게 섞여서 통한다'는 말의 뜻이 그것이다. 일체중생의 고향은 바로 진여식 하나로서 절대로 고향이 다를 수가 없는 법이다.

§ 벼랑끝을 잡고있는 손을 놓아버리라

마명보살(馬鳴菩薩)이 대승기신론에서도 말씀하신다.

"마음은 텅 빈 골짜기와 같아서 소리쳐 부르면 응한다."

텅 빈 골짜기는 진공이다. 일체 중생은 이 마음의 골짜기에서 울려나오는 메아리와도 같은 존재인 것이다. 강력하게 자아에 집착하는 무의식의 완강한 벽이 무너지고 나타나는 텅빈 골짜기는 내 마음 속의 여래(如來)인 자성불(自性佛)이다.

벼랑끝을 잡고있는 손을 탁 놓아버림으로서 삿된 나(제6식 제7식 제8식)를 버리고 내 마음속의 여래인 텅빈 골짜기에 귀의한다.

77. 마굿간의 기화(奇話)

　교하(交河) 땅에 급윤초(及潤礎)라는 늙은 선비가 살고 있었다. 어느때 급윤초는 향시(鄕試)를 보기 위하여 도시로 길을 떠났는데 석문교(石門橋)라는 곳에 이르러자 이미 날이 저물었다.
　"하는 수 없다. 하루밤 쉬어서 가자."
　그는 여관을 찾았으나 여관마다 시험보러가는 손님으로 가득차서 묵어갈 방을 구하기가 쉽지 않았다. 어느 여관에서 마굿간 옆에 방 하나가 비어 있으니 묵어갈려면 들라 하였다. 하는 수 없이 급윤초는 그곳에서 하룻밤을 묵어가게 되었다.
　그러나 마굿간 옆인지라 수십필의 말울음 소리에 도무지 잠을 이루지 못했다. 이윽고 밤이 이슥해지자 주위는 죽은 듯이 고요해졌다. 그런데 갑자기 마굿간 쪽에서 두런두런거리는 사람의 말소리가 들려왔다.
　"이상하다. 이 밤중에 누가 마굿간에서 이야기를 나누는가."
　급윤초는 살며시 일어나 문 틈으로 마굿간을 살펴보았으나 사람의 그림자도 없었다.
　"오오, 그렇다면?"
　불현 듯 뇌리에 떠오르는 것이 있었다. 급윤초는 본래 잡서(雜書) 읽기를 즐겨해서 송나라 사람이 쓴 이야기 가운데 소(牛)가 말을 했다는 기록을 본적이 있었다. 그는 조용히 귀를 기울였다. 급윤초의 예상은 틀림이 없었다. 말 한 마리가 말을 시작하는 것이 아닌가.

"내 오늘에야 배고픔의 괴로움을 알았다. 내가 인간으로 있었을 때 말(馬)에게 사 먹였어야 했을 마초값과 콩값을 쓰지 않고 감추어 두었는데 다 어디로 갔을까?"

그러자 다른 말이 대꾸했다.

"자네도 그랬나? 아무래도 우리 말로 태어난 것들은 전생(前生)에 말 먹이든 하인들이 바뀌 태어난 모양이야. 아, 참으로 후회스럽다!"

그러자 다른 말들도 동감이라는 듯이 다들 깊은 한숨을 내쉬었다. 그 중에서 어느 말이 다시 이야기를 시작했다.

"명부(冥府 : 저승의 관청)의 판결이 그리 공평하지는 못한 것 같아."

"그건 어째서?"

"다 같은 마부(馬夫)였는데 왕오(王五)란 녀석은 왜 개로 태어나게 하는 거냐 말이다. 그 녀석은 집이나 지키며 밤낮으로 놀고 먹는데 우리들은 이게 뭐야?"

"자네는 명부의 관원(官員)이 하던 이야기를 못 들었나? 왕오의 아내와 딸 둘이 남편과 아버지 몰래 말에게 먹일 콩값을 떼다가 각각 눈맞은 사내들에게 바쳤다지 않나. 그래서 왕오의 평생 지은 죄에서 왕오의 가족들이 지은 죄만큼 감(減)하게 되었다잖은가?"

이에 다른 말들이 거들었다.

"그 말이 옳아. 강칠(姜七)이란 작자는 말을 몽둥이나 채찍으로 후려갈기며 먹을 것도 잘 안주더니, 우리만도 못한 돼지로 태어나서 2년도 못살고 사람에게 잡혀먹히지 않았겠어?"

"그렇군. 왕오를 부러워 말고 돼지로 태어났다 죽은 강칠이를 생각해서라도 이것으로 만족하고 위로하며 살아야겠군."

"우리가 말로 태어난 것도 전생에 말을 학대한 응보가 아닌가? 말로 있는 동안 열심히 일해 다음 생에는 말 신세를 면해 보도록 하세."

이 말(馬)의 제안 아닌 제안을 듣고 뭇 말들이 일제히 대답했다.

"암, 아무렴 그렇고 말고, 여부가 있겠나."

이때 급윤초가 재채기를 하는 바람에 말(馬)들은 하던 말을 뚝 그치고 말았다. 그 이후 급윤초는 마부(馬夫)들을 볼 때마다 항상 이 이야기를 들려주며 말을 아끼고 사랑해주라는 충고를 아끼지 않았다고 한다.

78. 산신(山神)이 모기를 다스리다

§ 영산회상의 꿈

진묵대사는 조선 명종 17년(1562년)에 전라북도 만경면 불거촌에서 태어났다. 일곱 살에 봉서사(鳳棲寺)로 출가하여 스무 살에 구족계를 받고 인조 11년(1633년)에 입적하시니 세수가 일흔둘이요, 법랍이 쉰둘이었다. 봉서사로 출가하여 얼마 안되었을 때의 일이다.

절에 불공이 들어와서 부전스님이 불공은 해야겠는데 마침

보수공사 중이라 신중단(神衆壇) 앞의 탁자가 뜯겨져나가고 없는 관계로 향로(香爐)를 놓을 자리가 마땅치 않았다. 부전스님은 생각다 못해 어린 행자인 진묵스님을 불러 불공하는 동안 향로를 받들고 신중단 앞에 서있도록 시켰다.

그날밤 주지스님의 꿈에 금강신장(金剛神將)이 노기띈 얼굴로 나타나 항의했다.

"영산회상(靈山會上) 당시부터 우리가 그 어른을 받들어 모시기로 맹세를 했는데 그 어른에게 향로를 받들게 하면 우리가 황공해서 어떻게 불공을 받겠습니까. 다시는 그런 일이 없도록 하시오."

주지스님은 놀라 잠에서 깨어났는데 짐작가는 바가 있어 부전스님을 주지실로 불러 물었다.

"불공을 드리면서 누구를 시켜서 향로를 들고있게 했는가?"

"예. 어린 행자를 시켜 향로를 받들게 했습니다."

부전스님은 어리둥절했지만, 주지는 탄복을 했다. 그때부터 주지는 경의를 품고 행자(行者)를 대했으며 함부로 심부름도 시키지 않았다.

§ 서가여래의 화신

세월이 흘러 진묵스님도 어른이 되었다. 어느해 여름날 산길을 가다가 장마 뒤에 물이 불어난 개울을 만났다. 그때 왠 사미승이 나타나 개울을 먼저 건너면서 말했다.

"스님 저를 따라 건너시면 안전합니다."

이를 지켜본 진묵스님이 개울을 건너다가 약간 휘청거렸다. 그런데 그때 누군가가 스님을 뒤에서 끌어안아 붙잡았다. 돌아보았으나 아무도 없었다. 스님은 즉시 짐작하고 말했다.
 "너 이놈 나한이구나!"
 스님은 껄껄 웃으시며 읊으셨다.
 "영산(靈山)의 열여섯 어리석은 너희 나한들아
  불법의 성쇠가 어떻게 되겠는가
  신통한 힘은 너희에게 못 미치나
  대도는 응당 나에게 물으라."
 진묵스님은 열반하시기 전에 스스로 자신이 서가여래의 화현(化現)이심을 암시하셨다.

§ 어머니를 위하여

 진묵스님은 효성이 지극하여 출가한 후에도 홀로 계시는 어머니를 항상 가까이서 돌보셨다. 어머니가 외막촌에 사실 때에는 그 뒷산의 일출암(日出庵)에 계시면서 아침 저녁으로 문안드리고 생활을 보살펴드렸다.
 어느해 여름, 밤이 되면 모기 때문에 괴롭다 하시는 어머니의 하소연을 듣고 스님은 그곳의 산신(山神)을 불러 모기를 다스려 주도록 당부하셨다. 그날 이후로 외막촌의 모기는 자취를 감추었는데 오늘날까지도 모기가 없다는 것이다.
 어머니가 세상을 떠나시자 스님은 어머니 영전에 다음과 같은 제문(祭文)을 지어 올리고 눈물 흘리셨다.
 "태안의 열 달 은혜를 무엇으로 갚으오리까. 젖 먹이며 길러주신 은혜를 잊을 길이 없사옵니다. 만세(萬歲) 위에 다시 만세를 더하여도 자식의 마음에는 오히려 싫지 않거늘 백년 생애에 백년도 못 채우시니 어머니의 수명은 어이 그리도 짧으시옵니까.-----불공도 파하여 스님들도 저마다 방으로 돌아갔습니다. 앞산은 첩첩하고 뒷산은 겹겹한데 어머니의 영혼은 어디로 가셨습니까. 아---애통한 눈물을 감출길 없사옵니다."

진묵스님은 어머니의 유해를 만경현 북쪽의 유앙산(唯仰山)에 장사지냈는데 누구든지 그 묘를 깨끗이 하고 술을 부어 제사를 올리면 농사가 잘 되었다. 이로 인하여 원근의 마을 사람들이 다투어 스님 어머니의 묘를 돌봄이 오늘에 이르기까지 수백년 동안 봉분(封墳)이 완전하고 향화(香花)가 끊이지 않고 있다.

§ 열여섯개의 등불

스님이 변산의 월명암(月明庵)에 머무르셨을 때의 일이다. 호남의 3대 불교성지(佛敎聖地)인 이곳에 오래 계셨던 것으로 알려져 있다.

그런데 스님이 월명암에 머무르심과 때를 같이하여 월명암에서부터 열여섯 개의 불빛이 마치 별처럼 한줄로 늘어서는데 별빛은 아니었다. 월명암으로부터 한줄로 늘어서는 열여섯 개의 불빛의 방향을 가늠해보니 청량산(淸涼山)의 목부암(木鳧庵)과 이어졌는데, 목부암의 나한전에 모셔진 16나한이 밤마다 월명암까지 등불을 밝힌 것이었다.

진묵스님은 나한들에게 그만두라고 말씀하셨으나 나한들은 등불을 밝히는 일은 자기들의 서원(誓願)이므로 계속하겠다고 말하고 그치지 않았다. 스님은 마침내 거처를 목부암으로 옮기시고 암자의 이름도 원등암(遠燈庵)으로 바꾸셨다.

§ 금강역사(金剛力士)의 머리를 주장자로 때리시면서

스님께서는 술을 좋아하셨는데 곡차라고 말하면 마시고 술이라고 말하면 마시지 않으셨다. 이러한 사실은 인근의 주민들도 잘 알고 있었다. 어느때 절에서 일꾼들에게 주기 위하여 별좌스님이 술을 준비하였다. 스님께서는 조사당(祖師堂)에 앉아 계시는데 술향기가 도량에 퍼져 조사당까지 풍겨왔다. 스님께서는 석장(錫杖)을 짚고 술을 거르고 있는 곳으로 가시어 별좌에게 물으셨다.

"네가 거르는 것이 무엇이냐?" / "술을 거릅니다."

심술궂은 별좌스님의 대답에 진묵스님께서는 발길을 돌리셨다. 조금후에 스님께서는 다시 돌아와서 물으셨다.

"네가 거르는 것이 무엇이냐?" / "술입니다."

곡차라고 대답하기를 기대했으나 별좌스님도 대답을 바꾸지 않았다. 진묵스님께서는 무료하게 돌아서셨다. 잠시후에 스님께서는 또다시 별좌의 술 거르는 곳으로 가서 전과 똑같이 물었으나 별좌는 곡차라고 하지 않고 술을 거른다고 말하는 것이었다. 스님께서는 아주 단념하시고 조사당으로 돌아가셨다.

그런데 이런 정경을 처음부터 지켜보고 있던 금강역사(金剛力士)가 별좌스님을 철퇴로 후려쳤다. 술을 거르고 있던 별좌는 철퇴를 얻어맞고 부엌에서 마당으로 튕겨져나가 피를 토하며 쓰러졌다. 절안이 발칵 뒤집혔다. 별좌가 이유도 없이 갑자기 마당으로 나가떨어져 피를 토했기 때문이다. 주지스님이 급히 조사당으로 달려가서 빌면서 별좌를 살려주시라고 졸라댔다. 스님께서는 주장자를 짚고 법당으로 가셔서 신중탱화에 그려진 금강역사의 머리를 주장자로 때리면서 말씀하셨다.

"왜 그랬느냐. 살려주어라."

별좌는 정신을 차리고 일어나 스님에게 나아가서 백배(百拜)하고 용서를 빌었다.

§ 변산 월명암

스님께서 변산의 월명암에 계실 때의 일이다. 월명암은 오르기가 어려워 신도들이 자주 찾지 못하는 곳이다. 계절이 가을로 접어들자 스님들은 겨울양식 마련을 위해 마을로 탁발을 나가고 진묵스님과 시봉하는 스님 한사람만 남았는데 시봉 또한 속가에 제사가 있어 마을로 내려가게 되었다.

"스님 다녀오겠습니다.

시봉이 다녀오겠다는 인사를 했을 때 스님께서는 방장실의 열린 문지방에 손을 얹어놓고 능엄경을 보고 계셨다. 시봉이 속가(俗家)의 제사를 마치고 다음날 돌아와보니 스님께서는 여전히 그 자세로 앉아계시는데 문지방에 얹힌 손가락에서는 피가 흘러 엉겨 있었다. 바람에 열리고 닫히는 문이 스님의 손가락을 짓찧었던 것이다.

놀란 시봉이 절을 하고 밤사이 문안을 여쭈니 스님께서,

"너는 제사에 참여도 않고 그냥 돌아왔느냐?"

하셨다. 스님께서는 수능엄삼매에 들어 밤이 지난 사실도 모르고 계셨다.

§ 화탕지옥

스님께서 시냇가를 지나가시는데 천렵(川獵)하는 소년들이

생선국을 끓이고 있었다. 스님께서는 펄펄 끓는 국솥을 보고 탄식하시기를,

"물고기들이 화탕지옥 속에 들어갔구나."

"스님께서도 드시렵니까?"

"나도 먹겠다."

"자, 한그릇입니다. 드십시오."

스님께서 뜨거운 생선국을 훌훌 불어가며 드시니 소년들이 놀라워하며 물었다.

"스님들도 고기를 먹습니까?"

"너희들이 삶아죽인 이 고기들을 내가 다 살려주마."

생선국을 다 마신 스님께서 시냇물 속으로 들어가 옷을 내리고 설사를 하시니 살아서 펄떡거리는 물고기들이 항문에서 솟아져나와 물속으로 뛰어들었다. 스님께서 물고기들을 돌아보며 말씀하셨다.

"물고기들아, 너희들은 저 넓은 강이나 바다로 나가거라. 저 넓은 곳으로 나가서 다시는 그물이나 낚시에 걸리고 화탕지옥의 고통을 받는 일이 없도록 하여라."

소년들은 감탄하고 거물을 걷어올렸다. 이 지방에서는 지금도 비늘없는 '중태기'라는 물고기는 잡지 않는다 한다. 진묵스님께서 살려낸 물고기의 후손(後孫)이라고 생각하기 때문이다.

§ 한 달이 넘는 단식(斷食)

스님께서 일찍이 상운암(上雲庵)에 계셨을 때의 일이다. 제자들이 양식을 구하러 멀리까지 나갔다가 한달이 넘어서 돌아왔더니 스님께서는 가부좌한 그대로 계시는데 방에는 거미가

줄을 치고 먼지가 쌓였다. 제자들이 절을 올리니 스님께서 말씀하셨다.

"너희들은 어째서 이렇게 빨리 돌아왔느냐?"

먹을 양식을 구하러 탁발나간 제자들을 생각하고 진묵스님께서는 한달 이상을 단식(斷食)을 위한 대적광삼매에 들어가셨던 것이다. 스님께서는 자비의 화신이셨다.

§ 나한의 머리를 주장자로 때리시며

전주부(全州府)에 잘 알려지지 않은 아전(衙前)이 있어 평소에 스님을 공손히 받들어 모셨는데, 그가 관청재산 수백량을 빚지고 달아나게 되어 스님에게 고별사를 드렸다.

"빚을 지고 도망가는 것이 어찌 남아의 일이겠는가. 너는 지금 집으로 돌아가 쌀 두어 말을 마련하여 와서 나한들에게 공양을 올리면 좋은 일이 있으리라."

하셨다. 아전이 스님의 말씀대로 쌀을 준비해오니 시자가 마지를 지어 나한전에 공양을 올렸다. 그리고 스님께서는 관청 안에 빈자리가 없느냐고 물으시니, 감옥의 형리자리가 비어있는데 봉급이 심히 박하고 무료한 자리라고 아전이 대답했다. 이에 스님께서 아전에게 이르셨다.

"별 볼일없는 자리라고 생각하지 말고, 너는 급히 가서 자청하여 그 일을 맡으라. 한달이 지나지 않아서 좋은 일이 있을 것이다."

아전이 돌아간 후에 스님께서는 나한전으로 들어가서 주장자로 나한들의 머리를 세 번씩 차례로 때리고 이르셨다.

"아전 아무개를 도와주어라."

다음날 밤 아전의 꿈에 나한이 나타나서 아전을 꾸짖으며 말했다.

"네가 구할 것이 있으면 우리에게 직접 말할 일이지 왜 스님에게 고하여 우리를 괴롭히느냐. 너의 소행을 보아서는 도와주지 않는 것이 옳겠으나 스님의 명령이라 따르지 않을 수 없어 이제 너를 용서하니 앞으로는 이런 일이 없도록 하라."

아전은 옥리가 되었다. 그러자 옥사(獄事)와 송사(訟事)가 빈번히 일어나 감옥은 죄수들로 넘쳐날 지경이 되었다. 아전은 한달이 채 지나기도 전에 관청에 진 빚을 다 갚고 옥리자리를 다른 사람에게 넘겨주었다. 물론 빈번히 일어난 그 옥사와 송사는 미래에 일어나도록 예정되어 있었던 사건들이었는데, 나한들이 앞당겨 일으켜 해결함으로서 아전의 일도 도운 결과로 나타났던 것이다.

§ 서산대사에게 종승(宗乘)을 넘기시다

하루는 시냇가를 거닐다가 물속의 자신의 그림자를 가리키면서 시자에게 말씀하셨다.

"저것이 석가여래의 그림자이니라."

"저것은 스님의 그림자입니다."

"너는 스님의 가짜만 알고 석가의 진짜는 모르는구나."

그리고 곧 방장실로 들어가 절안의 모든 제자들을 불렀다.

"나는 지금 가리니 너희들은 의심나는 것이 있으면 무엇이나 물어보라."

"스님께서 가신지 백년 뒤에는 누가 종승(宗乘)을 이어 받겠습니까?"

"무슨 종승이 있겠는가. 하지만 우선은 정(靜)장로에게 붙여 둔다."

말씀을 마치고 문득 천화(遷化)하셨다. 정(靜)장로란 휴정(休靜)서산대사를 뜻한다.

79. 방광(放光)을 한 장처사의 지팡이

수십년 전 경북 예천에 장처사(張處士)라는 분이 살고 있었다. 이 장처사는 지팡이를 하나 짚고 다니면서 어디를 가든지 지극하게 지장보살을 불렀다. 어찌나 지극하게 불렀든지 잠을 자면서도 지장보살을 불렀다고 한다.

장처사가 죽고 난 뒤 가족들이 그 지팡이를 제상(祭床)에 올려놓고 아침저녁으로 상식(上食)을 올렸는데, 제상에 올려놓은 그 지팡이가 밤만 되면 방광(放光 : 빛을 내뿜는 것)을 하는 것이었다. 불을 켜지 않아도 지팡이에서 뿜어나오는 빛으로 방안이 환하게 밝았다.

그 뒤 화장을 하면서 그 지팡이도 같이 불에 태웠는데, 지팡이의 손잡이 부분에서 사리(舍利)가 나오기까지 하였다 한다.

80. 죽성화두(竹聲話頭)

§ 한번 치는데 모두 잊으니

"한번 치는데 모두 잊으니 애써 닦을 것 없다
동용(擧動)에 고로(古路 옛 성인의 길)를 높이 들어
길이 초연(寂然)의 기(機)에 떨어지지 않도다
이르는 곳마다 자취(踪跡) 없고 성색(聲色소리와 모양)이 위의(威儀)를 잊으니
제방(諸方)에 도를 통한이(達道者)는 모두 상상기(上上機)라 이른다."

향엄지한의 오도송이다. 광대무변한 우주를 하나의 유성(遊星)으로서 정처없이 흐르던 향엄의 심의식은 어느날 문득 대나무 숲에 이르르고 부딪쳐서 "딱-" 소리를 내며 타오른다. 타오르면서 유성의 일생을 끝냈다. 유성의 일생이 끝나면서 연기(緣起)의 세계가 아지랑이 쳤다.

§ 부지불식간의 일

"오늘은 다른 것은 다 그만 두어라. 다 그만 두고, 이것 하나만 말해 보아라. 네가 이 세상에 나오기 전의 너의 본래면목이 무엇이냐?"

스승 위산영우는 제자 향엄에게 본래면목(本來面目)을 제시하기를 요구한다. 온갖 지혜를 짜내고 백방(百方)으로 궁리를

해봐도 답을 찾기가 무망(無望)해진 향엄은 스승에게 나아가 가르침을 구하지만 스승 위산으로부터는 자증자오(自證自悟) 즉 스스로 깨치라는 말씀만 듣는다. 번민을 거듭하던 향엄은 자기는 업장이 무거워 수행하기 어렵다고 비관하고 울면서 모든 것을 포기한다. 그리고 스승께 나아가 하직인사를 드리고 운수행각에 오른다. 향엄은 운수승으로서 제방(諸方)의 명산대찰을 순역(巡歷)하다가 남양(南陽) 땅에 이르러 혜충국사 유적을 보고는 마음에 들어 그곳에 머무른다.

어느날 산사(山寺)에서 역사(울력 : 스님들이 힘을 모아 일하는 것)가 있었다. 향엄도 같이 일을 하다가 우연히 발밑의 돌맹이 하나를 줏어들어 그 돌을 무심히 던졌다. 그런데, 던진다고 던진 것이 마침 대나무 숲이었다. 부지불식간의 일이었다. 향엄이 돌을 집어들어 대나무 숲을 향하여 던지고, 이어서 허공을 가르며 날아간 돌이 대나무 통을 쳤을 때 "딱-"하며 주위의 허공을 울리며 일어나는 투명한 죽성(竹聲)이 날아와 이번에는 그의 고막을 파고 들었다. 전하는 바에 의하면 그 순간 그는 대오(大悟)의 경지에 선뜻 접어들었다 한다.

§ 방심

우선 향엄은 자기자신이 알게 그리고 모르게 목숨의 뿌리 따위를 기꺼이 내던질 준비가 되어 있었다. 스승의 슬하를 떠나 운수행각으로 정처 없이 떠돌던 향엄은 어느날 남양의 혜충국사 유적을 보고는 머물렀는데, 그곳에 이르러 머물 생각을 했을 무렵의 그는 수행에도 진보가 없고 여행에도 지쳐서 모든 것을 체념하고 깊은 방심(放心) 상태에 들어 있었다. 마음이 풀릴대로 풀려 있었다는 뜻이다.
 향엄죽성화(香嚴竹聲話)라는 이 전설적인 이야기의 제목 자체가 그런 내밀(內密)한 사연을 품고 있다고 판단된다. 마음을 혼연히 풀어제치고 추호의 망서림도 없이 목숨의 뿌리를 내던질 때에는 해탈의 세계가 확 그 문을 열기 때문이다. 한가지 덧붙이자면 그가 돌을 집어들고 대숲에 던진 것은 세세생생(世世生生) 수행한 공덕의 힘에 연유한다는 점이다.

§ 찰나간에 수축하며 번쩍 타오르는 사념파(思念波)

 어쨌건, 날아간 돌이 대나무를 쳤을 때, "따악" 소리치며 일어선 죽성은 무심히 열린 그의 귓속의 청공(聽空)을 투과하고 뽑혀나온 목숨의 뿌리(8식)의 저항선을 넘어 무사히 제9진여식을 때려 맞추었던 것이다. 추호의 오차도 없었다.
 그 찰나, '좌악' 명근(命根 : 8식)을 중심으로 일시에 심의식(心意識 : 9식 이전의 8개의 식)이 수축하여 말려들며 "번쩍" 타올랐다. 번쩍 타오르며 심의식의 성스러운 정화작업을 마쳤다.
 죽성이 향엄이라는 혼의 핵심부에 명중한 순간, 완전히 풀려 있던 그의 사념파(思念波)가 찰나간에 좌악 수축작용(수렴진동)을 일으키며 한점 혼의 핵심부로 응결되어 찰나간에 타올랐던 것이다. 타오르며 그 영혼의 정화작업을 찰나간에 끝냈다. 이것이 바로 죽성화두(竹聲話頭)이다. 죽성이 화두로서 작용하여 단번에 제9식을 때려맞춘 것이다.
 위산영우가 한밤중에 불씨를 목격했을 때 그 불씨가 불씨화두로서 작용하여 그를 해탈로 이끌었던 것처럼, 향엄지한은 죽성이 죽성화두가 되어 향엄의 귀를 통하여 마음속으로 파고 들었던 것이다. 죽성화두가 까마득한 세월을 지내오면서 쌓아 올린 카르마(업장業障)를 순식간에 소진시켰다. 카르마와 동시에 죽성(竹聲)이라는 그 소리(성 : 聲)도 소진 되었다. 타서 없어졌다.

§ 죽성화두의 융합

죽성화두도 화두이므로 당연히 일반의 다른 화두처럼 융멸의 절차를 밟았다고 알아야 한다.

찰나간의 일이었기는 하지만, 죽성은 붕괴--- 함몰--- 융합--- 융멸의 절차를 밟아 마음속으로 후벼파고들며 마음의 알갱이를 딱 때려 맞추었던 것이다. 향엄의 죽성화두(竹聲話頭)와 위산의 불씨화두 둘 다 명명백백하게 일반의 다른 화두와 똑같은 붕괴절차를 밟아서 영혼의 알갱이를 때려 맞추었음을 의심해서는 안된다. 어느 누구이든지 깨달음의 문을 여는 순간의 이치, 마음의 문을 여는 순간의 이치는 똑같아서 추호도 다르지 않다.

그러니 이 세상에는 화두의 종류도 정말로 다양한 것이 사실이다. 화두에 무슨 특별하게 좋은 화두 따로 있고, 그보다 못한 화두 따로 있지 않다. 중요한 점은 자기의 정신적 체질에 맞는 화두가 좋다는 뜻이다.

§ 인 형

시간과 공간은 자의식의 투영(投影)이다. 시간과 공간은 자의식이라는 뜻이다. 그러므로 시간과 공간의 소멸은 자의식의 소멸이기도 하다. 결국, 죽성의 소멸은 자의식의 소멸이요 시공(時空)의 소멸인데, 음파(音波)가 완전 방심상태에 들어간 향엄의 명근(命根)을 돌파하고 9식에 떨어지면서 소멸한 것이니, 시공이 녹아 단일(單一)해진 세계에서 음파는 향엄이라는 인형(人形)의 고막만 울린 셈이다.

만일 음파가 그의 6의식과 7말나식의 세계를 깨뜨리는 것으로 끝났더라도 깨달은 듯 했을 것이니 8무의식은 아득히 남아 있었을 것이기 때문이다. 하지만 대나무 치는 소리는 그의 8무의식까지 꿰뚫어 9반야식의 문(門)을 열어젖히는데 성공했던 것이다. 향엄의 깨달은 경계를 점검하면서 앙산혜적(仰山慧寂)이 말하기를 귀로서 오도했으니 믿을 수 없다고 한 까닭이 바로 여기에 있다.

§ 드러난 한계의식

그렇다면, 향엄의 진여식 세계로의 죽성(竹聲)의 진입이 어째서 가능했을까? 거듭 말하건데 그것은 그의 방심(放心)의 완성에 있었다. 스승 위산영우가 그에게 '부모미생전(父母未生前)의 면목(面目)'의 제시를 요구했을 때 그는 그것이 불가능했다. 불가능은 그의 모든 것을 버리게 했다. 그래서 울면서 자신이 소유한 모든 서적을 불태우고 스승을 떠나 운수행각에 마음과 몸을 맡겼는데, 그러한 만사(萬事)를 체념한 상태가 진행되면서 자신도 느끼지 못하는 사이에 그는 한계의식 즉 무의식(8식)의 세계까지 드러내는 무심한 경지에 도달하였다.

무의식의 문(門)이 열렸다 닫혔다 하는 상황에서, 죽성이 그야말로 일직선으로 달려들어 전(前)5식과 6의식과 7말나식의 세계를 휩쓸고 일거에 8무의식의 세계를 무너뜨린 것이다. 죽성을 얻어맞고 심의식(8식 7식 6식)이 수축하고 일점(一點)으로 응결(凝結)하는 데에는 시간이 걸리지 않았다. 마음이 완전히 풀려 있었으므로 마음의 수축과 응결이 털끝만큼의 저항도 없이 털끝만큼의 남김도 없이 청천백일(靑天白日)처럼 명쾌하게 이루어졌다.

§ 융멸화두의 무한속도를 따르는 자의식

고막을 두드리며 죽성이 그 얼굴을 열린 귀의 청공(聽空) 속으로 삐쭘이 들이밀어 마음의 알갱이 속으로 뛰어들었을 때, 의식과 자아의식과 무의식은 무한속도로 수렴하며 타올랐다.

세세생생 이어진 수행의 공덕이 8식(명근,무의식)을 누누이 타일러 주제성(主帝性)을 포기하게 했기에 죽성이 그들의 세계를 울리며 찾아들자 전체마음이 무한속도에 진입하여 하나로 뭉치며 '번쩍' 타오르는 데에는 시간이 걸리지 않았다.

그렇다면, 심의식 세계의 수축(수렴)에는 어째서 무한의 속도가 필요한가? 그것은 심의식 그 자체가 무한량의 카르마(업장)이기 때문이다. 무한량의 업장을 녹여 없애는 데에는 무한속도가 필요하다. 영겁(永劫) 이래로 쌓아온 무의식의 양이 바다를 능가한다 하는데 무한속도는 이 카르마의 바다도 녹여 없앤다. 사실 어떤 면에서는 선(禪)이란 무한속도라고도 볼 수 있다.

결론적으로, 향엄의 방심의 완성은 제행무상(諸行無常)이 뼈에 사무쳐 있었음을 의미한다. 준비가 되어 있었던 것이니 생사(生死)는 안중(眼中)에도 없었다. 만일 그가 깨달음을 위하여 기꺼이 목숨 내놓을 준비가 되어 있지 않았다면, 죽성이 그의 청공을 때리면서 목숨뿌리 내놓기를 요구했을 때 목숨뿌리는 죽성에 의하여 파괴되는 것을 거부했을지도 모른다.

기연(機緣)은
향엄이 돌을 던지는데
그 돌이 날아가서 때린 것이 공교롭게도
대나무였다는 데 있다

돌이 대나무를 칠 때 일어서는
"딱-"하는 음파는 참으로 투명하다

대나무는 속이 비어 있다
죽성이 고막을 울리자
있음(유)이 그 몸을 뒤집고
없음(무,공)이 있음(유)을 확인하여 증명하는 일이 가능했던 것은
대나무 목질부(木質部)의 단단함에도 연유하지만
대나무의 속(內部)이 비어 있어 가능했던 것이다

대나무의 재질(목질부)을 고막에 비유하고
대나무의 비어 있는 속을 청공(聽空)에 비유한다
대나무 소리(죽성)는
대나무의 목질부(고막)와 비어 있는 대나무 속(청공)의 동시

작용이다

  향엄이 죽성을 만나 만사(萬事)를 잊은 것은
  화살이 날아가 과녁 한가운데를 뚫은 것과 같다
  열린 귀로 날아 들어간 음파가 고막을 흔들어 청공을 울렸을 때
  비로소 필경공(畢竟空)으로 울린 것이니
  소리라는 환청(幻聽)이 소리가 아닌 것이
  필경공(畢竟空)의 실체(實體)가 따로 있는 것이 아니기 때문이다
  필경공은 곧 소리인 줄 알겠는데
  소리는 곧 필경공이 아니다.

81. 아미타불과 일타(日陀)스님의 외증조 할머니

  일타스님의 가족은 친가와 외가를 합하여 모두 43명이 승려가 되었다. 이 43명의 출가는 서가여래와 그 일족의 출가 이후 가장 많은 숫자로 알려져 있다.
  일타스님 일가(一家)의 출가는 외증조할머니인 이평등월(李平等月) 보살의 기도와 입적(入寂) 그리고 방광(放光 : 빛을 내뿜음)의 이적(異蹟)이 그 배경이 되었다 한다. 안성이씨(安

城李氏) 평등월 보살은 광산김씨(光山金氏) 집안으로 시집을 가서 삼형제를 낳아 기르며 부족함 없이 살았는데, 나이 60이 넘어서 생활의 방향이 바뀌는 전환기를 맞는다. 남편이 남의 빚보증을 섰다가 재산을 날리고 시름시름 앓던 끝에 저세상 사람이 되어버린 것이다.

세 아들은 남은 재산을 처분하여 솜틀기계 한 대를 일본에서 구입한다. 기계를 발로 밟으면서 목화를 집어넣으면 껍질은 껍질대로, 씨는 씨대로 나오고 솜은 잘 타져서 이불처럼 빠져나오는, 당시로서는 최신식 기계였다. 이렇게 공주시내 한복판의 시내에다 솜틀공장을 차린 삼형제는 하루 여덟 시간씩 3교대로 직접 솜틀기계를 돌렸는데 기계는 24시간 멈출 때가 없었다. 마침내 공주 주변에서 생산되는 목화는 모두 이 공장으로 들어왔고, 산더미처럼 쌓이는 목화는 쉴새없이 솜이 되어 나오고, 집안에는 돈이 쌓여갔다. 이렇게 매일매일을 평안과 기쁨 속에서 걱정을 모르고 지내던 할머니가 막내아들 집에 가서 있던 어느날 어떤 비구니 스님이 탁발을 나왔는데 그 스님을 보자 할머니는 눈앞이 밝아졌다.

"어쩌면 저리도 잘생겼을까? 마치 관세음보살님 같구나."

크게 반한 할머니는 큼직한 바구니에 쌀을 가득 퍼서 스님의 걸망에 부어드린다. 그때까지 할머니를 조용히 보고만 있던 비구니 스님이 불쑥 말을 걸었다.

"할머니! 세상 사는 재미가 아주 좋으신가 봅니다."

"좋다마다요. 우리 아들 삼형제가 효자라서 얼마나 잘해주는지---. 스님 글쎄 제 이야기 좀 들어보세요---"

할머니의 아들 자랑, 며느리 자랑, 손주 자랑은 마침내 끝나고 묵묵히 듣고만 있던 스님이 말한다.

"할머니, 그렇게 세상일에 애착을 많이 가지면 죽어서 구렁이가 됩니다."

두고 온 재물이 아깝고 쌀이 아까워 죽어서 구렁이가 되어서도 창고안의 쌀독을 칭칭 감고있는 구렁이! 할머니는 구렁이라는 말을 듣는 순간 머리카락이 하늘로 치솟았다.

"아이구 스님! 이일을 어찌 합니까, 어떻게 하면 구렁이가 되지 않겠습니까?"

"벌써 구렁이가 다 되어가는데 뭐---. 지금 와서 나에게 물은들 뭐하겠소."

스님은 바랑을 짊어지더니 돌아서서 가버렸다. 그러나 할머니는 포기할 수 없었다. 스님께 매달렸다.

"스님, 제발 하루밤만 저희 집에 머무시면서 구렁이를 면할 수 있는 방법을 가르쳐 주십시오."

스님은 간청에 못이겨 돌아오기는 했으나 방의 웃목에서 벽을 향해 앉아서는 말한마디 없이 밤을 새웠고, 할머니는 스님의 등 뒤에 앉아서 스님의 말씀을 애타게 기다렸다. 날이 밝아오자 스님은 할머니 쪽으로 돌아앉았다.

"정말로 구렁이가 되기 싫습니까?"

"아이구, 제가 구렁이가 되어서야 되겠습니까. 안됩니다. 사람으로 다시 태어나든가 극락세계에 가도록 해주십시오."

"극락세계 가는 것이 소원이라면 오늘부터 행실을 바꾸어야 합니다."

"어떻게 해야 합니까?"

"오늘부터 절대로 이 집 밖으로 나가지 않도록 하고, 입으로는 '나무아미타불'만 부르고, 일심으로 아미타불을 친견하여 극락세계에 가기만을 기원하시오."

그러나 할머니는 쉽게 이해가 되지 않았다.

"스님, 다시 한번 일러주십시오."

"보살님 나이가 70이 다 되어가는데 앞으로 살면 얼마나 살겠소. 돌아가실 날까지 나무아미타불만 열심히 부르면 반드시 극락세계에 가게 됩니다. 그러니 오늘부터는 첫째나 둘째 아들 집에도 가지말고 이웃집에도 놀러가지 마세요. 찾아오는 사람들에게 집안자랑도 하지말고, 오직 이 집에서 이 방을 차지하고 앉아 죽을 주면 죽을 먹고 밥을 주면 밥을 먹으면서 아미타불만 외우세요. 그리고 마음으로는 극락 가기를 소원하세요. 그렇게 하시겠습니까?"

"꼭 그렇게 하겠습니다."

할머니는 다짐을 하면서 큰절을 올렸고, 스님은 옆에 놓아두었던 삿갓을 들고 일어서서 벽에다 걸더니 바랑도 그대로 둔채 슬며시 방문을 열고 나가더니 영영 돌아올 줄 몰랐다. 처음에는 '변소에 가시나 보다'고 생각했던 할머니가 사람을 풀어 온 동네를 찾아보게 하였으나 보았다는 사람조차 없었다. '아! 그분은 문수보살님이 틀림없어. 문수보살님께서 나를 발심(發心)시키기 위해서 오신 것이 분명하다.' 생각이 여기에 미치자, 할머니는 방의 가장 좋은 위치에 스님의 삿갓과 바랑을 걸어놓고 아침에 눈만 뜨면 몇차례 절을 올린 다음 나무아미타불을 부르기 시작했다. 집안 일이나 다른 일에 대한 간섭을 끊고 아미타불을 부른지 10여년에 할머니는 앞날을 내다보는 신통력(神通力)이 생겼다.

"어멈아, 오늘 손님이 다섯 온다. 밥 다섯 그릇 더 준비해라."

과연 끼니 때가 되자 손님 다섯이 찾아오는 것이었다.

"애야, 너희들 공장에 화기(火氣)가 미치고 있다. 오늘은 기계를 돌리지 말고 물을 많이 준비해 놓도록 해라. 위험하다."

그 말씀대로 오후가 되자 옆집에서 불길이 치솟아 그들은 준비된 물로 서둘러 옆집의 불을 껐다. 준비가 없었더라면 목화공장은 삽시간에 잿더미가 되었을 위기를 넘긴 것이다. 일타스님 부모님의 결혼도 외증조할머니의 말씀에 따른 것이다. 할머니는 큰 아들을 불러 이르셨다.

"여기에서 북쪽으로 30리 가량 가면 운천(雲川)이라는 마을이 있다. 그 마을 김창석씨네 둘째 아들이 너의 딸 상남(일타스님의 모친)이와 인연이 있으니 찾아가서 혼사(婚事)를 이야기해 보아라."

이렇게 할머니는 신통력으로 일타스님의 부모님을 결혼시켰다. 그런데 어찌된 일인지 어느날부터 할머니가 아미타불을 부르지 않고 문수보살을 찾는 것이었다. 갑작스런 변화에 걱정이 된 삼형제는 인근 마곡사의 태허(太虛)스님을 찾아가 상의했다.

"문수보살을 부르는 것도 좋지만, 10년 동안이나 아미타불을 불렀으면 끝까지 아미타불을 부르는 것이 좋다. 그리고 앞날의 일을 자꾸 예언하다 보면 마귀(魔鬼)에게 잡힐 수도 있으니 예언은 그만 두는 것이 좋다."

할머니는 태허스님의 말씀대로 예언을 삼가고 다시 아미타불을 열심히 부르다가 88세의 나이로 입적했다. 그런데 그때야말로 기적이 일어났다. 칠일장(七日葬)을 지내는 동안 매일같이 방광(放光)을 하는데, 낮에는 햇빛에 가려서 잘 보이지 않았으나 밤만 되면 그 빛을 본 사람들이 '불이 났다'며 물통을 들고 달려오기를 매일같이 하였다. 그리고 문상객으로 붐비는 집안 역시 불을 켜지 않아도 대낮같이 밝았다 한다. 이러한 이적(異蹟)을 체험한 가족들은 그 뒤 차례로 출가하여 일타 스님 집안 친가와 외가 43명 모두가 승려가 되었다.

82. 연기(緣起)의 세계는 무너지지 않는다.

§ 화엄 삼매

화엄종(華嚴宗)의 시조는 두순(杜順)이며, 제2조인 지엄(智儼)을 거쳐서 제3조인 법장현수(法藏賢首)에 의하여 화엄학이 집대성 된다. 화엄종의 초조(初祖)인 두순의 화엄오교지관에 사람들을 이끌어 화엄삼매(華嚴三昧)인 대법계연기(大法界緣起)에 들도록 하기 위한 다음과 같은 방편설이 있다.

§ 사람이 있어 물을 때 먼저 부정(否定)하여 화엄삼매에 들게 하는 방법이다

첫째, 연기(緣起)는 있는 것인가 물으면 아니라고 답한다.

연기법은 자성(自性)이 없어서 모든 것이 다 공(空)하므로, 아무리 연기가 있다 해도 결국에는 아무 것도 없다는 뜻이다.

둘째, 연기는 없는 것인가 물으면 아니라고 답한다.

연기법은 무시(無始) 이래로 있기 때문이다. 연기법은 시작함이 없는 까마득한 옛날로부터 존재하여 결코 무너지는 법이 없기 때문에, 누가 아무리 없다 해도 연기법은 엄연히 있다는 뜻이 된다.

이상의 두 문답은 서로 부정을 하면서도 서로 성립이 되어 없다는 말은 있다는 뜻이 되고, 있다는 말은 없다는 뜻이 되어 버린다.

연기법(緣起法)을 아무리 있다고 해도 성품(性品)이 공하기 때문에 없는 것이고, 아무리 없다고 해도 연기의 세계는 분명히 존재하므로 또한 있는 것이다.

셋째, 있기도 하고 또한 없기도 한 것인가 물으면 아니라고 답한다.

이 말은 있으면서도 없고 없으면서도 있느냐는 질문과 동일한 내용으로, 첫 번째와 두 번째 문답에서 연기는 있는 것 같기도 하고 없는 것 같기도 하기 때문에 이렇게 묻는 것이다. 그런데 이것도 아니라고 한다.

공(空 : 연기법의 성품)과 유(有 : 존재로서의 연기의 세계)가 둘이 아니고 하나이기 때문인데 여기에는 사실 있다거나 없다는 따위의 말은 붙일 수 없다는 뜻이다.

연기법의 성품인 공과 연기법의 존재자체 즉, 공(空)과 유(有)는 동등하여 있다거나 없다는 따위의 말은 어울리지 않는다.

금강경 말씀처럼 색즉시공(色卽是空)하니 색이 공으로 돌아가서 공(空)이요, 공즉시색(空卽是色)하니 공이 색으로 돌아가색(色)으로서, 공과 색이 한가지로 동등하므로 어찌 있다 없다 할 수 있겠는가.

넷째, 그렇다면 있는 것도 아니고 없는 것도 아닌가 하고 물으면 아니라고 답한다.

세 번째 질문에 대한 대답 즉 연기법은 있다거나 없다는 표현은 붙일 수 없다는 말을 다시 뒤집은 셈이 된다.

환화로서의 연기법의 성품이 공하지만 무시(無始) 이래로 존재하여 결코 무너짐이 없어 있으며, 또한 연기법은 환화(幻化)로서 성품이 공하여 결코 있다고 할 수 없기 때문이다.

첫 번째 답을 두 번째 답으로 부정하고, 첫 번째와 두 번째 답을 세 번째 답으로 부정하며, 세 번째 답을 네 번째 답으로 다시 부정한 셈이다. 만일 네 번째 답을 부정한다면 다시 첫 번째 답으로 되돌아가게 될 것이다.

§ **다음으로 사람이 있어 물을 때 긍정하여 화엄삼매에 들게 하는 방법이다**

첫째, 연기는 있는 것인가 물으면 그렇다고 답한다.

환화(幻化)의 유(有 : 있음)가 없지 않기 때문이다.

둘째, 연기는 없는 것인가 물으면 그렇다고 답한다.

연기는 자성이 공하기 때문에 없다고 대답하여 첫 번째 질문에 대한 답을 뒤집어 놓는다.

셋째, 연기는 있기도 하고 또한 없기도 한 것인가 하고 물으면 그렇다고 답한다.

이 말은 연기법이 있으면서도 없고 없으면서도 있느냐는 질문과 동일한 내용으로, 첫 번째와 두 번째의 문답에서 연기법이 있는 것 같기도 하고 없는 것 같기도 하기 때문에 이렇게 다시 묻는 것이다. 그런데 그렇다고 한다.

무너지지 않는 연기법의 엄연한 존재와 환화로서의 연기법의 성품이 공하다는, 이 양쪽이 서로의 존재를 장애하지 않기 때문이다.

환화로서의 연기법의 성품이 공하므로 연기법은 있으면서도 없는 것이 되고, 환화로서의 연기법의 성품이 공하지만 결코 무너지지 않으므로 연기법은 없으면서도 있는 것이 된다.

넷째, 연기는 있는 것도 아니고 없는 것도 아닌가 하고 물으면 그렇다고 답한다.

환화의 연기법이 성품이 공하므로 있다고도 할 수 없으며, 성품이 공한 환화로서의 연기법이기는 하지만 역시 무너짐이 없기 때문에 없다고도 할 수 없다는 뜻이다.

§ 자재하는 연기법

화엄종의 초조(初祖)인 두순스님은 이상의 해설을 종합하여 다시 설(說)한다.

또한 연기하기 때문에 있는 것이며,

연기하기 때문에 없는 것이며,

연기하기 때문에 있는 것이기도 하고 없는 것이기도 하며,

연기하기 때문에 있는 것도 아니요 없는 것도 아니다.

이와같이 존재와 공이 둘이 아닌 하나이니, 연기법이 스스로 존재하기 때문이다.

여기에서 연기법이 스스로 존재한다는 말은 이른바 연기법

이 자재(自在)하다는 말인데, 자제란 또 무엇인가. 연기가 자재한다는 뜻은 연기의 성품이 공하여 주체성이 없으면서도 결코 무너짐이 없음을 의미한다. 진공의 세계는 더 이상 무너질 도리가 없기 때문이다.

83. 별똥별

§ 입으로 나무가지를 물고 매달린 사람

무문관 제5칙에 향엄상수(香嚴上樹)가 나온다. 향엄지한이 말하였다.

"가령 사람이 나무에 올라가서 입으로 나무가지를 물었는데 손은 가지를 잡지 않고 발은 나무를 디디지 않았다. 그런데 나무 아래에 사람이 와서 '서래의(西來意)'를 묻는다. 대답을 하지 않으면 묻는 사람의 기대에 어긋나고, 그렇다고 입을 열어 대답을 하면 떨어져 죽을 판이니 어찌해야 하겠는가?"

서래의란 조사서래의(祖師西來意) 즉 달마대사가 서쪽에서 온 까닭을 뜻한다. 향엄지한은 돌맹이가 대나무 치는 소리에 깨달음을 얻은 향엄죽성화(香嚴竹聲話)의 주인공으로 이미 소문이 나있는 사람이다. 하필이면 나무 꼭대기에서만 이런 난처한 입장이 있으란 법은 없다. 일상생활 가운데서도 궁지에 몰리는 경우는 얼마든지 있게 마련이다. 하다못해 급한 대소변을 화장실로 뛰어가서 해결함도 궁지에 몰렸다가 통(通)함을 얻는 사례가 된다.
 하지만 향엄상수는 다르다. 무문관의 저자인 무문(無門)이 평하기를, 가령 폭포수 흐르듯 하는 대응변가일지라도 이 문제에 당해서는 꼼짝달싹 못할 것이며 불교의 팔만대장경에 통달했을지라도 이 문제에 당해서는 별 수 없으리라 했다.

§ 삼계(三界)를 한꼬지에 뀐다

 화두선은 목숨을 내놓을 것을 요구한다. 이 우주가 시작된 곳이기도 한 목숨뿌리를 아주 노골적으로 요구한다. 목숨뿌리란 구체적으로 무의식을 의미하는데, 화두가 무의식을 요구한다는 말은 무의식을 통과함으로서 무의식 너머의 진여식(眞如識)으로 돌아가겠다는 뜻이다. 향엄상수(香嚴上樹) 공안도 진여식이 드러나지 않으면 해결이 안되도록 되어있다. 이러한 까닭에 화두를 처음 대하면 거의 대부분의 경우는 무슨 소리인지 알 수 없다. 알 수 없다는 것은 의식의 입장에서 하는 말이다. 화두는 의식과는 대화하지 않기 때문이다.
 화두는 이러한 수준이하의 의식과 무의식을 전혀 눈치채지 못하는 사이에 귀신처럼 통과하여 9식으로 돌아간다. 표현이 귀신처럼 통과한다는 것이지 화두의 솜씨는 귀신도 알아차리지 못한다. 귀신도 하늘도 전혀 모르는 것이 화두의 잠행(潛行)이요 화두의 비밀행이다. 화두는 욕계 색계 무색계의 삼계(三界)를 한꼬지에 뀐다고 하지 않았는가. 삼계는 마음이기 때문이다.

§ 렌즈초점 맞추기

렌즈 초점 맞추기를 비유로 들어보자. 화두의 초점은 의식의 영역에는 맺히지 않는다. 화두의 초점은 무의식에도 맺히지 않는다. 화두초점(話頭焦點)이 진여식에 떨어질 때 화두의 뜻을 알게되므로 화두가 무의식에 걸려있는 한은 화두초점을 볼 수 없다. 형편이 이러한데, 화두를 알아맞추려는, 화두의 의미를 분석하려는 제6의식의 노력이 결실을 거두겠는가. 절대로 불가능한 일이다.

화두를 알지 못해 가슴속에 맺힌 응어리라는 말도 이러한 차원에서 이해해야 한다. 화두의 초점은 결코 머리 따위에는 맺히지 않는다. 그렇다고 가슴에 맺히는가. 아니다. 표현을 하자니 그렇다는 것으로서 심저(心底 : 마음바닥)라는 말 대신에 가슴이라고 했을 뿐이다. 화두를 알기는 알아야 함에도 불구하고 확실하게 알지 못하고 맺혀있는 의정이 '한(恨)'과 같은 것이 되어 있으므로 '가슴'이라는 용어가 동원되었는데, 한은 머리가 아니고 가슴에 맺힌다고 표현하지 않는가.

§ 은하의 소용돌이

공안의 표현처럼 나뭇가지 하나를 물고 늘어져 있는 상황에서 누가 조사의(祖師意)를 묻는다. 입을 열어 말을 하면 아래로 떨어지고, 말하지 않으면 나무밑에서 조사의를 묻는 사람의 기대를 저버리는 셈이니 어떻게 해야 하는가. 다른 공안과 마찬가지의 순서를 밟지 않으면 안된다.

<향엄상수라는 이야기 전체>가 불시에 무너지면서 마음의 알갱이를 향하여 <별똥별>처럼 자신을 태우면서 날아들어야 한다. 공안은 별똥별이다. 그러나 여러번 이야기한 바와 같이

별똥별 같은 화두의 초점은 마음 따위에는 맺히지 않는다. 여기에서 마음이라 함은 의식과 무의식이다. 화두초점은 마음의 강(江)을 건너 저쪽언덕에 맺히도록 되어있다. 여기에서 저언덕이라 함은 진여식이다.

화두선은 내가 나의 근원을 향해 소용돌이치며 말려들어감이요, 은하(銀河)가 흑만만(黑滿滿)한 우주공간에서 초점을 중심으로 거대한 별무리의 소용돌이를 이룸과도 같다.

나와 화두가 따로 따로 놀아 두동강이 나있다가 어느듯 화두초점(話頭焦點)이 맺히기 시작하면서 화두도 희미해지고 나 자신도 희미해지며 화두초점만 또렷해진다. 별똥별로서의 화두의 위력이 화두촛점에 접근해갈 때 더욱 위력적이 된다. 화두가 심층의식으로 파고들수록 화두초점은 또렷해진다.

84. 혜사선사(慧思禪師)와 환생(還生)

§ 천태종의 제2조

중국불교 교학(教學)에 두 개의 큰 봉우리가 있으니 화엄종과 천태종이다. 천태종의 개조(開祖)는 혜문(慧文)이요, 제2조는 혜사(慧思), 제3조는 지의(智顗)이다. 혜사는 지의와 자신이 그 옛날 인도의 영산회상(靈山會上)에서 서가여래께서 법화경을 설하시는 것을 함께 들은 인연으로 금생에 다시 만났다고 말하며, 지의를 간곡히 가르쳐 지의가 법화삼매를 성취하게끔

하였다. 지의는 지자대사(智者大師)이다.

이원방원관(李源訪圓觀)이라 하여 이원이라는 사람이 원관이라는 스님을 찾아간 이야기가 있는데, 중국의 역사책인 당서(唐書)에 나오는 내용이다.

§ 원관으로 환생한 혜사

당나라 안록산의 난리때(755~763) 당명황(唐明皇)은 촉나라 성도로 도망하면서 서울인 장안(長安)의 수비를 이증이라는 신하에게 맡겼는데 이증은 안록산과 싸우다가 순국했다. 안록산의 난이 평정되고 나라에서 이증의 아들인 이원(李源)에게 벼슬을 내렸으나 그는 거절하고 자신의 집을 절로 만들어 혜림사(蕙林寺)라 이름하고 도를 닦았다. 그런데 이 혜림사에 원관(圓觀)이라는 스님이 찾아와 머물렀다. 고승전(高僧傳)이나 신승전(神僧傳)에는 원관이라 기록되어 있으나, 다른 곳에서는 원택(圓澤)이라는 기록도 있다.

한번은 원관과 이원 두 사람이 아미산(峨眉山)의 천축사 구경을 갔는데 아미산을 찾아가는 도중에 어느 지방의 길가에서 한 여인(女人)을 가리키며 원관이 이원에게 말했다.

"내가 저 여인의 아들로 태어날 것이다. 태어난지 사흘 후에 찾아오면 내가 당신을 보고 웃어보일테니 원관이 몸을 바꾸어 환생한 줄 아시오. 그리고 열두해가 지난 후에 천축사로 찾아오면 다시 만나게 될 것이오."

아미산으로 가다가 이렇게 말하고 원관은 길가에 앉아 죽었다. 원관의 이야기가 너무 이상해서 이원이 수소문하여 그 여인의 집을 찾아가보니 과연 여인은 사흘 전에 아기를 낳았다는 것이었다. 이원이 아기를 보자 아기가 이원을 보고 웃었다. 이로서 그 아기가 원관의 환생인 줄을 이원은 확실히 알고 혜림사로 돌아오니, 집안 사람들이 이르기를,

"원관스님께서 가시면서 이번에 가면 돌아오지 않는다고 말씀하시고, 어느 곳의 누구네 집에 태어난다고 모두 말씀하셨습니다."

하고 원관이 혜림사를 떠나기 전에 혜림사의 대중에게 이미 작별인사를 남겼음을 이원에게 고했다. 이원만 그 사실을 모른채로 원관과 함께 천축사로 떠났던 것이다.

§ 아이로 환생한 원관

12년이 지난 후, 팔월 추석날 이원은 천축사를 다시 찾았다. 갈홍천(葛洪川)이라는 개울이 있는 곳에 이르자 환한 달빛 속에 웬 조그만 아이가 소를 타고 노래 하면서 오고 있었다. 그리고 다가오더니,

"이선생은 참으로 신용있는 사람이요. 그러나 세속의 욕심으로 마음이 더럽혀져 있으니 가까이 오지는 마시오."

하고 말하는 것이었다. 이에 이원이 아무런 말도 못하고 머뭇머뭇하고 있는 사이에 소를 탄 아이는 다음과 같은 노래를 하면서 저만큼 멀어져 갔다.

"삼생돌(三生石) 위의 옛 주인이여
달구경 풍월은 말하지 마라
부끄럽다 정든 사람이 먼 곳에서 찾아오니
이 몸은 비록 바뀌었으나 자성(自性)은 항상 같음이여
전생(前生) 내생(來生) 일이 아득하여 알 수가 없는데

인연을 말하고자 하니 창자가 끊어지는 듯 하다
오나라 월나라 산천은 이미 다 보았으니
도리어 배를 돌려 구당(瞿塘)으로 간다."

이렇게 노래하며 멀어져가는 전생의 원관을 보고 이원은 그 제서야 스님이 큰 도인(道人)이었다는 사실을 깨닫고 자신의 눈 어두웠음을 한탄했다. 뒤에 나라에서 간이대부라는 높은 벼슬을 주었으나 이원은 이를 다시 거절하고 열심히 수행하며 팔십여세까지 살았다.

이것이 '이원방원관'의 내용인데, 노래에 나오는 '삼생돌 위의 옛주인'은 바로 천태종 제2조인 혜사(慧思)라고 한다.

§ 삼생담(三生談)

혜사는 만년에 대소산(大蘇山)에서 남악형산(南嶽衡山)으로 처소를 옮기고 형산의 천주봉(天柱峰) 밑에 있는 복암사(福岩寺)라는 절에서 주석하며 제자들을 가르쳤다. 어느 때, 혜사가 말했다.

"내가 전생에도 이 복암사에서 대중을 교육했는데 그 전생 일이 그리워서 이곳으로 왔다"

그러면서 대중을 거느리고 나가더니 아주 경치가 뛰어난 한 곳에 이르러,

"이곳이 예날 절터다. 오랜 세월 전의 일이라 지금은 아무런 흔적도 없지만 내가 전생에 토굴을 짓고 공부하던 곳이다. 근처를 파보자."

혜사가 시키는대로 대중이 그 주변을 파보니 과연 기왓장과 각종 기물이 나왔다. 또 큰 바위가 있는 곳에 이르러 말하기를,

"여기는 내가 앉아서 공부하던 곳이다. 죽어 이 바위 밑으로 떨어져 시체가 그대로 땅에 묻혔다."

혜사가 시키는대로 대중이 땅을 파보니 해골이 나왔다.

이것이 혜사스님의 삼생담(三生談)이다. 금생에는 복암사, 전생에는 토굴터, 그 전생에는 바위 위이므로 삼생석(三生石 : 삼생돌)인 것이다. 혜사는 그 도력이나 신통이 뛰어난 선사(禪師)로서, 그런 어른이 분명한 증거를 들어 확인한 바이니 거짓이라 할 수 없다. 그래서 혜사의 삼생(三生) 전의 해골이 나온 자리에 삼생탑(三生塔)을 세웠는데, 이것이 유명한 남악 혜사스님의 삼생탑으로, 명소(名所)가 되어 많은 사람들이 찾는다.

85. 성철(性徹)스님과 오매일여(寤寐一如)

§ 깨달음의 진위판단의 기준

현대한국의 학승(學僧)이라면 우선 성철스님이 떠오른다. 오늘날과 같이 불법(佛法)이 피폐해져가는 세상에 이 어른은 선문정로(禪門正路)와 같이 현대불교사에 남을 뚜렸한 저술활동을 통하여 깨달음으로 들어가는 확실한 관문이 오매일여라는 속일 수 없는 사실을 다시 한번 분명하게 굳히신 분이다. 화두를 참구하여 오매일여의 경지에 이르고, 오매일여의 경지에서도 화두가 더욱 분명해져서 끝내는 화두의 귀결처를 잡아내야 함을 선문정로에서 누누히 강조하신다. 오매일여의 경지에서 마침내 화두가 가는 곳을 알아내야만 바른 깨달음으로서, 그 이외의 어떠한 심리적인 이상현상도 깨달음으로 인정하지 않는다.

오매일여는 서가여래께서 하신 말씀이고, 그후 불교가 중국으로 넘어와 화두선의 황금시대가 열렸을 때 깨달음의 진위(眞僞)를 판단하는 기준이 오매일여였으니, 오늘날 한국땅에서 명맥을 이어가고 있는 화두선 진위판단의 기준은 오매일여가 되어야 함은 너무나 당연하다. 굳이 화두선만을 논하는 것은 아니다. 어떤 방식의 공부이든 깊이 잠든 상태에서는 그 도(道)가 없어진다면 그것은 도(道)가 아니란 뜻이다. 오매일여를 인정하지 않는 사람은 불법을 인정하지 않는 사람이고 또 선(禪)을 모르는 사람이다. 사실 오매일여는 이해하기 힘들기 때문에 이것을 모르는 사람들은 오매일여를 반대하고 비방하게 된다. 한번 깨달은 후에 조금이라도 그 깨달은 경계에 변화가 오면 그것은 정각(正覺)이 아니다.

§ 한번 넘어져도 다 잊어버리는 불교지식

경순(景淳)이라는 스님이 있었다.

자신의 도가 으뜸이라고 여겼는데 한번은 잘못하여 넘어진 뒤로 중풍에 걸렸다. 그런데 문제는 중풍이 아니고 그때까지 알고 있었던 불교지식을 남김없이 잊어버리고 그만 캄캄한 벙어리가 되어버린 것이다. 모든 법을 아는채 했지만 실제로는 바로 깨치지 못했으므로 한번 넘어지는 바람에 알고 있던 불교지식마져 다 날아가버린 것이다. 그때 행각을 하던 도솔조라는 스님이 이 모습을 직접 눈으로 보고 이렇게 탄식했다.

"한번 넘어져도 저 지경이 되는데 하물며 목숨이 다하고 다음 생에 태어날 때야 어떻게 되겠는가!"

§ 함께 한다

대혜종고(大慧宗杲)는 담당문준(湛堂文準)을 찾아가 아는채 하고 폭포수처럼 말을 막 쏟아부었다. 대혜가 담당준을 찾을 생각을 했을 때만 해도, 만일 담당준이 자기의 질문에 대답을 못하면 입을 틀어막아버리겠다고 큰소리 쳤었던 것이다. 담당문준이 가만히 듣고 있다가,

"자네 좋은 것 얻었구먼. 그런데 그 보물이 잠들어서도 있는가?"

하고 물었다. 자기의 도가 천하에 제일이라고 떵떵거리던 대혜종고였으나 잠이 들면 깜깜해지고 마는 것이었다. 대혜가 말했다.

"모든 것에 자유자재한 듯 싶다가도 잠만들면 아무 것도 없어집니다. 이것이 제가 의심하는 점입니다."

담당문준이 대혜를 꾸짖었다.

"잠들어서 깜깜해지는 공부를 가지고 죽을 때는 어떻게 대처하며 다음 생에는 어떻게 대처하겠는가?"

기고만장(氣高萬丈)하던 대혜도 대꾸할 도리가 없었다. 꼼짝 못하고 담당문준에게 항복하고 말았다. 대혜는 담당준선사 밑에서는 도를 얻지 못했다. 담당문준이 병을 앓더니 곧 세상을 떠나게 되어 대혜가 담당준에게 물었다.

"스님께서 천화하시면 누구를 의지해야 하겠습니까?"

"원오극근을 찾으라."

그 유언을 따라 대혜는 원오극근을 찾아갔다. 찾아가서 무슨 말을 걸어보려고 시도를 해보았으나 원오극근은 절벽 같았다. 만약 원오극근이 대혜의 공부를 조금이라도 인정하는 기색을 보이면 이번에는 원오극근의 입을 틀어막아버리겠다고 다시 결심을 굳히고 찾았지만 낭패만 당했다. 그리하여, 오오 세상은 넓고 큰 인물 있는 줄을 내가 몰랐구나! 하고 참회하고 원오에게 물었다.

"아무리 애를 쓰도 잠만 들면 공부가 없어지니 어찌해야 합니까?"

"이놈아, 쓸데없는 망상하지 말어. 그 망상 다 사라지고 나서야 공부에 가까이 갈 수 있을지 몰라."

한번은 원오극근이 들려준, "훈풍이 남쪽에서 불어온다"는 말씀 끝에 대혜는 갑자기 앞뒤가 끊어졌다. 마치 한 웅큼의 얽힌 실을 예리한 칼로 단번에 잘라버린 것과 같았는데, 비록 움직임은 생기지 않았으나 도리어 말쑥하고 적나라한 경계에 눌러앉고 말았다. 원오가 대혜를 보고 말했다.

"애석하다. 죽어버리고 다시 살아나지 못하는구나. 화두를 참구하여 죽었다 다시 살아나야만 아무도 그대를 속이지 못하리라."

대혜가 매일 법을 물으려 가면, "유구(有句)와 무구(無句)가 마치 덩굴이 나무를 의지함과 같다"는 말씀만 하고, 대혜가 입을 열기를 기다려 모두 다 아니라고 하였다. 하루는 대혜가,

"나무가 넘어지고 덩굴이 마를 때는 어떻습니까?"

하고 물으니 원오가,

"함께 한다."

대답했다. 원오의 이 말에 대혜는 환하게 이치를 깨달았다.

§ 설암 부자(父子)

설암(雪岩)이 고봉(高峰)에게 물었다.

"일상에 정신없이 분주할 때도 화두가 있는가?"

"있습니다."

"꿈속에서도 한결같은가?"

"한결같습니다."

"잠이 깊이 든 그때도 화두가 있는가?"

고봉은 여기에 이르러서는 대답할 말이 없었고 설명할 이치가 없었다. 고봉은 5년이 지나서 의심 덩어리를 녹였다.

지은이

⊙ 화두선 30년
⊙ 저서 : 무문관의 새로운 해석
　　　화두선 요결

화두 · 융합과 초점

佛紀 2545年(2001) 7月 25日 初 版 1刷 發行
佛紀 2548年(2004) 3月 15日 修訂版 1刷 發行

ⓒ 지은이 이 수 경 거사
　펴낸이 이 규 택

발행처 경　서　원
110 - 170 서울·종로구 견지동 55 - 2
登錄 1980. 7. 22. 제1 - 37호
☎ 02) 733 - 3345~6
FAX 722 - 7787

♣ 파본은 바꾸어 드립니다.　　값 17,000 원
　ISBN 89-85101-46-3